Der Code des Herzens

Christian Schuldt

Der Code des Herzens

Liebe und Sex
in den Zeiten maximaler Möglichkeiten

1   2   3   06   05

© Eichborn AG, Frankfurt am Main, März 2004
Umschlaggestaltung: Christiane Hahn unter Verwendung
eines Fotos von © Corbis
Satz: Fuldaer Verlagsanstalt, Fulda
Druck und Bindung: GGP Media GmbH, Pößneck

ISBN 3-8218-5592-4

Verlagsverzeichnis schickt gern:
Eichborn Verlag, Kaiserstraße 66, D-60329 Frankfurt am Main
www.eichborn.de

Inhalt

Für Neary

Vorwort

Alle lieben die Liebe, heute mehr denn je: das Fernsehen, das Kino, die Literatur und jeder Einzelne. Liebe ist das Schlüsselwort für die größten Sehnsüchte, Gefühle, Erwartungen und Wünsche des Menschen. Und alle wollen wissen, was die Liebe eigentlich ist. Kein Wunder, denn Liebe ist nicht nur eine der Erfahrungen, die uns am meisten gibt im Leben, sondern auch eine der schillerndsten und vertracktesten Formen menschlichen Miteinanders. Sie verändert die Art, in der wir die Welt sehen, verzaubert den Blick und macht den ansonsten banalen Alltag bedeutsam. Sogar schmutzige Socken können dann romantisch werden.

Woher kommt dieses eigenartige Verhalten? Wie funktioniert diese seltsame Kombination aus Sich-Verlieren und Sich-Gewinnen? »Immer nur das Verlangen, zu sterben und das Sich-noch-Halten, das allein ist Liebe«, schrieb Franz Kafka. Wie wird diese Gratwanderung zwischen Leben und Tod möglich? Wie kann man sich voll und ganz mit einer anderen Person identifizieren, sich ihr ausliefern – und sich gerade dadurch als ganzer Mensch anerkannt fühlen? Und warum wird dieses Überfallkommando der Gefühle auch noch gesellschaftlich gutgeheißen? Diesem Rätsel kommt man weder mit dem Fernglas der Evolutionsbiologie noch mit der psychologischen Lupe oder mit dem Mikroskop der Biotechnik auf die Spur. Will man Liebe als Teil des modernen Alltags verstehen, muss man den Blickwinkel ändern und eine soziologische Brille aufsetzen.

Betrachtet man unter dieser Optik Liebe als ein gesellschaftliches Phänomen, sieht man nicht nur, dass die romantische Liebe eine relativ junge Erfindung ist, sondern auch, dass jedes Liebespaar eine Sonderwelt bildet. Liebende folgen ihren eigenen Regeln, die für Außenstehende mitunter nur schwer nachvollziehbar sind. Sie nehmen die ganze Welt mit den Augen des anderen wahr, wodurch plötzlich alles auf eine neue Weise sinnvoll wird. So hält jeder Liebende seine Liebe für einzigartig – und hat damit zugleich Recht und Unrecht. Denn Liebe wird zwar stets einmalig erlebt, sonst könnte es nicht Liebe sein. Aber dieser Eindruck des Einmaligen ist zugleich nur möglich, weil alle Liebenden bestimmten Mustern folgen, einer Art Liebescode. Und dieser Code ist so komplex und wandlungsfähig, dass ihn jeder Einzelne dennoch auf einmalige Art und Weise erleben kann.

Gerade diese Einmaligkeitsgarantie macht die Liebe besonders schwer zu durchschauen. Der Gedanke, dass alle Liebenden doch irgendwie gleich lieben, ist schließlich nur bedingt romantisch. Daher hat sich die Liebe gegen jegliche Erklärungsversuche gewappnet. Liebe ist geradezu darauf angelegt, sich selbst unkenntlich zu machen und die eigenen Spielregeln zu verschleiern. Zu den Grundmustern der Liebe zählt daher auch die Vorstellung, dass es gar keine Liebesmuster geben kann, weil die Liebe eine unerklärliche und unergründliche Angelegenheit ist. Solche Mystifizierungen machen die Liebe geradezu resistent gegen alle rationalen Erschütterungen. Und sie suggerieren den Liebenden, dass sie eigentlich gar nicht wissen dürfen, was sie tun. Nicht umsonst heißt es: Liebe macht blind.

Wirft man aber einen Blick hinter die Fassade solcher Verschleierungen, kann man erkennen, mit welchen Tricks die Liebe klar sehende Menschen mit der Blindheit der Betörung schlägt. Dann sieht man auch, dass die idealisierenden Darstellungen der Liebe stets eng verbunden sind mit dem jeweiligen Zustand der Gesellschaft. Und dass diese literarischen Vorprägungen die Liebe als etwas schon immer Dagewesenes erscheinen lassen. Nur so, meinte etwa der Philosoph Clément Rosset, erklärt sich die scheinbar paradoxe Tatsache, »dass so viele Denker so eindringlich von der Liebe haben sprechen können (Schopenhauer, Kierkegaard oder Nietzsche zum Beispiel), ohne sie wirklich erfahren zu haben«.

Das Erstaunlichste aber ist, dass die Liebe selbst dann ihren Zauber nicht verliert, wenn man meint, sie entzaubert zu haben. Im Gegenteil: Gerade diese Durchleuchtung kann ihre Magie sogar noch verstärken. So macht ein näherer Blick auf das Wesen der Liebe nicht nur ihre einzigartigen Muster sichtbar, sondern führt zugleich zu der noch einzigartigeren Erfahrung, dass die Liebe trotz aller Analyse funktioniert. Je mehr man zu sehen lernt, umso bedeutsamer wird die Blindheit, die weiterhin bestehen bleibt.

Aus soziologischer Sicht ist die Liebe also weder eine genetische Vorgegebenheit noch ein chemischer Vorgang, sondern eine gesellschaftliche Erscheinung neben anderen, wenngleich eine besonders außergewöhnliche und reizvolle. Diese Perspektive auf die Liebe mag zunächst »kühl« erscheinen. Aber nur sie kann die Liebe mit einer ihr angemessenen Tiefenschärfe beschreiben, gerade in ihren alltäglichen Erscheinungsformen. Erst so lässt sich ihre Besonderheit bewusst machen, und erst so lassen sich die Fragen dieses Buches überhaupt stellen und beantworten: Welche Rolle spielt die Liebe am Anfang des 21. Jahrhunderts für die Gesellschaft und für den Einzelnen? Welche Möglichkeiten und Beschränkungen, welche Chancen und Schwierigkeiten erfährt die Liebe in den Zeiten maximaler Möglichkeiten? Und wie schafft es die Liebe heute, Gefühl und Kalkül miteinander zu vereinen – und gerade damit die Romantik wiederaufleben zu lassen?

In vielerlei Hinsicht nimmt dieses Buch Bezug auf die Arbeit des Soziologen und Systemtheoretikers Niklas Luhmann (1927–1998), insbesondere auf sein 1982 erschienenes Buch »Liebe als Passion«, das mittlerweile ein Klassiker der modernen Soziologie geworden ist[1]. Zum Teil sind die hier gewonnenen Erkenntnisse auch eine Fortschreibung dessen, was Luhmann in Sachen Liebe zutage förderte. Denn in den vergangenen Jahrzehnten hat sich die Liebe stark gewandelt und eine neue, pragmatische Form angenommen.

Bevor die Liebesphänomene des heutigen Alltags näher betrachtet werden, soll im ersten Kapitel (»Der Code des Herzens«)

zunächst die soziologische Sicht, die dieses Buch auf die Liebe wirft, erläutert werden. Im anschließenden Kapitel (»Liebesgeschichte(n)«) geht es um die historische Entwicklung der Liebe, um die verschiedenen Formen, die sie im Laufe der Jahrhunderte angenommen hat, und um die innige Liaison von Liebe und Literatur. Die generellen Schwierigkeiten, mit denen es Liebende zu tun haben, werden im dritten Kapitel (»Problematische Passion«) beleuchtet.

Anschließend geht es in die Gegenwart. Im Kapitel »Ich liebe, also bin ich« wird zunächst nach dem Sinn des L(i)ebens in den Zeiten fortschreitender Individualisierung gefragt. Nach einer Betrachtung der engen Verbindung von Liebe und Massenmedien, insbesondere in der Ära des Internets (»Die Liebesrealität der Massenmedien«), werden die Effekte des wachsenden Einflusses der Wirtschaft auf heutige Liebesbeziehungen beobachtet (»Sex sells – Love too!«). Im folgenden Kapitel (»Die flexible Familie«) steht die moderne Familie im Fokus: ihre aktuelle Bedeutung für den modernen Menschen, ihre vielfältigen Erscheinungsformen und die alltäglichen Schwierigkeiten, denen sie heute ausgesetzt ist.

Welche Chancen und Hindernisse die Liebe in Zeiten wachsender Ego-Ansprüche für Workaholics, Singles und Eheleute bereithält, wird im Kapitel »Gestresste Herzen: Liebe in der Ich-AG« beleuchtet. Danach geht es um die heutige Form des Liebescodes, die kalkulierter und strategischer denn je ist – und gerade deshalb auch eine Renaissance der Romantik feiern kann (»Die pragmatische Liebe«). Den Abschluss bildet die Frage, welche Wege die Liebe in Zukunft beschreiten kann (»Ausblick: Die Romantik des Cybersex«), gefolgt von einem Liebesratgeber der pragmatischen Art: »Sorge dich nicht – liebe! Die 5 Strategien der pragmatischen Liebe«.

1. Der Code des Herzens

Ein seltsames Spiel – mit seltsamen Regeln

> *» Wir traten ans Fenster. Es donnerte abseitwärts, und der herrliche Regen säuselte auf das Land, und der erquickendste Wohlgeruch stieg in aller Fülle einer warmen Luft zu uns auf. Sie stand, auf ihren Ellenbogen gestützt, ihr Blick durchdrang die Gegend, sie sah gen Himmel und auf mich, ich sah ihr Auge tränenvoll, sie legte ihre Hand auf die meinige und sagte – Klopstock! – Ich erinnerte mich sogleich der herrlichen Ode, die ihr in Gedanken lag, und versank in dem Strome von Empfindungen, den sie in dieser Losung über mich ausgoss. Ich ertrug's nicht, neigte mich auf ihre Hand und küsste sie unter den wonnevollsten Tränen. Und sah nach ihrem Auge wieder – Edler! hättest du deine Vergötterung in diesem Blicke gesehen ...«*

Diese Szene aus Goethes Roman »Die Leiden des jungen Werthers« (1774) zählt zu den berühmtesten Liebesszenen der Weltliteratur. Denn sie zeigt romantische Liebe pur: Lottes Auge ist »tränenvoll«, und Werther ist so ergriffen von seiner Liebe, dass er in einem »Strome von Empfindungen« mitgerissen wird. Doch die Szene zeigt noch mehr. Sie führt uns auch vor Augen, wie dieser reißende »Strom von Empfindungen«, den die Liebenden jeweils für sich erleben, so geleitet wird, dass sich Werther und Lotte mitteilen können: Wir stehen hier nicht zufällig am Fenster und erfreuen uns an der Natur, sondern wir sind schicksalhaft mit dem anderen verbunden. Mit anderen Worten: Hier geht es um Liebe.

Lottes Signale dafür reichen vom vielsagenden Blick über die zärtliche Berührung bis hin zur »Losung«, dem Namen des Dichters Klopstock. Und alle diese Signale entschlüsselt Werther wie einen Liebescode. Damit zeigt Goethe: Die Liebe ist ein seltsames Spiel, und wie jedes Spiel folgt es bestimmten Spielregeln. Jeder kennt die klassischen Symptome des Verliebtseins und weiß, wie man sich als Liebender verhalten kann und manchmal auch muss. So wäre es Werther kaum eingefallen, Lotte zu entgegnen: »Klopstock? Wie meinst du das jetzt?« Ebenso wenig käme ein Liebender heute auf die Idee, die Angebetete beim ersten Date mit ausführlichen Börsenberichten zu belästigen oder nach dem ersten Kuss zu rülpsen. Jedes Kind weiß bereits, woran man Liebe erkennt und welche Regeln es zu beachten gilt, wenn sie im Spiel ist.

Aber woher kommt dieses Wissen? Und wie funktioniert die Zauberei, die sich zwischen Liebenden abspielt? Wie ist es möglich, dass sich zwei Menschen einander mit Leib und Seele verschreiben und eine eigene Welt bilden, in der eigene Gesetze gelten? Wie kommt diese eigenartige 2-in-1-Kombination zustande: dass man sich komplett mit einem anderen Menschen identifiziert, sich ihm ausliefert, die Welt durch seine Augen sieht – und sich durch diese Selbstaufgabe zugleich als ganze Persönlichkeit erfahren kann? »Sie hat allen meinen Sinn gefangen genommen«, schreibt Werther über Lotte. »Dort fühl' ich mich selbst und alles Glück, das dem Menschen gegeben ist.« Wer hat sich dieses seltsame Spiel ausgedacht? Und nach welchen Regeln funktioniert es?

Um dieses Rätsel zu lösen, bieten sich die Spürinstrumente der Soziologie, genauer: der Systemtheorie an. Aus dieser Sicht erscheint alles, was in der Gesellschaft passiert, als Kommunikation. So unterschiedlich die Phänomene der Gesellschaft sind, sie finden alle auf diesem gemeinsamen Nenner der Kommunikation statt, sei es Shopping, Inlineskating, Fernsehen oder Lieben. So kann man die verschiedenartigsten Dinge miteinander vergleichen und daraus neue, überraschende Erkenntnisse gewinnen – auch darüber, wie und warum geliebt wird. Unter dieser Optik sind also nicht die Liebenden Spielleiter beim Spiel der Liebe, sondern die Kommunikation bzw. die Gesellschaft. Wer liebt, ist als Teil der Gesellschaft nur eine Art Spielfigur dieses Gesellschaftsspiels. Aber er kann die Regeln heute so einsetzen, wie er es selbst für richtig hält. Und der Anreiz zum Mitspielen ist so hoch, dass dieses Spiel seit Jahrhunderten erfolgreich funktioniert.

Allerdings müssen die Spielregeln immer wieder geändert werden, so wie sich auch die Gesellschaft immer weiter verändert. Zu Goethes Zeiten wurde noch ganz anders geliebt als heute, und es durfte auch nicht immer jeder an diesem Spiel teilnehmen. So hat die Liebe auch heute eine neue Form angenommen, eine Form, die der gegenwärtigen Gesellschaft entspricht. Und um diese neue Form des »Liebesspiels« beschreiben zu können, muss man erst einmal die grundsätzlichen Spielregeln der Liebe kennen lernen.

Liebe ist ... kein Gefühl

Dafür heißt es zunächst Abschied nehmen von vielem, was gewöhnlich unter Liebe verstanden wird. Zum Beispiel von der Vorstellung, Liebe sei ein Gefühl. Zwar erlebt jeder Liebende die Liebe als ein Gefühl, so auch Goethes Werther: »Ich fühle, und darin darf ich meinem Herzen trauen, dass sie mich liebt!« Doch obwohl Liebe als Gefühl wahrgenommen wird, ist sie zunächst etwas ganz anderes, nämlich Kommunikation. Genauer gesagt: Liebe ist eine bestimmte Form von Kommunikation, die es möglich macht, bestimmte Gefühle auszudrücken. Sie ist ein Wegweiser, der einem sagt, wie man sich verhalten kann, damit andere diese Gefühle auch verstehen. Und sie ist ein Lockmittel, das dazu anregt, diese Gefühle überhaupt zu bilden.

Erst aufgrund dieser ungeschriebenen Regeln können Liebesgefühle überhaupt erlebt, mitgeteilt, vorgetäuscht oder auch geleugnet werden. Nur so kann man Lieben lernen und hinter den kleinsten Anzeichen große Gefühle vermuten. »Ich wusste, dass du mich liebtest, wusste es an den ersten seelenvollen Blicken, an dem ersten Händedruck«, schreibt Werther an Lotte. Es ist dieser symbolische Liebescode, der die Spielregeln der Liebe vorschreibt. Ohne seine Deutungs- und Verhaltensvorgaben könnten wir überhaupt nicht lieben.

Wer nun Angst vor einer Entzauberung der Liebe hat, sei beruhigt. Der Zauber des Liebescodes ist so stark, dass er immun ist gegen jegliche Entmystifizierung. Die Durchleuchtung der Liebe kann sogar einen ganz besonderen Reiz bieten: Sie kann die Erfahrung des Liebens umso intensiver machen, weil sie zeigt, wie unwahrscheinlich Liebe eigentlich ist. Denn es ist ja nicht sehr nahe liegend, dass man sich komplett von einer anderen Person abhängig macht und dabei – oder sogar: *nur* dabei – glücklich wird. Wie unwahrscheinlich dieses Glück ist, zeigt sich schon daran, dass es äußerst empfindlich und störungsanfällig ist. Jeder hat das schon am eigenen Leibe erfahren: Ein falsches Wort, ein flüchtiger Blick, eine unpassende Geste, die nichtigsten Anlässe können in der Liebe zu heftigsten Streitereien führen. Der Liebescode kann diese Schwierigkeiten nicht beseitigen – zum Glück, denn dann wäre Liebe nicht Leidenschaft, sondern Langeweile. Aber er kann sie verringern und damit das Wagnis Liebe überhaupt erst möglich machen.

Warum aber brauchen wir überhaupt diese moderne Form von Liebe, die auf einen Fundus von Verhaltensvorgaben zurückgreift? Schließlich kam die Gesellschaft ja lange genug ohne sie aus. Denn das, was wir heute unter »Liebe« verstehen, wurde erst in der frühen Neuzeit erfunden. Das heißt natürlich nicht, dass zuvor nicht geliebt worden wäre. Aber die Liebe als ein eigener Gesellschaftsbereich, der eigenen Regeln folgt, ist ein modernes Phänomen. Wäre die romantische Liebe eine genetische Gegebenheit, die dem Menschen seit Ewigkeiten eingeschrieben wäre, hätte sie sich im Laufe der Jahrhunderte – und erst recht in den vergangenen Jahrzehnten – nicht so sehr wandeln können. Und auch wenn wir zum Beispiel die antike Liebe rückblickend als romantisch interpretieren, so fand sie doch vor einem gesellschaftlichen Hintergrund statt, der noch gar keine Vorstellung vermitteln konnte von dem, was wir heute »romantisch« nennen.

Die moderne, monogame, Leidenschaft und Sexualität vereinigende Liebe ist eine Erfindung der westlichen Welt. In Kulturen, in denen weniger Wert gelegt wird auf die Selbstbestimmung und Selbstbestätigung des Einzelnen, hat die Liebe dagegen eine ganz andere Bedeutung. So sind unsere Glücksvorstellungen im Fernen Osten, etwa in China oder Kambodscha, weitgehend unbekannt. Die westliche Welt hingegen hat sich mit der romantischen Liaison von Liebe und Sex sowohl ein großes Glück als auch ein ewiges Trauerspiel beschert. Denn im Gegensatz zu lebenslanger Liebe ist lebenslange Treue nur schwer möglich.

Wie und warum entstand also eine solche Sonderwelt der Liebe, die einem speziellen und zugleich veränderbaren Code folgt? Um diese Frage zu beantworten, muss man einen Blick auf die Evolution der Gesellschaft werfen. Dann erkennt man, dass die Liebe zu einem bestimmten Zeitpunkt wichtig für die Gesellschaft wurde und dass die jeweiligen Liebesvorstellungen stets einhergingen mit gesellschaftlichen Veränderungen.

Betrachtet man die Gesellschaft geschichtlich, zeigt sich eine große Konstante: Die Gesellschaft hat sich stets in Richtung einer Zunahme von Kommunikationsmöglichkeiten entwickelt. Quantensprünge waren dabei zum Beispiel die Erfindung des Buchdrucks, des Telefons oder des Internets. So entstanden immer mehr Situationen, in denen man nicht mehr auf Überliefertes und direkte Verständigung von Angesicht zu Angesicht angewiesen war. Das heißt: Je moderner die Gesellschaft wird, desto mehr Bereiche »unpersönlicher« Kommunikation entstehen. So bildeten sich im Laufe der Jahrhunderte immer mehr Bereiche, in denen man sich verständigen kann, ohne die Gesprächspartner überhaupt zu kennen. Man muss ja mit der Kassiererin im Supermarkt nicht persönlich bekannt sein, um erfolgreich einzukaufen. Heute kann prinzipiell jeder an jedem Gesellschaftsbereich teilnehmen, sei es Wirtschaft, Erziehung, Kunst, Medien, Wissenschaft oder Sport. Allerdings heißt »teilnehmen« dann zugleich, dass man niemals als ganze Person teilnimmt, sondern immer nur teilweise und in bestimmten Rollen: im Wirtschaftssystem als Supermarkt-Kassiererin, im Erziehungssystem als Lehrer oder in der Kunst als Schriftstellerin.

Während unpersönliche Kontakte also immer häufiger geworden sind, wurden Kontakte, in denen die ganze Persönlichkeit zum Tragen kommt, immer seltener. So wird man die Kassiererin im Supermarkt nicht mit einer herzlichen Umarmung begrüßen und ähnliche Intimitäten auch von ihr nicht erwarten. Das heißt: Fast überall kann sich der Mensch heute über bestimmte Posten und Funktionen einbringen, aber nirgendwo wird er als ganze Persönlichkeit, mit Haut und Haar, wahrgenommen und akzeptiert. Die einzige Ausnahme bildet die Liebe. Ihre Form von Persönlichkeitsbetreuung begann die Herzen zu erobern, als die Gesellschaft anfing, »unpersönlich« zu werden: im Umbruch von der traditionellen zur modernen Gesellschaft (mehr zur Geschichte der romantischen Liebe im folgenden Kapitel).

Liebe als Personal Trainer

In der modernen Gesellschaft macht Liebe Beziehungen möglich, in denen nur die individuellen, persönlichen Eigenschaften wichtig sind. Alles andere ist unwichtig. Wer liebt, kann davon ausgehen, dass er von seinem Partner als ganzer Mensch wahrgenommen wird und sich selbst als ganzer Mensch erfahren kann. Insofern ist die Behauptung, die Gesellschaft sei »unpersönlicher« geworden, nur quantitativ richtig. In Sachen Liebe gilt nämlich das Gegenteil. Aufgrund der gesellschaftlichen Rahmenbedingungen ist sie immer persönlicher geworden. Denn der romantischen Liebe gelingt etwas, was in der modernen Gesellschaft eigentlich nicht mehr möglich ist: eine Art Allround-Berücksichtigung der ganzen Person. Insofern ist die Liebe, wie schon Platon vermutete, heute mehr denn je die »Sehnsucht nach Ganzheit«.

Alle Eigenschaften einer Person sind in der Liebe von höchster Bedeutung, hier muss man aufgeschlossen sein für alles, was die geliebte Person betrifft, muss sich für alles interessieren, was dem anderen persönlich wichtig ist. Eine Abweisung wie »Sorry, keine Zeit« mag gegenüber einem Arbeitskollegen unproblematisch sein, gegenüber dem Partner aber kann sie verheerende Folgen haben. Denn wer geliebt wird, darf erwarten, dass er mit all seinen Wünschen, Ängsten und Interessen immer auf Verständnis trifft. Das macht die Liebe zu einer Art Personal Trainer der modernen Gesellschaft. Sie bringt den modernen Menschen voll und ganz zu sich selbst – indem sie ihn an einen anderen Menschen bindet. Das bedeutet zugleich, dass alles, was nicht mit der geliebten Person zu tun hat, keinen Einfluss auf die Liebe hat. Im Extremfall kann das so weit gehen, dass nur die Liebe zählt und sonst gar nichts. » Ohne sie wird mir alles zu nichts«, klagt Werther und flüchtet schließlich in den Freitod.

Wem es aber gelingt, sich auf das Wagnis Liebe einzulassen, der bekommt tatsächlich einiges an Input fürs Ich. Der Psychologe Franz J. Neyer fand in einer Langzeitstudie heraus, dass Beziehungen die Persönlichkeitsentwicklung fördern[2]. Schon in der Erstuntersuchung wirkten Singles eher neurotisch und schüchtern, Lierte dagegen extrovertierter und selbstbewusster. Vier Jahre später wiesen die Singles, die nun in einer festen Partnerschaft lebten, deutlich positivere Charakterfeatures auf. Diese Ego-Effekte scheinen sogar unbegrenzt haltbar zu sein: Die Liebe kann vergehen, aber das durch eine Partnerschaft erzielte Persönlichkeitsplus bleibt erhalten – wer Liebe wagt, gewinnt.

Persönliche Individualität ist also das, was die Entstehung und Entwicklung dieser modernen, romantischen Liebe nötig gemacht hat. Daher lässt sich auch ziemlich genau sagen, wann und wo diese moderne Form von Liebe »erfunden« wurde. Ihre Geburtsstunde schlug im 16. Jahrhundert im frühmodernen Europa, vor dem Übergang von der ständischen zur modernen Gesellschaft. Und ihr erstes Angriffsfeld war die Ehe, wo sich bald schon günstige Bedingungen herausbildeten, um eine Heirat nicht nur ständischen Vorgaben, sondern auch persönlichen Sympathien folgen zu lassen. Dazu zählte dann auch die Idee, dass eine Familie in jeder Generation neu gegründet wird, oder die Möglichkeit, gar nicht zu heiraten. Solche Umstände ebneten den Weg für den unaufhaltsamen Aufstieg der romantischen Liebe.

Als Voraussetzung für romantische Liebe musste es zunächst einmal möglich sein, sich selbst und andere nicht bloß als Vertreter einer bestimmten Schicht wahrzunehmen, sondern als einzigartige Individuen. Solange man noch über seinen sozialen Status definiert war, spielten persönliche Eigenheiten keine Rolle. Jeder Einzelne sah sich eher als ein Bindeglied in einer Reihe von Vor- und Nachfahren, die allesamt gleich waren. Wer als Bauer geboren wurde, blieb es auch. Er hatte weder Möglichkeiten noch Motive, sich als »individuell« zu erfahren, und konnte sich auch kaum vorstellen, anders zu sein, als er war. Erst als die Gesellschaft moderner wurde und die persönlichen Eigenheiten überhaupt eine Rolle zu spielen begannen, wurde es auch wichtig, diese Individualität bestätigt zu sehen. Erst dann entstand eine gesteigerte Nachfrage nach romantischer Liebe. Diese moderne Form der Liebe, die auf Einzigartigkeit und Freiheit gründet, war deshalb lange Zeit eine Art Experimentierfeld für Individualität. Bis sich der Liebescode vollständig durchgesetzt hatte, dauerte es allerdings noch eine Weile. Erst im 18. Jahrhundert wurde die Liebe so leidenschaftlich und romantisch, dass sie Werther um den Verstand brachte. Erst dann verbreitete sich in ganz Europa die weltweit innovative Idee, dass nur die Liebe zählt (mehr zur Evolution der romantischen Liebe im folgenden Kapitel).

Heute bildet die Liebe einen eigenständigen Gesellschaftsbereich, in dem sich der moderne, individualisierte Mensch voll und ganz entfalten kann. Das kann nur gelingen, weil Liebe eine ganz besondere Form von Kommunikation ist, weil sie ein eigenes Spielfeld mit eigenen Spielregeln bildet. Damit ist sie sozusagen in guter Gesellschaft, denn sie steht auf einem Nenner mit anderen Gesellschaftsbereichen wie Wirtschaft, Politik oder Recht. Alle diese Bereiche profitieren auf ihre Weise von den zunehmenden Möglichkeiten »unpersönlicher« Kommunikation. Denn die zunehmende Komplexität zwingt zugleich zu raffinierten Reduktionen der Komplexität, um die Kommunikation am Laufen zu halten. Mit anderen Worten: Je größer das jeweilige Spielfeld und die Zahl der Mitspieler werden, umso unwahrscheinlicher wird ein koordiniertes Zusammenspiel – und umso wichtiger werden klare Spielregeln.

Wie unwahrscheinlich gelingende Kommunikation schon ganz grundsätzlich ist, zeigt sich bereits im alltäglichen Gespräch. Treffen zwei Menschen aufeinander, sind sie füreinander komplett undurchschaubar, selbst wenn sie sich noch so gut kennen. Man kann ja nicht in fremde Köpfe hineingucken und deren Gedanken lesen. Trotzdem kann man sich in der Regel verständigen. Noch unwahrscheinlicher wird gelingende Kommunikation, wenn man nicht direkt miteinander sprechen kann. So kann ein Autor nicht garantieren, dass sein Werk vom Leser so aufgenommen wird, wie er sich das vorstellt. Aber er kann sich an gewisse Regeln halten, die ein Verstehen wahrscheinlicher machen. Am vertracktesten sind aber jene Fälle, in denen Kommunikation klappt, obwohl eigentlich ein Abbruch der Kommunikation viel wahrscheinlicher wäre. Zum Beispiel, wenn man ein Gerichtsurteil gegen sich akzeptiert, obwohl man sich eigentlich im Recht sieht. Als Lösung dieses Problems haben die einzelnen Bereiche der Gesellschaft eigene Spezialsprachen gebildet, mit denen die Kommunikation in die richtige Bahn gelenkt wird, eigene Spielregeln, die es zu befolgen gilt. So kann der Verurteilte den Gerichtsentscheid nicht einfach boykottieren, indem er sagt: »Nicht mit mir!« Denn der Rechtscode und seine Helfershelfer sorgen dafür, dass die Spielregeln eingehalten werden und die Kommunikation fortläuft.

Eine solche Spezialsprache ist auch der Liebescode. Er macht im Spielbereich der Liebe ein Verhalten wahrscheinlich, das eigentlich extrem unwahrscheinlich erscheint: Zwei Menschen orientieren ihr gesamtes Handeln am jeweils anderen, obwohl sie sich selbst als höchst individuelle Wesen betrachten. Eine derart unwahrscheinliche Angelegenheit erfordert sehr trickreiche Spielregeln, und nur aufgrund dieses Regelwerks kann man überhaupt lieben und sogar zurückgeliebt werden. Diese geballte Unwahrscheinlichkeit erleben Liebende als ein Wunder und eine schicksalhafte Vorsehung. Was sie dabei nicht sehen, ist die Tatsache, dass das Wunder aus einer wundersamen Form von Kommunikation besteht: Im Verborgenen macht der Liebescode die Unwahrscheinlichkeit des Liebens und Geliebtwerdens wahrscheinlich. Er hält die Liebe am Laufen. Ohne den Liebescode gäbe es noch nicht einmal eine Vorstellung davon, was romantische Liebe sein könnte oder wie so eine komplizierte Angelegenheit in der Praxis funktionieren sollte.

Ein Code fürs Lieben

Die Wunderwirkung des Liebescodes beruht darauf, dass er einen starken Partner an seiner Seite hat: ein eigenes »Kommunikationsmedium«, das ihn unterstützt und auf das sich die Kommunizierenden immer und überall verlassen können. Das Medium ist sozusagen eine Garantie für gelingende Kommunikation bzw. dafür, dass Kommunikation überhaupt gewagt werden kann und nicht von vornherein hoffnungslos erscheint. Jeder Code der Gesellschaft hat einen solchen Verbündeten: Im Rechtssystem ist dieses Medium die Macht, die Rechte einräumt und Konsequenzen androht, wenn Gesetze nicht befolgt werden. In der Wissenschaft ist es die Wahrheit, mit der entschieden wird, ob Erkenntnisse gültig sind oder nicht. In der Wirtschaft das Geld, mit dem festgestellt wird, ob eine Zahlung erfolgt oder nicht. Und im Bereich intimer Beziehungen ist es die Liebe, die zeigt, ob alles persönlich gemeint ist oder nicht. Medien wie Macht, Wahrheit, Geld und Liebe symbolisieren also Drohmittel, Grundsätze, Tauschmittel und Gefühle und signalisieren damit, welche Kommunikationen Aussicht auf Erfolg haben.

Der Erfolg dieser Medien hängt damit zusammen, dass sie immer und überall gültig sind. So können wir ja durchaus erwarten, im Supermarkt bedruckte Papierschnipsel und Metallplättchen gegen Waschmittel und Magermilch eintauschen zu können. Entsprechend können wir so auch in Liebesdingen wissen, welche tiefere Bedeutung bestimmte Blicke oder Worte haben und auf welches Spiel wir uns einlassen, wenn wir diese Signale erwidern. Die Medien schaffen einen Fundus von »Standardsituationen« gelingender Kommunikation, der sich durch Wiederholung immer weiter festigt und damit das Unwahrscheinliche doch möglich macht, auch in der Liebe. Insofern muss man Oscar Wilde zustimmen, der behauptete: »Romantische Gefühle leben von der Wiederholung.« Denn im Grunde ist jeder Liebende ein Wiederholungstäter.

Die Kommunikationsmedien garantieren den Codes also, dass selbst unwahrscheinliche Kommunikation wahrscheinlich wird. Man könnte auch sagen, dass positive Kommunikation immer erstrebenswerter ist als negative. Denn jeder Code besteht nur aus zwei Werten, einem Ja- und einem Nein-Wert. Erst diese klare Zweiteilung macht es möglich zu entscheiden, ob etwas zum jeweiligen Bereich dazugehört oder nicht. Im Wirtschaftssystem lautet der Code zum Beispiel »zahlen/nicht zahlen«: Wird Geld gezahlt, kann man eine Gegenleistung erwarten; wird nicht gezahlt, kann auch nichts erwartet werden. Aus diesem Grund käme kein Mensch auf die Idee, einen Einkauf ohne Geld zu versuchen oder einen DVD-Player mit Naturalien erwerben zu wollen. Weil der Ja-Wert »zahlen« mit dem Medium Geld verbündet ist, sorgt der Wirtschaftscode dafür, dass »zahlen« immer wahrscheinlicher ist als »nicht zahlen«. Entsprechend geht es im Rechtssystem um Recht (und nicht um Unrecht), in der Politik wird nach Regierungsmacht gestrebt (und nicht danach, in der Opposition zu sein), und in der Wissenschaft werden Erkenntnisse nur unter dem Code »wahr/unwahr« behandelt, egal, ob zum Beispiel dafür gezahlt wurde oder nicht oder ob sie gültigem Recht entsprechen oder nicht. Diese spezielle Codierung ist das Einzige, was im jeweiligen Bereich zählt.

Genauso ist es beim Liebescode. Hier lauten die Codewerte »persönlich/unpersönlich«. Man könnte sie auch »lieben/nicht lieben« nennen oder »geliebt/ungeliebt« oder auch »wir zwei/alle anderen«. Entscheidend ist, dass der Liebescode eine klare Grenze zieht zwischen dem, was Liebe ist, und dem, was keine Liebe ist.

Jede Kommunikation, jedes Verhalten, wird mit diesen Ja/Nein-Werten gescannt und auf den persönlichen Liebesgehalt geprüft. Geht es in irgendeiner Weise um die geliebte Person, handelt es sich um Liebe. Dann ist alles andere egal. Um es mit Nietzsche zu sagen: »Was aus Liebe getan wird, geschieht immer jenseits von Gut und Böse.« Und so wie wir in der Wirtschaft für Zahlungen Gegenleistungen erwarten können, können wir in der Liebe erwarten, dass alles Persönliche honoriert wird. Deshalb kann die Geliebte davon ausgehen, dass der Liebende sich wahnsinnig interessiert für alles, was sie betrifft, auch wenn es sich um Abwegiges, Langweiliges oder gar Verrücktes handelt. Denn in der Liebe geht es immer um den Ja-Wert. Die ganze Person, und alles, was mit ihr zu tun hat, wird dann positiv betrachtet. Insofern macht Liebe in der Tat blind: Man kann zwar negative Eigenschaften am Partner feststellen, aber im Glanze der Liebe spielen sie keine Rolle mehr.

Damit bildet die Liebe eine Doppellösung für Probleme der »unpersönlichen« modernen Gesellschaft. Sie erfüllt nicht nur das Bedürfnis nach Individualisierung und Selbstentfaltung, sondern auch die Sehnsucht nach einer persönlichen Privatwelt. Liebe funktioniert als höchstpersönliche Kommunikation, obwohl sie allgemein gültigen Spielregeln folgt. Denn die Mitspieler sind so einzigartig, dass auch die Liebe immer einzigartig erscheint. Und obwohl jeder für sich höchst individuell erlebt, kann er trotzdem die Welt des anderen bestätigen – weil er in ihr als Geliebter vorkommt.

Diese Kombination aus Selbstaufgabe und Selbstbestätigung ist umso verwunderlicher, als persönliche Kommunikation prinzipiell eine ziemlich komplizierte Sache ist. Je individueller und »eigen-artiger« ein Standpunkt ist, desto unwahrscheinlicher wird es ja, dass andere ihm zustimmen oder sich überhaupt dafür interessieren. Wer sich so individuell gibt, dass er nur noch in Unterwäsche herumläuft, wird schwerlich auf Gleichgesinnte treffen. Der Liebescode zielt aber nicht auf eine 1:1-Übereinstimmung. Es geht ja nicht darum, ständig und ausschließlich über die eigene Liebesbeziehung zu reden. Zwar können Liebende bekanntlich unendlich miteinander reden: »Liebe ist das gesprächigste aller Gefühle und besteht zum großen Teil ganz aus Gesprächigkeit«, wusste auch der Schriftsteller Robert Musil. Aber was zählt, ist eine andere Form von Totalisierung: die Erwartung, dass der Geliebte immer mitbeachtet und immer miteingeplant wird. Das kann zum Beispiel bedeuten, dass man beim Einkaufen die Käsechips mitnimmt, die man eigentlich nicht ausstehen kann, von denen man aber weiß, dass die Geliebte sie lecker findet, und weil man weiß, dass sie den symbolischen Wert dieses Chipskaufes zu schätzen weiß. Wichtig ist also weniger das Was als das Wie. Und weil in Sachen Liebe nur das Persönliche interessiert, konzentriert sich die romantische Liebe ganz auf die Art und Weise, wie Liebende miteinander kommunizieren. Der Subtext wird zur Hauptsache, und die »eigentliche«, sachliche Information zählt weniger als die persönliche Note, die mitschwingt.

So ist der Liebescode mit seiner Unterscheidung »persönlich/unpersönlich« der zentrale Punkt, um die Liebe zu verstehen. Nur anhand dieser Codierung lässt sich erkennen, ob es sich um Liebe handelt oder nicht. Sie gibt vor, wie man auch in unwahrscheinlichen Fällen erfolgreich kommunizieren kann. Und sie regt dazu an, Gefühle zu bilden, die sonst vielleicht gar nicht möglich wären. Ist der Liebescode im Spiel, wird die Welt gespalten: in das, was in der »eigentlichen«, anonymen Welt gemeint ist, und das, was es für die Sonderwelt der Liebenden bedeutet. Käsechips sind dann nicht mehr nur Käsechips, sondern ein Liebesbeweis. So trennt der Liebescode das Paar vom Rest der Welt und schafft eine Parallelwelt der Liebe, in der eigene Gesetze gelten. Was sonst wichtig ist, verliert an Bedeutung, und was im Reich der Liebe wichtig ist, kann der Rest der Welt oft nicht nachvollziehen. Nur deswegen kann Werther über Lotte sagen: »Alles in der Welt um mich her sehe ich nur im Verhältnisse mit ihr.«

Dein Erleben sei mein Handeln

Wie schafft es der Liebescode, die Liebenden nicht nur zu »ja-wertiger«, persönlicher Kommunikation anzustiften, sondern zudem noch sicherzustellen, dass sie ihre eigene Persönlichkeit in einer verschönerten Form zurückbekommen? Wie ist es möglich, dass wir für das Lieben geliebt werden und uns selbst als Geliebte erfahren können? Betrachtet man Liebe als eine Form von Kommunikation, fällt auf, dass die geliebte Person auf eine ganz besondere Weise in das eigene Handeln miteinbezogen wird. Wer liebt, orientiert sich so am Erleben des anderen, dass dieser einen Platz in der eigenen Welt einnimmt, so wie man selbst einen Platz in der Welt des anderen erhält. Der Liebende muss sich also in seinem Handeln darauf einstellen, was der Geliebte erlebt, und vor allem: wie er erlebt. Vom Liebenden wird verlangt, alle möglichen Eigenheiten des Geliebten erlebend hinzunehmen und dieses Hinnehmen zugleich noch im eigenen Handeln sichtbar zu machen. Klagt die Geliebte also über Kopfweh, darf sie nicht nur erwarten, dass das nicht ignoriert wird, sondern auch, dass auf eine bestimmte, liebende Weise darauf reagiert wird. »Geh doch zur Apotheke und hol dir Aspirin« wäre also eine weniger passende Reaktion als: »Du Arme, wie kann ich dir helfen? Soll ich dich massieren?« Denn diese Frage zeigt, dass der andere einen Platz in der eigenen Welt einnimmt, und zwar so sehr, dass man selbst betroffen ist.

In der Liebe geht es also immer darum, Signale zu senden und zu bestätigen, die anzeigen, dass man in der Welt des anderen vorkommt und sich genau deshalb so verhält, wie man es tut. Wer liebt, muss zeigen, dass er bereit ist, seine eigenen Interessen und Gewohnheiten zurückzustellen. Schmerzt der Kopf der Geliebten, ist erste Hilfe angesagt, auch wenn man viel lieber den Roman weiterlesen oder den »Tatort« weitergucken würde. Die gleiche Funktion erfüllen Geschenke, Küsse und persönliche Liebesrituale: Sie offenbaren, dass der andere eine Sonderstellung im eigenen Leben einnimmt. Allerdings dürfen solche Bekundungen nicht zur Gewohnheit werden, zumindest muss jede Wiederholung so verstanden werden, dass sie nicht als solche geplant war. Eine der wichtigsten Wirkungen des Liebescodes ist es deshalb, Liebende in einen Zustand wechselseitiger Dauerbeobachtung zu versetzen. Denn nur die ununterbrochene Anteilnahme und Handlungsbereitschaft ist der Beweis dafür, dass es sich um Liebe handelt. Nur das zeigt, dass die Kommunikation nicht abbricht und die Liebe andauert.

Die geliebte Person muss also nicht nur komplett berücksichtigt werden, ihr Erleben muss zudem auch immer miteinkalkuliert werden, ihre Wünsche und Sehnsüchte müssen »erfühlt« werden. Dieses »Erfühlen« ist mehr als das alltägliche Phänomen des Sichaufeinander-Abstimmens, etwa beim Teamworking oder im Straßenverkehr. In der Liebe geht diese Vorverständigung weiter. Zum einen funktioniert sie nicht nur in bestimmten Situationen und Zusammenhängen, sondern immer und überall. Vor allem aber geht es in der Liebe nicht »nur« um blindes Verstehen, sondern darum, Zustimmung und Unterstützung für die eigene Weltsicht zu finden. Eine solche Bestätigung kann nur die Liebe leisten. Und je individueller persönliche Ansichten und Motive werden, umso wichtiger – und umso schwieriger – wird diese Bestätigung.

Liebe ist also eine komplexe Zweierveranstaltung, die von beiden Liebenden jeweils einseitig erschaffen wird: Jeder bezieht den anderen so in sein eigenes Handeln ein, dass sich beide wechselseitig bestätigen. Und das Gelingen dieser komplizierten Versuchsanordnung ist nur möglich durch den Liebescode. Er sorgt nicht nur dafür, dass persönliche Kommunikation angestrebt wird, sondern lässt dabei auch immer einen Spielraum für Interpretationen. Dadurch, dass beide Partner ihr Verhalten jeweils am anderen orientieren, wird alle Kommunikation doppeldeutig, ungewiss, in der Schwebe bleibend. Nie kann man sich sicher sein, auf wessen Initiative etwas zurückgeht, alles muss genauestens beobachtet werden. Jede Mitteilung könnte eine Ablehnung, aber auch eine Ermutigung sein. Bedeutet sein Tonfall, dass er genervt ist? Ist ihr Blick eine Aufforderung? Warum hat er seit drei Stunden keine SMS geschickt? Diese Ungewissheit erfährt auch Werther, als er

Lotte nachguckt, wie sie in der Kutsche davonfährt: »Sie wandte sich um zu sehen, ach! Nach mir? – Lieber! In dieser Ungewissheit schwebe ich; das ist mein Trost: vielleicht hat sie sich nach mir umgesehen! Vielleicht!« Liebeskommunikation ist immer ambivalent. Und genau dieser andauernde Klärungsbedarf lässt die Kommunikation weiterlaufen.

Aufgrund dieser Wechselseitigkeit darf Liebe auch keinen anderen Grund haben außer sich selbst. Deshalb müssen die eigenen Absichten und Motive unsichtbar bleiben. Auf die Frage »Warum liebst du mich?« wäre es also wenig angemessen zu entgegnen: »Weil du so reich bist«, selbst wenn dem so sein sollte. Denn das würde heißen, dass man sein Handeln am eigenen Erleben ausrichtet und nicht an dem der geliebten Person. Deshalb kann man auch nicht »lieben wollen« oder die Liebe des anderen als Grund für die eigene Liebe betrachten. Wer sagt: »Ich liebe dich, weil du mich liebst«, gibt zu verstehen, dass ihm weniger am Erleben des anderen liegt als am eigenen Erleben des Geliebtwerdens.

Dieses »Verbot« von äußeren Beweggründen erklärt auch, warum Liebe nur dann Liebe ist, wenn sie gleichzeitig ausbricht, plötzlich, wie aus dem Nichts, wie eine höhere Macht. Das Sich-Verlieben darf nicht handelnd herbeigeführt werden, sondern wird hilflos erlitten – eben ein »Falling in Love«. Von diesem gemeinsamen, gleichzeitigen Erleben des In-die-Liebe-Fallens werden die Liebenden so überwältigt, dass sie von diesem Moment an in die paradoxe Liebeskommunikation verstrickt sind, in der alles unzurechenbar und ungewiss wird. Alles, was der andere erlebt, meint man selbst zu erleben, die Zweiheit erscheint als Einheit, man meint miteinander zu verschmelzen. Und weil diese Wechselseitigkeit »ja-wertig« angelegt ist, bestätigen sich beide Liebenden, geben einander immer Recht. Das heißt nicht, dass kein Widerspruch erlaubt wäre. Gerade die andauernde Beobachtung des Partners macht Liebesbeziehungen bekanntlich extrem streitanfällig. Aber auch ein Streit kann dann zeigen, dass es um Persönliches geht, um Liebe.

Der Liebescode bewirkt also, dass der persönliche Weltbezug

eines anderen zum Fixpunkt des eigenen Handelns wird. Man sieht die Welt doppelt: mit den eigenen Augen und mit den Augen des anderen. Wer liebt, fühlt sich immer schon in den Geliebten ein, versteht ihn immer schon im Voraus. Deshalb ist die Augensprache ein klassisches Feature des Liebescodes. »Ich sah Lotten an und fühlte alles, was ich an ihr habe«, bekennt Werther. »Wenn ich nur ihre schwarzen Augen sehe, ist mir es schon wohl!« Explizite Fragen und Antworten können unter Liebenden sogar kontraproduktiv sein, weil sie ja zeigen, dass sich etwas nicht von selbst versteht. Lotte wäre sicherlich nicht auf die Idee gekommen, Werther zu fragen: »Sag mal, warum guckst du mich eigentlich immer so an?« Auch um konkrete Handlungen geht es erst in zweiter Linie, und diese Handlungen haben dann immer eine symbolische Funktion: Sie drücken die Sonderwelt der Liebe aus, den gemeinsamen Geschmack, die gemeinsame Geschichte, das gemeinsame Anderssein als der Rest der Welt. Alle anderen werden schon dadurch aus dieser konspirativen Zweierwelt ausgeschlossen, weil sie sie nicht verstehen können, weil sie ihr Leben nicht am Erleben des anderen orientieren.

Das geliebte Liebesleid

Der Liebescode ist zwar kein Gesetz, das Liebende dazu verpflichtet, eine Sonderwelt zu bilden. Aber er bietet eine Symbolik an, die eine Sonderwelt beschreibt und an die Liebende sich halten können. Das zentrale Symbol lautet »Passion«. Heute könnte man dazu auch sagen: »Romantik« oder schlicht »Leidenschaft«. Liebe als Passion bedeutet, dass man die Liebe gewissermaßen erleidet und nicht imstande ist, daran etwas zu ändern. Und dass man sie dennoch genießt, auch im Schmerz bzw. gerade im Schmerz. »Liebe ist die einzige Sklaverei, die als Vergnügen empfunden wird«, meinte etwa George Bernhard Shaw. Das Gleiche ist gemeint, wenn man sagt, Liebe sei eine Krankheit oder Wahnsinn, sie lege in Ketten, sei ein süßes Martyrium, ein Wunder oder ein seltsames Spiel.

Alle diese Bilder symbolisieren die Sonderwelt der Liebe und machen deutlich, dass Liebende an einer Art Krankheit leiden, die von der Gesellschaft toleriert, ja sogar honoriert werden muss. Wer passioniert liebt, kann fast jede Handlung als Erleiden ausgeben, als Folge einer Krankheit. Lieben erscheint dann nicht als Handeln, sondern als etwas, das dem Liebenden widerfährt, etwas, gegen das er machtlos ist. Auch Werther ist von diesem Leidenschaftsvirus infiziert, und nicht umsonst hat Goethe seinen Liebesroman »Die *Leiden* des jungen Werthers« genannt. So ist Werther von Lotte geradezu besessen: »Wie mich diese Gestalt verfolgt! Wachend und träumend füllt sie meine ganze Seele!« Und er outet sich selbst als liebeskrank: »Was Lotte einem Kranken sein muss, fühl' ich an meinem eigenen armen Herzen, das übler dran ist als manches, das auf dem Siechbette verschmachtet.«

Zu Werthers Zeiten, im 18. Jahrhundert, galt Liebe tatsächlich als ein Leiden, das von dem Liebenden Besitz ergreift. Erst die Erfindung dieses Liebeswahns machte es möglich, diesen Wahnsinn auch offiziell zu dulden und gutzuheißen. Diese Akzeptanz wiederum verschaffte den Liebenden einen großen Spielraum, um sich als Individuen wahrzunehmen und zu präsentieren. Denn die Möglichkeiten des Liebesleidens sind ja nicht vorbestimmt, sondern individuell formbar. Man kann sich zum Beispiel tagelang in seiner Kammer verschließen, Nahrung verschmähen, mit dem Kopf gegen die Wand schlagen oder sogar, wie Werther, an der Liebe zugrunde gehen. In jedem Fall kann man sich mit liebeswahnsinnigem Verhalten als Individuum auszeichnen.

Weil die Passion also »verrückte«, irrationale Handlungen provoziert, musste der Liebescode diese Verrücktheit zugleich in einigermaßen erwartbare Bahnen lenken, damit sie auch für andere verstehbar wird. Liebe ist ja zunächst nichts als eine individuelle Wahrnehmung, also noch nichts, wovon auch andere etwas mitbekommen könnten. Wie also erfährt die geliebte Person, dass sie geliebt wird? Hier musste der Liebescode besonders trickreiche Verhaltensformen finden. Denn es gibt ja nicht eine einzige »richtige« Form: Um erkannt und erwidert zu werden, darf Liebe weder allzu oberflächlich noch allzu verschlüsselt kundgetan werden, weder zu voreilig noch zu vorsichtig. Wie wird Liebe aber dann offenbart? Die Rahmenbedingungen zur Lösung dieses Problems bietet die doppeldeutige Liebeskommunikation. Verliebten fehlt es nie an Anlässen zur Kommunikation, weil sie sich nie ganz sicher sein können, wie etwas genau gemeint ist. Der Liebescode schuf deshalb bestimmte Verhaltensmuster, die zumindest eine Ahnung davon geben, wie etwas wahrscheinlich gemeint sein könnte, Anweisungen, die dafür sorgen, dass bestimmte Handlungen auf eine bestimmte Art und Weise gedeutet werden können. Daher wissen wir zum Beispiel, was es bedeutet, wenn uns bestimmte Blumen überreicht werden, was es heißen kann, wenn wir uns das dritte Mal miteinander verabreden, oder was mitschwingt, wenn wir auf eine bestimmte Weise miteinander tanzen.

So ist auch Werther beim »Walzen« mit Lotte nicht nur ganz von Sinnen, sondern schwört auch, »dass ein Mädchen, das ich liebte, auf das ich Ansprüche hätte, mir nie mit einem anderen walzen sollte als mit mir, und wenn ich darüber zugrunde gehen müsste.« Wer also auf intime Weise mit jemandem tanzt, sollte sich nicht wundern, damit bestimmte Erwartungen zu wecken, selbst wenn es doch eigentlich »nur ein Tanz« ist. Denn der Liebescode kennt das Eigentliche nicht. Er fügt immer noch einen Spielraum hinzu, der mit persönlichen Erwartungen gefüllt werden kann. Das Spektrum dieser Verhaltensmuster reicht vom Blickkontakt über »zufällige« Berührungen bis zur Schmuckübergabe.

Die populärste Möglichkeit, um Liebe anzubahnen, ist ihre Antestung im Flirt. Mit Blicken oder anderen symbolischen Annäherungsversuchen lässt sich dabei relativ risikolos signalisieren, ob man »mehr« will oder nicht. Allerdings sind auch hier die Dinge doppeldeutig. So kann sich der Flirt zum Beispiel als Konflikt tarnen. Scheinstreitigkeiten bieten nämlich eine optimale Möglichkeit, um sich unablässig mit dem anderen auseinander zu setzen und gleichzeitig schon Gefühle zu zeigen. Liebende in spe sind deshalb meist auch Spezialisten im Necken und Triezen.

Praktischerweise kristallisieren sich die Muster der Kontaktanbahnung an bestimmten Orten: Es bilden sich Plätze, an denen es wahrscheinlicher ist als anderswo, Liebe entstehen zu lassen. Zwar kann Liebe prinzipiell überall ausbrechen, aber es ist doch weniger wahrscheinlich, im Sommerschlussverkauf auf Liebeswillige zu treffen als etwa in bestimmten Clubs und Cafés oder auf Partys. Befindet man sich an einem solchen Ort gesteigerter Intimität, muss man nur das richtige Verhalten an den Tag legen. Und dafür hat der Liebescode die Verhaltensmuster geschaffen, die zufällige Begegnungen in schicksalhafte verwandeln. Auch dann kann man sagen: »Es war nicht Zufall, sondern Bestimmung, dass wir uns hier begegnet sind.« Die Formeln, mit denen diese scheinbare Schicksalhaftigkeit symbolisiert wird, reichen von der legendären »Liebe auf den ersten Blick« bis zur Idee des »Füreinander-Bestimmtseins«.

Sex als Liebes-TÜV

Bekanntlich ist das romantische Füreinander-Bestimmtsein, von Ausnahmen abgesehen, sexueller Natur. Denn immer wenn es um Kommunikation geht, sind auch die Körper der Kommunizierenden beteiligt. Das gilt für jeden Bereich der Gesellschaft, und jeder Bereich hat eine eigene Form gefunden, um den menschlichen Körper wie in einer Symbiose mit der Kommunikation zu verbünden. So ist im Rechtssystem die Macht mit der physischen Gewalt liiert: Wer gegen das Gesetz verstößt, bekommt es mit der Polizei zu tun, und wenn er Pech hat, wird sein Körper eingesperrt oder sogar hingerichtet. In der Wissenschaft sorgt die Wahrnehmung dafür, dass nur das, was als »wahr« wahrgenommen werden kann, das Gütesiegel »wissenschaftlich« erhält. Noch deutlicher ist die Körperbeteiligung in der Liebe. Hier sorgt die Sexualität dafür, dass die Kommunikation nicht chaotisch wird, sondern in erwartbaren Bahnen verläuft, wenn der Körper ins Spiel kommt. Wer liebt, fällt nicht gegen den Willen der geliebten Person über sie her, sondern respektiert gewisse Regeln.

Deshalb kann man Sex auch als eine Art TÜV für die Liebe betrachten. Die Kommunikation der Körper macht gewissermaßen nachprüfbar, ob Liebe funktioniert. Das heißt nicht, dass das Ausüben von Sex schon eine Art Liebesbeweis wäre. Auch praktizierte Polizeigewalt ist ja an sich noch kein Beweis politischer Macht. Ebenso wenig sind Orgasmusschwierigkeiten bereits symptomatisch für kaputte Beziehungen. Wird einem aber der Zugang zum Körper des anderen verwehrt, könnte das ebenso bedenklich stimmen wie dauerhafte Missverständnisse im Bereich der Bettakrobatik. Andererseits kann diese sexuelle Symbiose auch Beziehungen, die weniger ausgeglichen sind, regelrecht kitten. Denn auch beim Sex herrscht jene eigenartige Wechselseitigkeit, bei der die Interessen und Absichten keinem der Partner zugerechnet werden können: Man begehrt den anderen, weil man merkt, dass das eigene Begehren das Begehren des anderen erweckt. Das eigene Erleben wird eins mit dem Erleben des Partners, sodass die liebenden Körper miteinander zu verschmelzen scheinen. Damit kann das körperliche Liebesspiel auch den nichtkörperlichen Seiten einer Beziehung zu neuer Potenz verhelfen.

Wie liebesförderlich ein erfülltes Sexualleben sein kann, ist sogar wissenschaftlich bewiesen. Beim Sex wird das Hormon Oxytocin ausgeschüttet, das Verhaltenspsychologen für Bindungsgefühle verantwortlich machen[3]. So konnte bei Mäusen nachgewiesen werden, dass Oxytocin die Gedächtnisfunktion anregt und damit auch das Erinnern des Partners. Sex ist also nicht nur ein Akt der Fortpflanzung oder der reinen Sinnesfreude, sondern auch ein Gehilfe der Gefühle. Der Liebesakt fördert den exklusiven Bezug auf den Partner.

Auch die Sexualität verdeutlicht also, dass eine Liebesbeziehung eine Sonderwelt bildet, die keinen äußeren Vorgaben folgt, sondern sich ausschließlich aus eigenen Ressourcen speist. Denn auch beim Sex meinen Liebende immer nur Persönliches: Es geht immer nur um den einen Partner, um die eine Person. Der Körper ist dann nicht als Körper gemeint, sondern als Person – weil der andere diese exklusive »Körpernutzung« gestattet und genießt.

Aus diesem Grund spielt Sexualität heute auch eine wichtige Rolle als Einstiegsdroge zur Liebe. Hieß es einst »Erst die Liebe, und dann ...«, scheint Sex immer häufiger zur Voraussetzung von Liebe zu werden: Man macht die Probe aufs Sexempel und guckt dann, ob es lohnt, das Liebesspiel romantisch weiterzuspielen.

Damit wäre das Geheimnis des Liebescodes in seinen Grundzügen gelüftet. Seine Zauberwirkung besteht darin, die psychischen Wahrnehmungsweisen zweier Liebender so miteinander zu verweben, dass sie als eins erlebt und mitgeteilt werden können. Zwar kann selbst die Liebe nicht bewirken, dass man sein eigenes Bewusstsein mit dem eines anderen kurzschließt. Aber der Liebescode macht es möglich, dass zwei Menschen ihre jeweils eigenen Empfindungen wie eine einzige gemeinsame erleben.

Mit seinen Verhaltensvorgaben hat der Liebescode einen eigenen Teilbereich der Gesellschaft entstehen lassen, in dem Personen ganz und gar akzeptiert werden. Nur in der modernen, romantischen Liebe – und in dem gewissermaßen artverwandten Bereich der Familie (mehr dazu in Kapitel 7: »Die flexible Familie«) – sind Menschen ausschließlich füreinander da und bestätigen prinzipiell alles, was die Persönlichkeit eines anderen ausmacht. Der Liebescode folgt dem Ja-Wert »persönlich«, und diese Codierung ist seit ihrer Erfindung stabil geblieben. Deshalb haben Werthers Worte auch heute noch Gültigkeit: »Es ist doch gewiss, dass in der Welt den Menschen nichts notwendig macht als die Liebe.«

Doch so beständig die Codierung auf Persönliches ist, so variabel ist die Form der Codierung, die »Programmierung«. Diese wandelte sich im Laufe der Jahrhunderte immer wieder, so wie sich auch die gesellschaftlichen Umstände veränderten. Auch heute folgt der Liebescode neuen Vorgaben, neuen Programmen, die vorschreiben, was genau in Sachen Liebe passend oder unpassend ist, was kommuniziert werden kann und was nicht, was möglich ist und was nicht. Diese Chancen und Schwierigkeiten der Liebe sind das Thema dieses Buches. Und um diese neue Form erkennen zu können, lohnt es sich, zunächst einen Blick zu werfen auf die Entstehung und Entwicklung der romantischen Liebe.

2. Liebesgeschichte(n)

Mittelalter: Hohe Minne, hohe Ideale

Die romantische Liebe ist eine moderne Erfindung, die erst mit dem Entstehen der modernen Individualität das Licht der Welt erblickte. Zuvor verstand man unter Liebe eher eine Art erotischen Wettkampf, eine Flirt- und Eroberungskultur, die mit dem, was wir heute Liebe nennen, wenig zu tun hatte. Jegliche heftigere und länger anhaltende Leidenschaft wurde nicht, wie heute, gesucht, sondern gemieden. Wer sich etwa im alten Rom tatsächlich leidenschaftlich verliebte, machte sich geradezu gesellschaftsunfähig. Er galt als Opfer einer ominösen Krankheit, die geheilt werden musste. Erst im Mittelalter zeigten sich erste Vorformen der modernen, romantischen Liebe: Unter dem Einfluss der ins Lateinische übersetzten arabischen Literatur wurde die Frau zum anbetungswürdigen Wesen hochstilisiert. Diese Idealisierung bildete die Basis für das Liebeskonzept, das die westliche Welt erobern sollte: die romantische Liebe.

Allerdings hatte diese moderne Form von Liebe auch im Mittelalter noch schlechte Karten, denn für individuelles Handeln und Erleben herrschten triste Bedingungen. Die Gesellschaft war pyramidenförmig aufgebaut, in Stände und Schichten unterteilt, und jeder blieb ein Leben lang in der Schicht, in die er hineingeboren wurde. An der Spitze der Gesellschaft standen der König und der Adel, danach folgten die freien Stadtbürger, und ganz unten sammelte sich alles, was auf dem Lande lebte: Bauern, Knechte und Hörige. Daneben gab es mit der Kirche eine Art innerweltliches

Paralleluniversum, das ebenfalls streng hierarchisch vom Papst bis zum Ordensbruder reichte. Innerhalb dieser Ordnungen gab es keine Bewegung, und Individualität war noch ein Fremdwort. Die starre Aufteilung in Schichten erforderte eine ständisch korrekte Lebensweise und blockierte jegliche Ambitionen auf Selbstentfaltung. Jeder Einzelne war so fest eingebunden in seinen Stand und seine Familie, dass er kaum Platz für persönliche Freiräume fand. Für einen Rückzug ins Private, der eine grundsätzliche Startbedingung für romantische Liebesbeziehungen bildet, waren die Voraussetzungen also denkbar schlecht. Außerdem gab es noch keine gedruckten Bücher, die ein solches individuelles Gedankengut überhaupt hätten verbreiten können. Erst 1444 erfand Johannes Gutenberg den Buchdruck. Wie also konnte die moderne, individuelle Liebe unter diesen Umständen in die Gesellschaft kommen?

Auch wenn die höfische Liebe des europäischen Mittelalters noch wenig Potenzial für Persönliches bot, barg sie doch bereits die Keime, die die Liebe später zur Passion, zur Lust am Leiden erblühen lassen sollten. Allerdings ging es noch lange nicht um die Charaktere der Liebenden, denn die Liebe erfüllte eher eine repräsentative Funktion. Gemäß der aristokratisch dominierten Gesellschaftsschichtung machte der ritterliche Frauenkult edles, adeliges Verhalten populär. Die Liebe sollte als etwas erscheinen, das nur durch besondere Leistungen erreichbar ist, als Gegenteil von Vulgarität und Gewöhnlichkeit. Oberstes Anliegen war die Abgrenzung von der rohen, direkten Triebbefriedigung, angesagt waren dagegen Idealisierung und Verfeinerung. Diese Ideen propagierte die zeitgenössische Liebeslyrik. So baute die gesamte Troubadour-Dichtung des 12. Jahrhunderts auf das andauernde Buhlen des klagenden Dichters – und die ebenso hartnäckige Dauerablehnung der angebeteten Dame.

Unter diesen Vorzeichen lag auch die Vorstellung einer Liebesehe noch in weiter Ferne. Zwar wies die amerikanische Historikerin Leah Otis-Cour nach, dass bereits im 12. Jahrhundert Liebeshochzeiten gefeiert wurden.[4] Doch das war eher die Ausnahme von der Regel, denn die Liebe hatte eher Gott zu gelten als Gattin oder Gatten. So kassierte etwa Philipp der Schöne, seines Zeichens König von Kastilien, im 13. Jahrhundert eine kirchliche Rüge, weil er seiner Angetrauten Johanna allzu romantisch zugetan war. Die heutige Mixtur aus Liebe und Erotik war noch lange nicht gesellschaftsfähig und deshalb vor allem jenseits der Ehe zu finden, in Lokalitäten wie Bordell und Badehaus. Und eine Heirat folgte nicht der Leidenschaft, sondern ständischen und politischen Vorgaben. Aufgrund dieser Machtgeflechte wurde etwa Friedrich II. im 13. Jahrhundert bereits im Alter von acht Jahren zum ersten Mal verlobt, und Moritz, der dritte Lehnsherr von Berkeley, war im selben Alter bereits verheiratet.

Die höfische Liebe dagegen folgte Idealen und perfektionistischen Visionen, die wenig mit der bodenständigen Ehe zu tun hatten. Das Ziel der Liebe sollte so vollkommen erscheinen, dass es die Liebe quasi erzwingt. Mittelalterliche Liebesabhandlungen begannen daher stets mit einer Darstellung der geliebten Frau, deren Eigenschaften die Leidenschaft ausgelöst haben. So wurde die adelige Frau in der »hohen Minne« zur idealen Minnedame hochstilisiert, zu einem Phantasiewesen, bestehend aus nichts als Schönheit, Blaublütigkeit und Enthaltsamkeit. Alles allzu Sinnliche galt als vulgär und musste vermieden werden. »Ich han den muot und die sinne gewendet an die vil reinen, die lieben die guoten«, dichtete etwa Walther von der Vogelweide. »Und ein kleines vogellin, tandaradei, daz mac wol getriuwe sin« – das war das Äußerste der Gelüste. Diese Abstinenz wies auch das männliche Begehren in seine Schranken, sodass auch die unerwiderte Liebe als »süß« erlebt werden konnte, frei nach dem quasimasochistischen Minnesang-Motto »mir ist mit leide wol«. Hier zeigten sich also bereits erste Ansätze, die Liebe als etwas Komplexes und Widersprüchliches zu erleben, als einen schicksalhaften Zwang, dem man sich liebend gern unterwirft.

Zudem sollte das Werben um Liebe die Angebetete immer auch dazu bewegen, die Selbstachtung und Selbstbeherrschung des Buhlenden zu bestätigen. Sämtliche minnesingenden Männer breiteten genüsslich die eigene Leidensbereitschaft und Selbstlosigkeit aus. Der Prozess der Zivilisation war also schon so weit fortgeschritten, dass die Gunst der Frau weder erzwungen noch erkämpft, sondern nur durch persönliche Bemühungen errungen werden konnte. Dem weiblichen Idealbild war damit zugleich ein männliches zugeordnet, und beide Parteien konnten sich mit ihren jeweiligen Liebesrollen identifizieren.

So gesehen beinhaltete bereits die Liebe als Minnedienstleistung individualistische Ingredienzien: Die Überwindung egoistischer Motive bot die Möglichkeit, persönlichen Profit zu machen, und das sogar innerhalb der ständischen Gesellschaftsgrenzen. Denn natürlich war dieses frühe Liebesmuster rundum kompatibel mit der ständischen Gesellschaft. Die tendenziell aussichtslose Anbetung der geliebten Dame war sowohl hierarchisch als auch moralisch korrekt, und die Idealisierung ging konform mit den zeitgenössischen Wertvorstellungen der Religion. Zugleich aber öffnete die Liebe schon Bereiche, in denen sogar erotische Motive anklingen konnten. Zwar galt immer noch: Gezeugt wird zu Hause, geliebt woanders. Aber es war bereits die »vorindividuelle« Idee der einen großen Liebe entstanden, die nur einer einzigen, bestimmten Frau galt, welche den Werbenden wiederum mit Selbstachtung belohnte. So ebnete bereits die höfische Liebe des Mittelalters der »persönlichen« Liebe den Weg.

Von der Perfektion zum Paradox

Im frühen 16. Jahrhundert begann sich die Gesellschaft auf den Marsch in Richtung Moderne zu machen. So sorgte die Reformation für eine Aufspaltung der Kirche und damit auch für eine Art Individualisierung des Glaubens. 1517 schlug Martin Luther seine 95 quasiketzerischen Thesen an die Schlosskirche zu Wittenberg, woraufhin sich ein lange schwelendes Unbehagen an der Kirche entlud. Sie teilte sich auf in drei große Lager: zum einen die Katholiken, zum anderen die Lutheraner und Anglikaner und schließlich die Calvinisten und Puritaner.

Zudem beendete der Absolutismus die Adelsfehden und sicherte den nationalen Frieden. Diese Monopolisierung der Gewalt an der Spitze der Gesellschaft begünstigte die florierende Geldwirtschaft, stärkte das Bürgertum und schwächte den Adel. Wer nun Einfluss begehrte, musste sich in die Hofhierarchie begeben, um dann mittels Tricks und Intrigen aufzusteigen. Damit rief die Machtkonzentration am Hofe auch eine neue Verhaltenskultur ins Leben. Mehr denn je waren nun statt brutaler Machtausübung Selbstkontrolle und Schauspielerei angesagt. Erfolg hatte, wer die Etikette perfekt beherrschte und über psychologischen Scharfblick verfügte, Rüpel verloren dagegen an Respekt. Der Soziologe Norbert Elias beschrieb diesen neuen Zwang zur Affektkontrolle als »Prozess der Zivilisation«[5]. Von Frankreich gelangte die neue Hofetikette nach Deutschland und Spanien und breitete sich bis nach England aus. Etikettebücher wie Baldassare Castigliones 1528 erschienener Höflings-Knigge »Il libro del Cortegiano« lehrten die Kunst, Künstlichkeit natürlich erscheinen zu lassen. So wurde das Beobachtungsvermögen und das persönlichkeitsorientierte Verhalten trainiert, das später in der romantischen Liebe zur Blüte gelangen sollte.

Trotz dieser Fortschritte in Richtung Individualisierung blieb die Idee einer »freien« Liebe aber noch bis weit ins 17. Jahrhundert Fiktion. Eltern und Familien bestimmten weiterhin über die Wahl der Lebenspartner, und die Ehe war alles andere als Privatsache, sondern eine Kuppelei nach strengen Vorgaben. Noch 1666 mahnte Pierre de Bourdeille in seiner postum erschienenen Heldenchronik »Das Leben der galanten Damen«: »Die Ehe aber ist nur um der Notwendigkeit und der Fortpflanzung willen eingeführt, nicht geiler und hurerischer Lüste wegen.« Was später die Trias der romantischen Liebe bilden sollte – Ehe, Liebe und Erotik –, war bis ins 17. Jahrhundert noch weit von einer Vereinigung entfernt. Jeder Bereich hatte noch seine eigenen Aufgaben zu erfüllen, die sich wechselseitig ausschlossen: Die Ehe beruhte auf Machtbündnissen und nicht auf Liebe; die idealisierende Liebe diente der Abgrenzung von Vulgarität und Sinnlichkeit; und die

Sinnlichkeit fand auf der gesellschaftlichen Hinterbühne statt, sodass dort auch keine ausgefeilten Verhaltensvorschriften nötig waren, wie sie der Liebescode später vorgeben sollte.

Dennoch änderte sich im 17. Jahrhundert ein wichtiger Aspekt. War die Unerreichbarkeit der angebeteten Frau im Mittelalter noch durch Standesunterschiede vorgegeben, lag sie nun bei der Frau selbst. Die Zwänge, die die gesellschaftliche Schichtung vorgab, begannen sich zu lockern, und das veränderte die Liebesangelegenheiten entscheidend. Konnte die umworbene Frau nämlich selbst bestimmen, so konnte auch der werbende Mann ein solches Recht für sich beanspruchen. Er musste seine Liebe also nicht mehr über allgemein anerkannte Kriterien wie Stand, Vermögen, Schönheit oder Tugend rechtfertigen, sondern konnte schlicht und ergreifend der Liebe wegen lieben. Während der mittelalterliche Ritter noch durch Heldentaten und »Ritterlichkeit« seinen Mann zu stehen hatte, musste sich der Liebhaber im 17. Jahrhundert bereits selbst bewähren. Dass die Liebe immer weniger an bloße Eigenschaften wie Schönheit oder Status gebunden war, sondern persönlicher wurde, zeigt sich auch in zeitgenössischen Kunstwerken. Schon in den Shakespeare-Dramen der Jahrhundertwende sind die großen Liebhaber auch durch negative Eigenschaften gekennzeichnet, die dann von der Liebe überwunden werden. Julia liebt Romeo, obwohl er zur verfeindeten Sippe gehört, und Desdemona liebt Othello, obwohl er die »falsche« Hautfarbe hat. Die Liebe begann sich zu emanzipieren.

So wurde der Liebesprozess, obwohl er noch immer an gesellschaftliche Erwartungen gebunden war, zunehmend auf sich selbst gestellt. Damit war der Anfang vom Ende der idealisierenden Liebe eingeläutet – und zugleich der Beginn einer psychologisch verfeinerten Liebe, die so vielschichtig und komplex war, dass sie durch eigene Muster, durch einen Liebescode gesteuert werden musste. Im Zeichen der neuen Entscheidungsfreiheit sollten es Liebende nämlich mit einer Reihe von Schwierigkeiten zu tun bekommen. Plötzlich galt es, die Handlungsfreiheit des anderen richtig einzuschätzen und mit den eigenen unsicheren Erwartungen zurechtzukommen. Dieses Sich-Abstimmen zweier füreinander undurchschaubarer, freier Partner musste also in halbwegs erwartbare Bahnen gelenkt werden. Und die Anweisungen dafür lieferte die Literatur.

Zwar lassen sich die Gesetze des Liebens nicht in Paragraphen festschreiben wie die Gesetze des Rechts, dennoch waren Bücher die wichtigsten Boten in der Geschichte der Liebe: In den Geschichten der Liebesromane wurde die Liebe über Jahrhunderte unters Volk gebracht. »Wenige Leute würden sich verlieben, wenn sie nicht davon gehört hätten«, beschrieb der Schriftsteller La Rochefoucauld (1613–1680) diese fiktionale Form der Liebesverbreitung. Denn um sich auf das Abenteuer Liebe einlassen zu können, muss man sich im amourösen Alltag zurechtfinden können. Dafür braucht man einen Fundus an Vorlagen, von verständlichen Bildern und Metaphern bis hin zu einleuchtenden Standardsituationen. Für die Überlieferung dieser Muster war die Literatur wie geschaffen. Nur so, in Buchform, konnte die neue, individualistische und gefühlsbetonte Sicht der Dinge gesellschaftsweit verbreitet werden.

Schon im 17. Jahrhundert konnte man somit auf ein gemeinsames Liebeswissen zurückgreifen. Man wusste: Wer liest, kennt die Regeln. Das war besonders folgenreich für die Verführung. So konnte ein Bewerber ja versuchen, seine Chancen zu steigern, indem er sein Verhalten literarischen Vorgaben folgen ließ und sogar bestimmte Floskeln aus literarischen Werken raubte. Aber diese Taktik konnte eine romankundige Frau wiederum durchschauen. Das machte das Spiel der Anbahnung erst richtig spannend. Und es zwang die Mitspieler zugleich, die Spielregeln zu verfeinern. Denn mit Phrasen oder formelhafter Galanterie kam man(n) nicht besonders weit, auch nicht in der Literatur. So begann sich langsam, aber sicher ein Liebescode herauszubilden, der die neu entstandenen Unwahrscheinlichkeiten in Wahrscheinlichkeit verwandelte.

Allerdings war die Liebe noch immer weit entfernt von der Selbständigkeit. Noch war sie weiterhin umklammert von der

Schichtungsstruktur der Gesellschaft und damit auch weiterhin genötigt, die gängigen Wertvorstellungen des Adels zu befolgen. So interessierte sich die zeitgenössische Liebesliteratur auch weniger für das Individuelle als für das Typische, für das, was Rang und Namen hat. Zugleich aber zeigten die zeitgenössischen Romane schon eine Tendenz zu mehrdeutigen Formulierungen. Die literarischen Liebesdarstellungen des 17. Jahrhunderts etwa sind weniger schwülstig und glorifizierend als ihre Vorgänger und bieten mehr Raum für die Widersprüchlichkeiten und Widrigkeiten der freien Liebeswahl. Denn die strenge mittelalterliche Reglementierung war bereits verabschiedet, und auf die Ära der Ideale folgte die Ära der Imagination. Im Reich der Vorstellungskraft ließen sich die eigenen Wünsche mit der Undurchschaubarkeit des anderen vereinen. Diese Illusionen waren zwar als solche erkennbar, aber sie halfen den Liebenden, mit ihrer neu gewonnenen Freiheit zurechtzukommen. Dieses paradoxe Zugleich von Schein und Sein wurde das Grundmuster, an dem sich der Liebescode von nun an herauskristallisieren sollte.

So markiert die Passion fürs Paradoxe, die sich im 17. Jahrhundert breit machte, eine generelle Trendwende. Zwar war die Liebe schon in der Antike und im Mittelalter in paradoxe Formulierungen verpackt worden. Doch anders als zuvor, wo alles Widersprüchliche immer noch einem mystischen Ideal unterstellt war, wurde die Paradoxie nun als solche anerkannt und gutgeheißen. Das Widersprüchliche wurde aufgewertet, weil es nur unter paradoxen Bedingungen möglich war, die freie Liebeswahl hinreichend raffiniert zu organisieren. »In der Liebe herrscht nichts als ein wildes Begehren dessen, das uns flieht«, schrieb Montaigne (1533–1592) bereits im 16. Jahrhundert. Nur mittels dieser Anerkennung des Unlogischen ließen sich alle Vorgaben blockieren, die von außen an die Liebe herangetragen wurden. Nur so konnte Undurchschaubares und Unbeständiges miteinbezogen werden. Und unter paradoxen Vorzeichen ließ sich sogar das Brüchige als beständig beschreiben, sodass etwa das Phänomen des Donjuanismus in den Liebescode ubernommen werden konnte. Man wusste nun, dass man nicht immer nur eine Person lieben kann. Aber man konnte daran glauben, dass man immer lieben wird.

Der Übergang von der Perfektion zum Paradox bot also die Chance, sich von den idealisierenden Liebesvorschriften zu verabschieden und zu neuen Ufern aufzubrechen. Das Ideal wurde zwar nicht sofort abgeschafft, schließlich durften die Verhältnisse nicht gleich gänzlich aus dem Ruder laufen, und die gesellschaftlichen Moralgebote waren auch in Liebesangelegenheiten noch immer verpflichtend. Dennoch öffnete die neue Widersprüchlichkeit die Liebe nun für komplexere und ambivalente Rahmenbedingungen. Klare Dienstleistungsverhältnisse wie noch im Mittelalter waren von nun an undenkbar. Stattdessen wurde jetzt jegliches Geschehen sowohl mit dem eigenen Verhalten als auch mit dem Verhalten des anderen erklärbar. Und diese ungeordneten Bedingungen eröffneten dem Individuum eine Fülle von Liebesmöglichkeiten.

Liebe als Passion

In der zweiten Hälfte des 17. Jahrhunderts erlebte die Gesellschaft einen weiteren Modernisierungsschub. Vor allem in England begann im Anschluss an die »Glorious Revolution« von 1688 eine wegweisende Epoche mit einer Vielzahl moderner kultureller Erfindungen, von der modernen Verfassung über die Menschen- und Freiheitsrechte bis hin zur öffentlichen Kommunikation in Form von Presse und Romanen.[6] Zudem hatten die Entdeckungen von Kopernikus, Galilei & Co. der Wissenschaft bereits den Weg geebnet, um einen eigenen Gesellschaftsbereich auszubilden. So konnte Isaac Newton 1678 mit seinem Hauptwerk »Philosophiae naturalis principia mathematica« ein neues Weltbild ausrufen, das auf Gravitation statt Geisterspuk setzte: Die Vorstellung einer Vielzahl von Welten wie Himmel, Hölle und Erde war nun passé, stattdessen war alles gravitierend geerdet in einem einzigen Raum. Diese wissenschaftliche Objektivierung lenkte das Augenmerk zugleich auf die subjektive Erfahrung, die nun gewissermaßen heimatlos geworden war. So wurde im England des 17. Jahrhunderts, quasi als Vorläufer zur französischen Aufklärung, das Subjekt erfunden. Und das ließ auch die Liebe persönlicher werden.

Die Form, in der die Liebe in der zweiten Hälfte des 17. Jahrhunderts individuell zu werden begann, ist die Liebe als Passion. Als eine Sonderform paradoxer Kommunikation bot dieses Konzept erstmals die Chance, vollkommen frei von gesellschaftlicher und moralischer Verantwortung zu lieben. Ebendeshalb trug die passionierte Liebe die Symptome des Unvernünftigen, Wahnhaften und Verrückten. Denn Liebe als Passion bedeutet Liebe als Leiden, also als etwas, das von einem Besitz ergreift und für das man offiziell nicht selbst verantwortlich ist – aber das man dennoch nach eigenem Ermessen gestalten kann. Auch wenn sich die Psychologie des 17. Jahrhunderts noch an die Lehre der Temperamente und Körpersäfte klammerte und damit keinerlei persönliche Entwicklung erfassen konnte, war diese neue Liebe doch ein erster großer Schritt in Richtung Selbstentfaltung. Nur so, jenseits der herrschenden Ordnung, konnte Individualität ausgetestet und schließlich auch gesellschaftlich anerkannt werden. Auch wenn die Liebenden sich noch nicht im heutigen Sinne als einmalig und unvergleichbar wahrnahmen, war damit bereits eine wichtige Vorstufe der Individualisierung erreicht.

Das paradoxe Konzept der Liebe als Passion war bereits in der antiken und arabischen Liebeslyrik und im mittelalterlichen Minnesang populär, stand jedoch stets im Dienste der übergreifenden Idealisierung. Passion war im Mittelalter noch kein Mittel zum Liebeszweck, sondern galt als physische Krankheit, die man mit Beischlaf behandeln konnte. Mit dieser medizinischen Sichtweise hatte die neue Passion des 17. Jahrhunderts nichts mehr am Hut. Sie war kein Gebrechen mehr, sondern eine reine Metapher und damit zugleich eine Art Freibrief: Sie erlaubte einem Liebenden, so zu handeln, wie er es für richtig hielt, ohne sich dafür rechtfertigen zu müssen. So verbarg sich hinter der vermeintlichen Passivität in Wirklichkeit schon eine geballte Ladung Ich-Aktivität, die das Lieben nach eigenem Gutdünken zuließ.

Damit erweiterte der Liebescode seinen Programmplan. Erlaubt war nun alles, was beiden Liebenden gefiel. Allerdings wurde die Liebe zwischen passionierten Personen auch eine hochgradig unwahrscheinliche Angelegenheit. Ihrem Gelingen musste deshalb mit entsprechenden Verhaltensregeln, mit einem Zuwachs an Achtsamkeit und Selbstbeherrschung nachgeholfen werden. Aus diesem Zusammenspiel von Freiheit und Vorsicht entwickelten sich die neuen, paradoxen Vorschriften der Liebe als Passion. Den gemeinsamen Nenner bildete dabei die Einheit eines Gegensatzes: die Verbindung von Eroberung und Selbstunterwerfung, etwa als »süßes Martyrium« oder als »freiwillige Gefangenschaft«.

Hinter alldem stand das zentrale Gebot des Liebescodes im 17. Jahrhundert: der Exzess. Liebe musste nun maßlos sein, grenzenlos und unbezähmbar. Nur so konnte sich die Passion gegenüber der herrschenden Vernunft und Rationalität bereits als eigenständiger Bereich profilieren. Mit der exzessiven Grenzüberschreitung zog die passionierte Liebe also zugleich neue, eigene Grenzen. Zum Beispiel gegenüber der Ehe, denn die neue leidenschaftliche Liebe hatte noch immer nichts mit gesetzlich geregelten Rechten und Pflichten zu tun. Deshalb hielt man die passionierte, erotisch gefärbte Liebe im 17. Jahrhundert für unvereinbar mit der Ehe. Der Bund fürs Leben sollte mit weiser Vernunft geschlossen werden, nicht im Rausch der Gefühle. Liebe galt daher als eine wenig angemessene Ehe-Basis, und in der Ehe sah man den Tod der Liebe. Gerade diese strikte Trennung von zügelloser Liebe und geregelter Ehe machte aber bewusst, dass auch die Liebe eigenen Regeln folgt.

Mit der Betonung des Exzesses begann die Liebe also bereits, ein eigenes Territorium innerhalb der Gesellschaft abzustecken. Sie wurde nun mächtiger denn je, so mächtig, dass sie die ganze Welt umfassen konnte. Jetzt konnte alles wichtig werden, was irgendwie mit der geliebten Person zu tun hatte. War die Liebe im Spiel, wurde die ganze Welt zum Liebesorakel. Alles musste strengstens beobachtet werden, um herauszufinden, ob geliebt wird oder nicht, ob die Liebe aufrichtig ist oder nicht. Traditionelle Liebesbegründungen und -erklärungen hatten im Zeichen dieses Rausches ausgedient. Vielmehr wurde nun gerade das Versagen von Erläuterungen, die prinzipielle Unaussprechlichkeit der Liebe zum ultimativen Liebesbeweis. Die Begründungen waren einzig im Verhalten des anderen zu finden. Man musste sich in ihn hineinversetzen und sich seiner Weltsicht anpassen. Der eigenen Optik gesellte sich eine zweite hinzu. Wer jetzt liebte, nahm die Welt doppelt wahr: aus der eigenen Perspektive und aus der des Geliebten.

Allerdings unterlag der Exzess, bei aller Grenzüberschreitung, selbst einer Begrenzung: der Zeit. Exzess und Dauer vertragen sich schlecht, ebendeshalb war auch eine exzessive Ehe undenkbar. Diese zeitliche Begrenzung zeigt auch, dass die Liebe im 17. Jahrhundert nur teilweise individuell war. Sie galt als unbeständig, weil die liebenden Personen als beständig und unveränderbar galten. Im Gegensatz zu heute, wo Identität gerade in der leidenschaftlichen Orientierung an der geliebten Person zu finden ist, erschien Liebe damals als Angriff auf die eigene Identität, vor dem es keine Rettung gab als das Ende der Liebe.

Zugleich sorgte die Endlichkeit der passionierten Liebe aber auch für einen wichtigen Schub in der Entwicklung des Liebescodes. Man begann, das absehbare Ende des Exzesses hinauszuzögern, um die Lebenserwartung der Liebe zu steigern. Alle Widerstände, Hindernisse und Umwege wurden nun willkommen geheißen als Möglichkeiten, die Passion zu steigern und die Liebe zu verlängern. Auch in zeitlicher Hinsicht herrschte dabei die Paradoxie der Passion: Jeder Augenblick musste mit einer Ewigkeitsgarantie ausgestattet sein, gerade weil der zeitliche Zerfall der Liebe bewusst wurde und die eingebildeten Eigenschaften mit zunehmender Vertrautheit zu verfallen drohten. Das änderte auch die Form des passionierten Leidens an der Liebe. Gelitten wurde nun entweder, weil die Liebe sich noch nicht erfüllt hatte oder weil ihre Erfüllung so enttäuschend war.

Diese Zeitstruktur half der Liebe, ihren eigenen gesellschaftlichen Teilbereich auszubauen. Liebe war jetzt nicht mehr nur ein wilder Exzess, sondern auch ein selbst gesteuerter Prozess, der von eigenen Gesetzlichkeiten geregelt wurde. Jede Liebesbeziehung hatte nun ihre eigene Geschichte. Sie hatte einen eigenen Anfang, ein eigenes Ende und dazwischen eine eigene Entwicklung, auch wenn diese im 17. Jahrhundert noch nicht als individuell und einzigartig erscheinen musste. Dieser Prozesscharakter machte es noch wichtiger, feine Nuancen und Details zu beobachten und die eigene Liebesgeschichte zu erinnern. Wer liebte, wusste nun, dass ihn eine bestimmte Form von Liebesgeschichte erwartet, die das Zeichen der Vergänglichkeit trägt.

Verstärkt wurde diese Eigendynamik des Liebesprozesses durch das Gebot der Exklusivität. Liebe ist und war schon damals eine Zweierveranstaltung. Der Ausschluss Dritter zeigt an, dass jede Liebesbeziehung ihre eigene, einzigartige Liebesgeschichte hat. Heute dient diese Exklusivität zur persönlichen Individualisierung einer Liebesbeziehung. Im 17. Jahrhundert heizte sie die Gefühle weiter an, indem sie weitere Möglichkeiten für eine individuellere Sichtweise der Liebe eröffnete, die im folgenden Jahrhundert genutzt werden sollten.

Der Siegeszug des Gefühls

Im 18. Jahrhundert wurde die Neue Welt geboren. In Frankreich rief der aufklärerische Philosophenzirkel um Voltaire einen intellektuellen Klimawandel in Europa hervor, der 1789 zur Französischen Revolution führte. Mit mehr als hundertjähriger Verspätung holte Frankreich damit die englische »Glorious Revolution« nach, schaffte den Absolutismus ab und wagte die radikale Demokratie. Das zur Weltmacht angewachsene England hingegen öffnete das Tor zur industriellen Revolution. Diese Modernisierung und Technisierung sollte zugleich für eine enorme Aufwertung des Gefühls sorgen – und damit auch für einen weiteren Imagegewinn der Liebe.

Dieser Boom des Emotionalen war bereits religiös vorgewärmt worden, indem der kirchlich organisierten Religion eine neue, individuelle Religiosität entgegengesetzt wurde. Exemplarisch zeigt das Henry Dodwells 1742 erschienener Bestseller »Christianity Not Founded on Argument«: Der wahre Glaube offenbarte sich nun einzig und allein im Seelenleben eines jeden Einzelnen. Diese religiöse Vereinzelung, ebenso wie wenig später die Umwälzungen der industriellen Revolution, stellte das Individuum auf sich selbst. Doch der einzelne Mensch wurde aus seiner Einsamkeit gerettet durch die neue Gemeinschaft des Gefühligen. Folgte man zuvor rhetorischen Formvorgaben, ließ man nun die Herzen sprechen. Alles, was allzu gekünstelt, galant und einstudiert wirkte, war out. Auf der Höhe der Zeit war hingegen, wer es beherrschte, sich authentisch, unverstellt und aufrichtig zu geben. Erst damit hielt die radikale Subjektivität Einzug in den Liebescode.

Die neue Gefühligkeit profitierte auch von einem weiteren Schritt in Richtung Individualisierung. So galt der Mensch nun nicht mehr, wie noch im 17. Jahrhundert, als unveränderbar, sondern als entwicklungsfähig. Sein Charakter war nichts Gottgegebenes mehr, sondern eine prinzipiell offene Angelegenheit. Damit kehrte sich das alte Verhältnis um: Galt die Liebe zuvor als unbeständig, weil die Liebenden selbst zu beständig waren, verlieh ihr die neue Wandelbarkeit der Charaktere nun das Prädikat »besonders dauerhaft«. So kam die Liebe auch als eine mögliche Basis für die Ehe in Betracht. Das neue Liebesgefühl, das aus der wechselseitigen Bestätigung zweier Liebender, aus Liebe und Gegenliebe entsteht, garantierte Haltbarkeit. Und es stärkte das aufstrebende Bürgertum weiter gegenüber dem Adel. Die mächtiger werdende Bourgeoisie stellte der aristokratischen Galanterie ein neues Menschenbild entgegen, das auf Empfindsamkeit und Anstand basierte und mit einem neuen, gefühlsgetriebenen Liebesideal einherging.

Diese neue Gefühligkeit wurde im 18. Jahrhundert zum Massenphänomen, indem sie ein kongeniales Medium fand: den Roman. Schon die Tatsache, dass jede Liebe ihre eigene Geschichte hat, legte eine Liaison von Romantik und Roman nahe. Zudem machte es die psychologische Innenschau des Romans möglich, auch die komplexen Muster der paradoxen Passion abzubilden. Die mittelalterliche Minnelyrik, die bereits einen Hang zu paradoxen Liebesaussagen hatte, hatte hier wichtige Vorarbeit geleistet. Sie hatte die Vorstellung verbreitet, dass die Widersprüche der Liebe nur im Einzelfall lösbar sind, nur im Handeln der Liebenden. Und das heißt: nur in der individuellen Liebesgeschichte. So wurden Romane zu regelrechten Liebeslehrbüchern, zu Erziehungsratgebern des Herzens.

Den Startschuss für diesen Bücherboom lieferte Samuel Richardson 1740 mit seinem Roman »Pamela«, der so populär war, dass bereits innerhalb eines Jahres vier Ausgaben vergriffen waren. Dieser Roman steckte zugleich den Masterplot des Liebesromans ab: den Weg zur Liebesehe, die einzig auf dem Gefühl basiert, auf einer Sonderwelt, in der ständische Differenzen nicht mehr zählen. Gerade das Überschreiten der Gesellschaftsgrenzen galt nun als Beweis für die Wahrhaftigkeit der eigenen Liebesgefühle. So heiratet Mr. B. in »Pamela« weit unter seinem Stand, weil ihm seine Gefühle für Pamela wichtiger sind als die Wertschätzung von Familie und Standesgenossen. Die passionierte Liebe mochte unstandesgemäß und unvernünftig sein, doch das Gefühl duldete, anders als heute, kein Kalkül.

Die Liebe stand also kurz vor ihrer Befreiung aus gesellschaftlichen Zwängen. Dieses Freiheitsstreben zeigte sich auch an vergeblichen Versuchen, sie einzukerkern. So musste 1753 in England ein Gesetz erlassen werden, das Personen unter 21 Jahren verbot, ohne die Zustimmung ihrer Eltern zu heiraten. Nachdem rebellische Liebespaare daraufhin zur Vermählung nach Schottland geflohen waren, wurde ein Jahr später ein weiteres Gesetz erlassen, das die Ehe nur dann anerkannte, wenn sie von einem anglikanischen Pfarrer in einer lokalen Gemeindekirche vollzogen wurde. Auch diese juristischen Interventionsversuche belegen, dass die Gefühle mit den Liebenden durchgingen.

Welche weiteren Motive sich zudem hinter diesem neuen Gefühlstaumel verbergen konnten, zeigte Henry Fielding in seiner »Pamela«-Parodie »An Apology for the Life of Mrs. Shamela Andrews« (1741). Fielding beschreibt Richardsons Pamela als abge-brühtes Aas, das seine erotischen Reize bewusst zum eigenen Vor-teil ausspielt. Damit machte Fielding auf ein generelles Problem der neuen Gefühlskultur aufmerksam, das den Liebescode von nun an nicht mehr loslassen sollte: die Frage nach der Echtheit der Gefühle. Woran erkennt man, ob ein Verehrer es ernst meint oder nicht? Woran zeigt sich, ob die Geliebte Pamela oder Shamela ist, ob ein Verhalten aufrichtig oder nur vorgespielt ist? Die Antwort lautete damals wie heute: zumindest nicht daran, dass es kundge-tan wird. Bestimmte psychische Sachverhalte sind einfach nicht mitteilbar. Diese Zwickmühle war bereits in der zeitlichen Selbst-organisation der Liebesgeschichte angelegt: Die Liebenden schwo-ren sich ewige Liebe und wussten doch, dass die Liebesgeschichte ein Ende haben wird, dass sie sich also etwas vormachten. So führte das Beharren auf Wahrhaftigkeit im 18. Jahrhundert zur Entdeckung der prinzipiellen »Nichtmitteilbarkeit« von persönli-chen Erfahrungen und authentischen Gefühlen. Und damit auch zur Entdeckung der Nichtmitteilbarkeit von Liebe.

Die Unterscheidung von aufrichtiger und unaufrichtiger, von »wahrer« und »falscher« Liebe wurde damit hinfällig. Stattdessen gab es nur noch die echte Liebe, die von authentischen Gefühlen angetrieben wurde – oder gar keine Liebe. Das stellte die Liebes-kommunikation vor neue Schwierigkeiten. Einerseits war es un-möglich, Aufrichtigkeit mitzuteilen, andererseits bildete Aufrich-tigsein das einzig mögliche Liebesverhalten. Wie konnte dieser »double bind« gelöst werden? Die neue Lage war jedenfalls wenig individualitätsförderlich, denn die Betonung der eigenen Unver-gleichlichkeit wurde nun zu einer Art Fauxpas. Das Wissen um die eigene Einzigartigkeit musste geradezu verdrängt werden. Und das betraf vor allem die Frau.

Der Mann konnte sich immerhin noch insofern individualisie-ren, als dass er die galanten Muster des unaufrichtigen Liebesver-haltens so übertrieb, dass er sich einen schlechten – also guten, weil authentischen – Ruf erwarb. Das aber brachte die Frau in Ge-fahr. Sie musste nun die Unbeständigkeit der männlichen Liebe fürchten. Um dieses drohende Unglück abzuwehren, wappnete sie sich mit ihrer Tugend. Der Preis dieses Tugendbewusstseins war allerdings das Verdrängen der eigenen Triebe und Ziele: Um sich auf ihre Tugend berufen zu können, musste die Frau ihre erotischen Motive ins Unterbewusstsein verbannen. Sie durfte zum Beispiel nicht wissen, dass sie eine langfristige Liebe anstrebte, um eventuell »höher« heiraten zu können. Dieses Schema etablierte sich, indem die Frau sozusagen offiziell entsexualisiert wurde. Vor der Ehe durfte sie kein Sexualbewusstsein haben, sondern nur ein Tugendbewusstsein. Natürlich war diese Tugendhaftigkeit, als Kehrseite der Sexualität, alles andere als asexuell. Aber das hatte im Verborgenen zu bleiben. Die Probleme mit der Aufrichtigkeit wurden also gelöst, indem die Frau unaufrichtig gegenüber sich selbst wurde.

Gesamtgesellschaftlich gesehen erlebte die Sexualität im 18. Jahrhundert aber dennoch eine Befreiung. Denn die immer persönlicher werdende Liebe löste die Sexualität aus der Umklammerung religiöser und moralischer Bevormundungen. So hatte die Kirche zum Beispiel kein Mitspracherecht mehr, was erlaubte oder verbotene Stellungen beim Geschlechtsverkehr betraf. Und Sex avancierte vom Schattendasein einer bloßen Zeugungsmaßnahme zum festen Bestandteil des Liebesspiels. Das wiederum verlieh der Liebe neue Konturen. Sie konnte sich nun sowohl gegenüber der platonischen Liebe als auch gegenüber der reinen Sexualität abgrenzen.

Im Großen und Ganzen wurde die Sexualität also aus dem Bereich der tierischen Triebe herausgelöst und mit dem Gütesiegel der Liebe versehen. Damit machte sich die Liebe noch attraktiver als mögliche Basis für die Ehe, und zwar gesellschaftsweit. Sie galt nun prinzipiell für alle Stände, orientierte sich nicht mehr vornehmlich an ästhetischen und moralischen Qualitäten, sondern an der Individualität der geliebten Person, und sie war mit der Sexualität liiert. Diese gefühlvolle, individualisierte und sexualisierte Form der passionierten Liebe bildete die Vorstufe jenes Programms, das die Liebe am nachhaltigsten prägte: die romantische Liebe.

Romantische Liebe

In der zweiten Hälfte des 18. Jahrhunderts wurde die Gesellschaft endgültig modern. Historiker sprechen auch von der »Sattelzeit« als der Phase, in der die moderne Gesellschaft, zunächst in England, das Licht der Welt erblickte. Einen Motor dieser Modernisierung bildete die Dampfmaschine, die James Watt 1765 erfand. Die damit eingeläutete industrielle Revolution führte auch zu einer Revolution des Gefühls, zu einem neuen Boom des Privaten und der Intimität. Je technischer, industrieller und »unpersönlicher« die Gesellschaft wurde, umso wichtiger wurden private Rückzugsräume und persönliche Gefühle. Und in der romantischen Liebe kamen sie in ihrer vollen Subjektivität zum Ausdruck.

So entstand gegen Ende des 18. Jahrhunderts, insbesondere in der deutschen Literatur, ein neues Konzept von Individualität und damit auch eine neue Form von Liebe. Die romantische Liebe eröffnete jetzt eine völlig neue Welt: die Welt des geliebten Individuums. Nach Jahrhunderten des Experimentierens mit individuellen und subjektiven Ansätzen war es nun so weit, dass jeder Mensch als einzigartiges Individuum begriffen wurde, als einmaliges Subjekt, das die Welt auf einzigartige Weise wahrnimmt. Das öffnete der romantischen Liebe Tür und Tor. Denn so wie Aufrichtigkeit nicht mitteilbar ist, kann auch diese radikal subjektive Weltsicht des Individuums nicht erkannt oder bewiesen werden. Aber in der Liebe kann sie erfahren, erlebt und genossen werden.

Die romantische Inthronisierung des Individuums wurde unterstützt von wachsenden Einsichten in die Prägung der Persönlichkeit. Man sah jetzt, wie Umwelt, Erziehung und Freundschaften die Charakterbildung beeinflussten. So konnte am Ende des 18. Jahrhunderts, vor allem in der deutschen Philosophie und Literatur, die Einzigartigkeit des Individuums ausgerufen und das Subjekt als eine Art gottgleicher Weltkonstrukteur willkommen geheißen werden. Für die Liebe war das ein Quantensprung. Sie bezog sich nun nicht mehr auf die einzigartigen Eigenschaften der geliebten Person, sondern auf ihre Individualität, auf ihre einzigartige Wahrnehmung der Welt. Und das verschönerte wiederum die Welt des Liebenden. So folgte auf das psychologische Feintuning der passionierten Liebe die romantische Feier der subjektiven Welterschließung, und die romantische Liebe wurde endgültig zur Sprache des Herzens.

Alles, was nach Berechnung oder Taktik aussah, war nun verpönter denn je. Deutlich schildert das bereits Choderlos de Laclos in seinem Briefroman »Gefährliche Liebschaften« (1782). Hier wird die sitten- und zügellose Welt des Pariser Adels am Vorabend der Französischen Revolution demaskiert, etwa in den heuchlerischen Schwüren des kaltherzigen Verführers Vicomte de Valmont. Die Marquise de Merteuil tadelt de Valmont sogar für seine Liebesbriefe: Sie seien zu glatt und geordnet, um als authentische Liebeszeugnisse durchgehen zu können. Auch das zeigt die neue Sonderwelt der Liebe: Die Sprache der Liebenden ist nicht logisch und allgemein verständlich, sondern wild und wirr. Das Präsentieren einzigartiger Individuen erreichte auch deshalb neue Ausmaße, weil die Dichterheroen nun selbst die Subjektivität in Reinkultur verkörperten. Der wilde Lebenswandel populärer Poeten wie Byron oder Shelley umgab das gesamte Genre der Lyrik mit einer romantischen Aura, was die Komplizenschaft von Liebe und Literatur verfestigte. Immer mehr bot die Kunst nun, wie die Liebe, einen Ort für das, was im Rest der Gesellschaft immer unwahrscheinlicher wurde: die Entfaltung von Individualität.

Zudem bot die Betonung der individuellen Einzigartigkeit auch eine Bestandsgarantie für Liebesbeziehungen. Man konnte nun dauerhafte Gewissheit finden in der Subjektivität der geliebten Person, in den vielfältigen Facetten ihres Charakters. Der Mensch erschien nicht mehr als konstanter Charaktercocktail aus Körpersäften, sondern als ein widersprüchliches Wesen, dessen Einzigartigkeit sich gerade in seiner Unbestimmtheit offenbarte. Als Individuum aber blieb er immer er selbst. Damit kannte die Liebe nun kein Verfallsdatum mehr. Der gemeinsame Weltbezug der Liebenden, der nun das höchste Gut bildete, machte die Liebe zur aussichtsreichen Schutzpatronin für die auf Ewigkeit abzielende Ehe. Und er sicherte ihr eine Monopolstellung in der Gesellschaft.

Diese neue Machtposition der Liebe wurde untermauert durch eine neue Liebesmetaphorik. Seit Mitte des 18. Jahrhunderts beschrieb man Liebe und Sexualität mit Naturbegriffen. Damit war Liebe nicht mehr auf das Anpreisen moralischer oder körperlicher Qualitäten angewiesen. Stattdessen konnte sich die Einzigartigkeit der geliebten Person praktisch überall offenbaren: im Sternenhimmel, im Regenbogen, in allem, was so unerklärlich wie die Liebe selbst scheint. Damit wurde auch die Liebe selbst zur Naturgewalt erklärt, zu einer Macht, die von allem Besitz ergreifen konnte. Im Roman trat der Dialog der Liebenden immer mehr in den Hintergrund, denn statt der psychologischen Einsicht in Sein und Schein sollte nun die Wunderwirkung der selbständig werdenden Liebe dargestellt werden: die Liebe als Himmelsmacht, die die ganze Welt verzaubert und die Natur in einen romantischen Resonanzraum verwandelt. Jeder Gegenstand kam nun als Objekt der Dichtung infrage, solange er nur ein echtes Gefühl hervorrufen konnte. Diese allumfassende Wirkung der Liebe zeigt sich auch in den »Leiden des jungen Werthers«. Für Werther wird die Schleife, die Lotte bei ihrer ersten Begegnung trug, zur Devotionalie: »Ich küsste diese Schleife tausendmal, und mit jedem Atemzuge schlürfe ich die Erinnerung jener Seligkeiten ein.« Nichts war nun so nichtig, dass es nicht zum Liebessymbol taugte. Die Liebe begann, den Alltag zu verzaubern und zu erobern.

Mit alldem schweißte der romantische Liebescode die früheren Konzepte der Idealisierung und der Paradoxierung zu einer neuen Einheit zusammen. Das Ideal war nun die romantische Liebe selbst. Und sie war weiterhin paradox, weil sie die Einheit von Selbsthingabe und Selbstbestätigung bildete. Damit hängt ein weiteres, typisch romantisches Paradox zusammen: die Einheit von Engagement und Selbstreflexion. So ließ sich die Liebe steigern, indem sie nicht auf schnellstmögliche Erfüllung, sondern auf Distanzierung setzte. Das sehnsuchtsvolle Hoffen und Bangen bot dann die Möglichkeit, die Liebe immer weiter auszureizen. Dieses

Zusammenspiel von romantischem Rausch und rationaler Reflexion weist zugleich deutliche Ähnlichkeiten auf mit der heutigen Form des Liebescodes. Auch heute, mehr als zwei Jahrhunderte später, scheint die Liebe wieder Leidenschaft und Pragmatik auf einen Nenner zu bringen, wenn auch unter ganz anderen Vorzeichen (mehr dazu in Kapitel 9: »Die pragmatische Liebe«).

Vor diesem individualistischen Hintergrund spielten Schichtzugehörigkeiten oder Tugenden keine Rolle mehr. Alles, was jetzt zählte, war der neue Weltbezug des einzigartigen, selbstreflexiven Individuums und das Sich-aneinander-Orientieren als eine Art 2-in-1-Selbsterfahrungstrip, inklusive der Sexualität, die nun voll und ganz in das neue Liebeskonzept einbezogen wurde. Erstmals in ihrer Geschichte bildete die Liebe eine Sonderwelt, die sich nur noch über die Wechselseitigkeit zweier Individuen formt und festigt. Liebe, Gegenliebe und individuelle Selbstreflexion bildeten einen selbstbezüglichen Zirkel, der so fest war, dass er keinen äußeren Vorgaben mehr folgte. Zugleich aber war er so flexibel, dass alle möglichen Motivationen, Inspirationen und Irritationen aufgenommen und nach eigenen Regeln weiterverwertet werden konnten.

Nun konnten auch erste Ansätze zur Emanzipation der Frau erfolgen. Bereits 1792 forderte die Frauenrechtlerin Mary Wollstonecraft in ihrem Buch »A Vindication of the Rights of Women« das Recht der Frauen auf Befriedigung beim Beischlaf – und schockierte damit ganz England. Das vermeintlich schwache Geschlecht begann, Stärke zu zeigen und Forderungen zu stellen. Hatte die Frau zuvor eine passive Rolle zu spielen, war es ihr jetzt mehr denn je möglich, einen Geliebten selbstbestimmt auszuwählen. Auch hier hinterließ die boomende Individualität also bereits erste Spuren. Allerdings wuchsen mit zunehmender Individualisierung zugleich die Schwierigkeiten für gelingende Liebe weiter an. Je individueller die Menschen wurden, umso unwahrscheinlicher wurde es ja auch, dass sich zwei Exemplare dieser neuen Ego-Experten überhaupt auf einem gemeinsamen Liebesnenner treffen konnten. So entstand eine weitere Paradoxie, die fortan die Anbandelung bestimmen sollte: die Idee des schicksalhaften Zufalls. Indem die Zufälligkeit des Zufalls ausgeblendet wurde, wurde sozusagen eine übernatürliche Partnervermittlung ins Liebesleben gerufen. Die Umdeutung von Zufall in Vorhersehung machte den Beginn einer Liebesbeziehung aus dem Nichts möglich. Gerade die spontane, unerklärliche Liebe galt nun als wahre Liebe, weil hier das Schicksal besonders deutlich mitzumischen schien.

Diese Gutheißung des Geschicks und des Unbegreiflichen machte die Liebe massenkompatibler denn je. Denn jetzt konnten alle Personen aus allen gesellschaftlichen Schichten zu potenziellen Partnern werden. Diese Zielgruppenerweiterung war umso wichtiger, als die Gesellschaft nun endgültig begann, sich von einer ständischen auf eine funktionale Unterteilung umzustellen. Die hierarchische Schichtung wurde abgelöst von verschiedenen Funktionsbereichen wie Wirtschaft, Wissenschaft, Recht oder Kunst, die gleichberechtigt nebeneinander stehen und an denen prinzipiell jeder teilnehmen kann. Für den Einzelnen bedeutete das sowohl mehr Freiheiten als auch mehr Zwänge. Erstmals hatte man jetzt die Möglichkeit, an mehreren gesellschaftlichen Bereichen teilzunehmen. Aber zugleich war diese Freiheit auch eine Verpflichtung, um sich selbst als Individuum zu definieren. Unter diesen Vorzeichen konnte die Orientierung am Geliebten, so umfassend sie war, nicht der einzige Weltbezug eines Individuums sein. Wer auch in seinem Beruf oder in seiner Freizeitgestaltung als Individuum bestätigt wird, ist weniger angewiesen auf die Individualisierungsleistungen der Liebe (mehr zu der heutigen Konkurrenz von Liebe und Arbeit in Kapitel 8: »Gestresste Herzen: Liebe in der Ich-AG«).

Umso wichtiger war es, dass die Liebe nun ihren Kundenkreis ausdehnen konnte, indem sie einen Pakt mit dem Schicksal schloss. Und indem sie sich selbst vereinfachte. So wichen die alten, komplizierten Anbahnungsmuster der Oberschicht den weniger komplizierten Umgangsformen des Bürgertums. Hatte man zuvor in adeligen Kreisen noch wissen müssen, wie, wo und wann man ein Taschentuch zu verlieren hat oder wie man am effektivsten in Ohnmacht fällt, reichte nun das schlichte »Falling in Love«. Auch wenn das Konzept der romantischen Liebe noch zu komplex war, um für alle Bürger gleichermaßen zugänglich zu sein, löste sich die Liebe damit von der ständischen Gesellschaftsordnung. Sie war gesellschaftsfähig geworden. Die Gleichheit hielt Einzug in die Passion, und das hieß auch immer mehr: die Gleichstellung von Gatte und Gattin.

Die Liebe zur Ehe

Die Romantik leitete das bürgerliche 19. Jahrhundert ein und damit auch eine weitere Etappe in Richtung Zivilisierung. 1832 wurde in England mit der Erweiterung des Wahlrechts die Ära der Massendemokratie eingeläutet. Ebenfalls in der ersten Jahrhunderthälfte wurden Brutalitäten wie Tierquälerei, Sklaverei und das Duellieren offiziell verboten. Die Todesstrafe wurde von 200 auf fünf Verbrechen reduziert. Und 1859 erschien mit Charles Darwins »Origin of Species« ein Werk, das das Weltbild der Menschheit in ähnlicher Weise veränderte wie zwei Jahrhunderte zuvor Newtons »Principia Mathematica«. Der Glaube an Gott und die Bibel wurde erschüttert, und der Mensch erfuhr eine narzisstische Kränkung, weil sich herausstellte, dass sein nächster Verwandter der Affe ist.

Zudem wurde die gesellschaftliche Dynamik durch eine Vielzahl technischer Erfindungen beschleunigt, von Telegraph und Telefon über Schreibmaschine und Fotoapparat bis zum elektrischen Licht, der Eisenbahn und der Zellulose, die das Entstehen der Massenpresse einleitete. Mit alldem begann sich die Gesellschaft endgültig von einer Unterteilung in Stände und Schichten zu verabschieden. Die verschiedenen Teilbereiche der Gesellschaft folgten immer mehr eigenen Regeln und waren nicht länger den Vorgaben einer zentralen Spitze untergeordnet. Nachdem 1831 die Cholera von Hamburg nach London gekommen war, begann in England der Aufbau eines öffentlichen Gesundheitswesens, 1851 wurde der englische Polizeiapparat zentralisiert. Und in Paris wurde 1852 das Warenhaus erfunden. Feilschen war nun passé, stattdessen herrschte das Gebot der Festpreise, was zugleich die Geburt der Reklame einleitete. Die einzelnen Gesellschaftsbereiche formierten sich. Und so wie in der Wirtschaft nur noch das Zahlen zählte, zählte in der Liebe nur noch das Lieben.

Das befreite auch die Ehe, die nun nicht länger als Erfüllungsgehilfe für Familien- und Statusinteressen herzuhalten hatte. In vorromantischen Zeiten hatte die Liebe in den meisten Ehen noch nichts zu suchen gehabt: Der Bund fürs Leben sollte die Fortpflanzung regeln, für die sexuellen Gelüste der Männer gab es Mätressen, und die Liebe galt Gott und folgte vergötternden Perfektionsidealen. Erst die Romantik brachte Ehe, Sex und Passion auf den gemeinsamen Liebesnenner, der noch heute gilt. Die Ehe musste Politik, Religion oder Wirtschaft nicht mehr stützend zur Seite stehen, weil diese Bereiche für sich selbst sorgen konnten. So verbreitete sich die neue Vorstellung, dass eine Familie kein Machtverbund ist, den es zu erhalten gilt, sondern eine individuelle Angelegenheit, bei der die Karten in jeder Generation neu gemischt werden. Damit wurde der Bund fürs Leben ein Bund fürs Lieben. Die »ungeschützte« Ehe sicherte sich sozusagen ab, indem sie selbst eine Ehe einging: mit der Liebe.

Diese Neudefinition der Ehe ist eine spezifisch englische Erfindung des 18. Jahrhunderts. Sie wurde unterstützt von der neuen, moralisch angehauchten Empfindsamkeit und rief eine neue, persönlich geprägte Privat- und Familienwelt aus. In der Familie sollten andere, sanftere Saiten aufgezogen werden als im Rest der Gesellschaft. Überhaupt sollte der Staat nun seine Bürger in Ruhe lassen und ihnen keinerlei Vorschriften mehr machen, wie John Stuart Mill 1859 in seinem liberalistischen Rundumschlag »On Liberty« forderte. Das machte die hierarchischen Verhältnisse von Staat und Politik tabu fürs Familienleben. Und es bedeutete für die Ehe: weniger weibliche Unterordnung, stattdessen Gleichstellung und wechselseitige Achtung von Gattin und Gatte. Mit Liebe verband man nun eher Verständnis und Freundschaft als wilde Passion. Diese wechselseitige Anpassung trug durchaus pragmatische

Züge. Man begann zu sehen, dass gemeinsames Eheglück nur dann zu haben ist, wenn beide Partner einander helfen und die Interessen des jeweils anderen fördern. So konnte die Liebesehe gegen Ende des 18. Jahrhunderts sogar als Institution der natürlichen Vervollkommnung erscheinen, als eine Maxime des Menschlichen.

Im viktorianischen England vollzog sich dieser Wandel im Zuge einer allgemeinen Moralisierung der Gesellschaft. Tonangebend war die Gefühlskultur der Sensibility, die auf das Konto des methodistischen »Evangelical Movement« ging und vor allem das Kleinbürgertum nachhaltig prägte. Das neue Ideal des Zusammenlebens war die häusliche Kleinfamilie, und die alltäglichen Lebenspflichten wurden geradezu heilig gesprochen. Parallel dazu erfolgte eine strenge Hygiene- und Sexkontrolle. Selbstbefriedigung galt als schwere Sünde, und noch bis 1861 wurde Homosexualität mit dem Tod bestraft. In der doppelmoralischen viktorianischen Gesellschaft bedeutete diese Prüderie aber auch einen Boom der Prostitution. So sehr Sex nun ehegebunden war, so sehr wurde er zugleich wieder ausgelagert. 1841 gab es in London bereits rund 1000 Bordelle und 850 »Erholungshäuser«.

Die Idealisierung der bürgerlichen Ehe machte die Heirat im 19. Jahrhundert sogar literaturfähig. Galt eine Ehe zuvor als Tod der Passion, versprach sie nun nicht nur das Anderssein als alle anderen, sondern auch das Einssein mit dem Partner. Das verlieh der Ehe literarisches Potenzial, genauer gesagt: ihrer Anbahnung. Denn die Schilderung des glücklichen Ehe-Alltags war weiterhin nur begrenzt spannend. Sosehr der Roman das neue Konzept der Liebesehe auch gutheißen wollte – eine glückliche Ehe war schlicht zu langweilig, um für eine Romanhandlung herhalten zu können. Vor allem konzentrierte sich der Liebesroman daher auf die Phase der Kontaktanbahnung. Hier zeigte Jane Austen, wie die Heldinnen ihre romantischen Verdrängungen über das Schema der Liebesgeschichte selbst entdecken. Diese Selbsterkenntnis ist dann zugleich das Ende der Geschichte, etwa wenn in »Emma« die Protagonistin merkt, dass sie ihren Liebeswillen nur unbewusst auf eine andere Person projiziert hatte. So wurde die Liebe zugleich gegen das »normale« Ursache-Wirkung-Denken abgegrenzt: Im Blick auf die Zukunft muss sie zufällig auftreten, um keinen äußeren Motiven zu folgen; im Rückblick aber muss sie als notwendig erscheinen, um den Stempel des Schicksals zu erhalten.

Ebenso dramatisch war die Tatsache, dass die Frau nun in der Ehe als Mensch entdeckt wurde. Musste sie in vorehelichen Zeiten ihr Sexualbewusstsein verdrängen, durfte sie es nun in der Ehe wiederentdecken. Auch wenn die Frau noch immer eine strikte Rolle als Ehefrau und Mutter zu spielen hatte, wurde sie nun in der Ehe zur »vollwertigen« Person. Hier fand sie sich selbst und, wenn schon keine sexuelle Befriedigung, so doch moralische Vervollkommnung. Genau das machte Liebesromane, die eine psychologische Innenschau ihrer weiblichen Hauptfiguren ermöglichen, so interessant, insbesondere für Leserinnen. Und damit konnte der Roman des 19. Jahrhunderts auch das vorführen, was er eigentlich ablehnte: War die Darstellung sexueller Handlungen noch streng tabu, so ließen sich doch Ehebruch, Promiskuität und sonstige erotische Irrungen und Wirrungen thematisieren. All das konnte das viktorianische Bürgertum zur Kenntnis nehmen – und sich zugleich moralisch darüber erhaben fühlen.

Mit der Verbindung von Ehe und Liebe war es dem romantischen Liebescode gelungen, eine dauerhafte Lösung für seinen größten Selbstwiderspruch zu finden: die Vereinigung von Selbsthingabe und Selbstwahrnehmung. Die Liebesehe versprach, das scheinbar Unmögliche möglich zu machen. Hier sollte jeder seine Individualität voll einbringen und unbegrenzt ausbauen können. Weil Liebe und Ehe einander wechselseitig stützen und stärken sollten, erhielt die Ehe das Image einer Ego-Maximierungsanstalt. Liebe und Ehe sollten eine Symbiose bilden: die Liebe als Grundlage der Ehe und die Ehe als Grundlage der Langzeitliebe. So machte die autonom gewordene Liebe auch die Ehe autonom. Frank Sinatras spätere Weisheit schien Wirklichkeit geworden zu sein: »Love and marriage go together like a horse and carriage.«

Wer jetzt heiraten wollte, brauchte keine elterliche Zustimmung mehr. Das machte die Partnerwahl wichtiger und schwieriger denn je. Für eine Bindung, die nicht nur metaphorisch, sondern tatsächlich lebenslänglich halten soll, braucht man schließlich den perfekten Partner. Dieser Lebensgefährte musste jetzt, wo man die Qual der Wahl hatte und sich keinen familiären oder ständischen Vorgaben mehr zu unterstellen hatte, sorgfältiger denn je auserkoren werden. Damit wurde das Zustandekommen einer Liebesehe zwar unwahrscheinlicher, aber der romantische Liebescode sorgte zugleich für neue Wahrscheinlichkeiten. Zum Beispiel, indem er diese Wahl nun dem subjektiven Gefühl folgen ließ. So konnten sich Heiratswillige im 19. Jahrhundert schlicht und einfach auf ihre Liebe berufen, im Gegensatz zu vorigen Jahrhunderten, wo immer noch eine Zweitbegründung zu erfolgen hatte. Musste ein Verehrer im 17. Jahrhundert noch über einen adeligen Stammbaum oder sonstige Special Features verfügen, reichte nun das Lieben selbst. Es war zwar immer noch gang und gäbe, nach vernünftigen und finanziellen Kriterien zu heiraten. So zeigen etwa die Romane von Jane Austen, wie Mütter versuchen, ihre Töchter vorteilhaft zu vermählen. Und auch Scheidungen gab es – außer per Parlamentsbeschluss – noch nicht. Erst nach 1859 wurde das englische Scheidungsrecht erweitert. Dennoch wurde das System der Mitgiften zunehmend als unvereinbar mit der romantischen Liebe empfunden. In den Romanen der Brontë-Schwestern – Charlottes »Jane Eyre«, Emilys »Wuthering Heights« und Annes »Agnes Grey« (alle 1847) – begannen die Frauen nun, selbstbewusst ihre eigenen Interessen und Leidenschaften zu vertreten.

Gemäß der Vorstellung, dass eine Familie in jeder Generation neu gegründet wird, ging es also nicht mehr um die familiäre Vergangenheit des Einzelnen, sondern um die gemeinsame Zukunft beider Liebender. Allerdings stellte diese Zukunftsorientierung die Liebesehe auch vor bislang unbekannte Probleme. Denn so befreiend die neuen Zustände waren, so wenig war man auf die Umstellung von romantischem Rausch auf profanen Ehe-Alltag vorbereitet. Ehe und Liebe als perfektes Duo, diese Vision war schwieriger zu verwirklichen, als man angenommen hatte. Das Grunddilemma

der Ehe bestand darin, dass sie genau jene Erwartungen ent-
täuschte, auf denen sie aufbaute. So begann eine Suche nach
Stützpfeilern für die Liebesehe. Unter anderem wurden dabei alte
Kameradschaftskonzepte recycelt, die in der Ehe keine Dauerlei-
denschaft sahen, sondern eine solide Basis für Verständigung und
für gemeinsames Handeln. Doch wer wollte eine leidenschaftslose
Ehe eingehen, wenn die Leidenschaft mittlerweile das eigentliche
Motiv zur Eheschließung geworden war? Der einzige Weg aus dieser Sackgasse konnte nur darin bestehen, die paradoxe Anlage der
romantischen Liebe auf das Konzept der Ehe zu übertragen. Und
dafür sollte das 20. Jahrhundert neue Formen finden.

Heute: Liebe als Problem?

Die romantische Liebe brachte eine neue Leitunterscheidung hervor, die sich im 19. und vor allem im 20. Jahrhundert immer weiter festigte: die Unterscheidung von persönlichen und unpersönlichen Beziehungen. Die Gesellschaft war modern geworden, und
erstmals in ihrer Evolution konnte und musste jeder Einzelne sein
Leben hauptsächlich über unpersönliche Beziehungen organisieren, indem er sich in den verschiedenen gesellschaftlichen Teilbereichen engagierte. Das lieferte ein zuvor unbekanntes Maß an
Möglichkeiten, sein Leben selbst zu gestalten. Aber es wurde auch
immer schwieriger, über sich selbst zu sprechen. So entstand eine
gesteigerte Nachfrage nach einer Parallelwelt, in der nur das Persönliche zählt. Diesen Platz nahm die Liebe ein.

Um jedem Einzelnen, vom Adeligen bis zum Arbeiter, den Zugang zu dieser Sonderwelt der Liebe zu ermöglichen, mussten die
komplizierten Paradoxien der romantischen Liebe vereinfacht
werden. Sollte jeder die romantischen Liebesmuster für den Privat-
gebrauch verwenden können, galt es, alles allzu Anspruchsvolle
auszuklammern. Die Liebe musste flexibler werden. Deshalb
schüttelte sie alle strengen Verhaltensvorgaben ab und öffnete sich
den Liebenden, die sich daraufhin mehr denn je über ihre Bezie-

hung verständigen mussten. Im 20. Jahrhundert, insbesondere in seinem letzten Viertel, wandelte sich damit die Form des Liebescodes erneut. Auf das romantische Paradox folgte die moderne Problemorientierung. Und das Problem bestand darin, eine vollkommen auf sich selbst gestellte Liebesbeziehung mit einem passenden Partner nicht nur zu beginnen, sondern über eine dauernde Verständigung auch am Laufen zu halten.

Welchen Anspannungen eine Liebesbeziehung unter diesen Umständen ausgesetzt ist, weiß jeder, der schon einmal an dem Experiment Langzeitbeziehung teilgenommen hat. Die Partnerschaft muss sich selbst stabilisieren über ihre beiden Teilnehmer. Das ist umso schwieriger, je mehr sich der eine jeweils an der Persönlichkeit des anderen orientieren muss – und an nichts anderem. Das steigende Verlangen nach individueller Selbstverwirklichung wird damit zum Knackpunkt moderner Beziehungen. Je anspruchsvoller die individuellen Erwartungen an eine Beziehung werden, desto attraktiver erscheinen die Alternativen: das Beenden einer Beziehung oder gar der Beginn eines dauerhaften Single-Lebens. Letzteres verspricht immerhin das Erlebnis wechselnder Sexkontakte und völliger Freiheit, wenngleich auch hier die Erwartungen oft zu hoch gesteckt sind (mehr dazu in Kapitel 8: »Gestresste Herzen: Liebe in der Ich-AG«).

In den vergangenen Jahrzehnten ist die Beteiligung an sexuellen Beziehungen immer wichtiger geworden für den Beginn einer Liebesgeschichte. Sexualität spielt heute eine tonangebende Rolle, auch für die Liebe. Das ist nicht zuletzt eine Folge der 68er-Befreiungskämpfe. Auch wenn sich die Utopie der »freien Liebe« als wenig praxisfähig erwies, machten die Ideale der 68er den Sex selbständig. Damit wurde Sex so bedeutsam, dass sich heute sogar die Liebe über Sex definieren kann: Sind Gefühle im Liebesspiel, handelt es sich um Liebe, wenn nicht, ist es Sex pur. Pessimisten könnten vermuten, dass diese »Haltlosigkeit« der Sexualität die Liebe gefährde. Schließlich fehlt dem Sex damit genau das, was ihn in romantischen Zeiten so liebestauglich machte: die Heimlichkeit und das versteckte Verlangen, das auch die Liebe erst verführerisch macht. Dennoch bedeutet die Sexualisierung der Liebe nicht, dass der Liebescode zum Sexcode geworden wäre, auch wenn die Konjunktur des Körperlichen die Lage der Liebe sicherlich verschärft hat.

Dadurch, dass Liebe zwar weiterhin an Sex gebunden ist, aber Sex nicht mehr an Liebe, hat sich die Dramaturgie von Liebesgeschichten umgekehrt. Musste man früher zunächst zusammenkommen, um sexuell aktiv zu werden, läuft es heute eher andersherum. Sex ist ein Allgemeingut geworden, das mit oder ohne Gefühle konsumiert werden kann. Ein langes Anhimmeln und Buhlen würde heute eher absurd wirken, denn bis auf wenige Ausnahmen gibt es ja keine moralischen Verbote mehr, die einen zwingen würden, Liebe und Leidenschaft im Geheimen anzubahnen und auszuleben. Das beschert auch heutigen Liebesromanen ein Problem: Wer kann sich heute, wo sich jede Liebesbeziehung ihre eigenen Regeln und Gesetze selbst bastelt, in ihnen wiederfinden? Sex ist dagegen eine eindeutige, gewissermaßen »archaische« Erfahrung, die heute ebenso heiß begehrt ist wie die Liebe und sich damit wesentlich besser als Liebe zur literarischen und medialen Weiterverwertung eignet. Heute richtet sich der Liebesfokus von Literatur und Massenmedien deshalb immer mehr auf die Sexualität. Und über Sex lässt sich auch die problematisch gewordene Liebe wieder ins Spiel bringen, wie etwa die Romane Michel Houellebecqs zeigen (mehr dazu u.a. in Kapitel 6: »Sex sells – Love, too!«).

Allerdings spielt die Literatur heute bestenfalls eine Nebenrolle, wenn es darum geht, Liebesgeschichten publik zu machen. Hier haben schon lange Massenmedien wie Filme, Video- und Werbeclips, Zeitschriften und TV-Shows das Sagen. Sie geben vor, was in der Liebe geschehen soll und kann, was an Glück und Tragik möglich ist, welches Verhalten okay ist und welches nicht. Diese Muster kann jedes Liebespaar nach eigenem Ermessen verwenden und verändern. Schwierig wird es aber, wenn man versucht, die medialen Muster maßstabgetreu auf das eigene Leben und die eigene Beziehung zu übertragen. Wer unbedingt so lieben will wie Leonardo DiCaprio und Kate Winslet in »Titanic«, wird mit ziemlicher Sicherheit romantischen Schiffbruch erleiden (mehr dazu in Kapitel 5: »Die Liebesrealität der Massenmedien«).

Am meisten sind heutige Liebesbeziehungen aber dadurch gefährdet, dass sie mehr denn je persönliche Beziehungen sind. Dadurch wird die Last an individuellen Erwartungen immer größer. Und es wird immer schwieriger, sie überhaupt zu beginnen: Der moderne Alltag ist dominiert von unpersönlichen Beziehungen – wie aber wird man in unpersönlichen Situationen persönlich? Wie schafft man es, über sich selbst zu reden, ohne dafür auf gesellschaftlich vorgeprägte Anleitungen zurückgreifen zu können? Ein fallengelassenes Taschentuch würde einen heute allenfalls als Umweltverschmutzer brandmarken. Auch mit Schmeichelei und Höflichkeit ist es nicht mehr getan. Und selbst die Chancen des schicksalhaften Zufalls sind geschrumpft, weil er zumeist unerwünscht ist. Wo käme man hin, wenn im Gerichtssaal große Gefühle ausbrächen oder die Polizeiwache zur Flirtstation würde?

Natürlich kann Liebe prinzipiell noch immer überall entstehen, und gerade der Arbeitsplatz ist einer der attraktivsten Anlaufplätze dieser Art. Und natürlich bilden sich neue Muster der Kontaktanbahnung. Aber diese neuen Muster sind vielfältiger, individueller und uneindeutiger geworden. Generell gesehen wird gelingende Liebesanbahnung also unter unpersönlichen Umständen schwieriger. Woran erkennt man zum Beispiel, ob der andere die Liebe erwidert? Bedeutet ihr Lächeln, dass sie von ihm angesprochen werden will? Ist seine Zurückhaltung ein Zeichen dafür, dass er sie nicht begehrt? Diese Doppeldeutigkeit belegt zwar die andauernde Wirkung paradoxer Liebeskommunikation, aber sie verunsichert die Liebenden auch, und zwar in Zeiten geschlechtlicher Gleichgestelltheit vor allem die Männer. Welche Formen könnten also heute infrage kommen, um die moderne Liebe zu symbolisieren?

An der Codierung »persönlich/unpersönlich« ist nicht zu rütteln. Gerade ihre Offenheit und Unbestimmtheit ist unumgänglich, um die Liebe massentauglich zu machen. Sie gilt immer und überall, hängt nicht mehr mit Eigenschaften wie »schön« oder

»reich« zusammen und ist gerade deshalb offen für alles und alle. Deswegen zielt die Liebe heute auch weniger auf eine unendliche Steigerung von Leidenschaft als darauf, den modernen Menschen mit einem besonders wertvollen Gut zu versorgen: Identität. Je »unpersönlicher« die Gesellschaft wird, desto »persönlicher« wird die Liebe, weil es umso wichtiger wird, die eigene Persönlichkeit bestätigt zu finden und sich selbst als ganzer Mensch zu erfahren. Eine solche Allround-Bejahung der eigenen Selbstdarstellung können berufliche, künstlerische oder auch sexuelle Erfolge nicht leisten, sondern nur die Liebe. Nur hier kann man das Bild, das man sich von sich selbst aufbaut, absolut bestätigt finden.

Für die Passion traditioneller Bauart ist damit kein Platz mehr. Die Zeiten, in denen die Liebe mit quasi krankhafter Inbrunst gegen gesellschaftliche und familiäre Hindernisse durchgesetzt werden musste, sind passé. Heute muss sich kein Liebender mehr darauf berufen, dass er eigentlich unverantwortlich sei für seine Gefühle. Im Gegenteil: Wer liebt, soll zeigen, dass diese Liebe auf nichts anderem beruht als auf seinen individuellen Gefühlen. Und weil Liebe keinen anderen Grund haben darf als sich selbst, muss sie spontan gezeigt werden. Sie soll zuvorkommend sein und nicht bloß erwidern. Erst so zeigt sich, dass sie sich nicht am Handeln, sondern am Erleben des Geliebten ausrichtet, an seiner persönlichen Weltsicht. Wie aber ließe sich eine solche freie Liebe in eine feste Form gießen, an der sich heutige Liebende orientieren könnten?

In seinem Buch »Liebe als Passion« sah der Soziologe Niklas Luhmann eher schwarz für die moderne Liebe. Das romantische Urkonzept sei am Verschwinden, und die neue Alltagstauglichkeit mache Liebesbeziehungen unwahrscheinlicher, weil die klaren Vorgaben früherer Zeiten fehlen. Die aktuelle Form des Liebescodes definierte Luhmann als Problem- und Verständnisorientierung: In Beziehungen gehe es darum, Probleme zu erkennen und zu lösen, mit Enttäuschungen fertig zu werden und damit eine dauerhafte Verständigung zu erreichen. Aber ist das immer noch der Stand der Dinge in Sachen Liebe? Seit Luhmanns Befund ist knapp ein Vierteljahrhundert vergangen. Ist die Liebe zu Beginn des 21.

Jahrhunderts noch immer so problembeladen? Oder hat sie in der Zwischenzeit neue Muster hervorgebracht, um in den Zeiten maximaler Möglichkeiten maximaler mitzumischen?

Niklas Luhmann sah die einzige Chance für die romantische Liebe in einem Revival paradoxer Formen, in einer neuen Einheit von Wunschvorstellungen und Wirklichkeit, die ein überzeugendes Lebensmodell anbietet. Tatsächlich scheint sich die Liebe in dieser Richtung weiterentwickelt zu haben, nämlich als eine pragmatische Variante, die romantische Ideale und strategische Potenziale vereint. Damit wird eine weitere Stufe in der Evolution der Liebe beschritten. Und die Liebe kehrt sogar, zumindest teilweise, zu ihren Ursprüngen zurück. Sie setzt zwar auf eine zeitgemäße Pragmatik – aber gerade das macht sie paradoxerweise auch wieder offener für mehr Leidenschaft und Romantik (mehr dazu in Kapitel 9: »Die pragmatische Liebe«).

Bei allen Wandlungen der Liebe gilt jedoch auch heute noch, was La Rochefoucauld im 17. Jahrhundert feststellte: »Es gibt nur eine wahre Liebe, aber tausend Nachahmungen.« Auch wenn damit jeder Liebende zum Nachahmer wird: Diese »eine wahre Liebe« erlebt jeder für sich selbst als etwas Einzigartiges – so einzigartig, dass es schnell problematisch werden kann.

3. Problematische Passion

Ganz oder gar nicht

»Es gibt kaum ein Unterfangen, das so regelmäßig fehlschlägt wie die Liebe«: Dieser Satz aus Erich Fromms liebesphilosophischem Dauerbrenner »Die Kunst des Liebens« (1956) gilt heute mehr denn je. Denn je individueller die Menschen werden, umso schwieriger finden sie zusammen, und umso deutlicher zeigt sich auch, wie hochgradig krisenanfällig die moderne Liebe ist. Ihr widersprüchliches Wesen und ihre radikalen Ansprüche machen sie zwar extrem spannend und, wenn es gut geht, extrem ertragreich. Dennoch: Die Chance des Scheiterns ist in der Liebe so hoch wie in kaum einem anderen Bereich der modernen Gesellschaft. Das zeigt sich vor allem an den Absolutheitsansprüchen, die der Liebescode an die Liebenden stellt.

Der Liebescode folgt einem Ganz-oder-gar-nicht-Gebot. So wie es in der Wirtschaft kein Zwischending zwischen Zahlung und Nichtzahlung gibt oder in der Wissenschaft kein »ziemlich wahr«, sondern nur wahr oder unwahr, duldet auch die Liebe keine halben Sachen. Entweder es wird geliebt oder nicht, entweder es wird persönlich gehandelt oder nicht. Eine teilweise Liebe oder eine Dreiviertelliebe kennt die Entweder-oder-Optik des Liebescodes nicht. Für derartige Fälle haben sich liebesähnliche Vokabeln wie »Affäre«, »Abenteuer« oder »Liebelei« herausgebildet. Die romantische Liebe hingegen scannt alles unter der Frage »Persönlich oder nicht persönlich?«. Liebende müssen sich ununterbrochen beobachten und prüfen, ob auch wirklich alles, was passiert, persönlich gemeint ist. Kleinigkeiten können dann schnell übergroße Bedeutung bekommen.

So kann schon die Frage »Willst du lieber Joghurt mit Pfirsich oder mit Erdbeeren?« über Sein oder Nichtsein der Liebe Auskunft geben: Vielleicht mag der Gefragte gar keinen Erdbeerjoghurt und ist gekränkt, weil er meint, der Partner hätte das eigentlich wissen müssen. Vielleicht muss er aber auch erst einmal überlegen, was er gerade lieber mag, und schon dieses Zögern, eventuell noch flankiert von einem vermeintlich unverfänglichen Räuspern, führt zu großer Verunsicherung, weil der Fragende nun denkt, er habe vielleicht etwas Falsches gesagt – hat er vielleicht vergessen, dass der andere eigentlich ein Erdbeerjoghurt-Hasser ist? So geht es in jedem Moment ums Ganze, um die ganze Person. Dieses absolutistische Wesen der Liebe setzt die Liebenden unter einen dauernden Beobachtungsstress.

Hinzu kommt, dass Liebende einander eigentlich als Zumutung empfinden. Jeder Mensch definiert sich heute über seine Individualität, über seinen persönlichen Weltentwurf. Aber in der Liebe werden wir quasi in einen fremden Weltentwurf hineinverfrachtet. So gesehen ist Liebe tatsächlich eine Art Selbstentfremdung. »Jeder liebt den andern, so wie dieser andere ist«, schrieb Franz Kafka, »aber so wie er ist, glaubt er, mit ihm nicht leben zu können.« Wer liebt, wird Teil der Welt eines anderen und muss diese andere Welt zugleich vollständig in seiner eigenen Welt unterbringen. Man liebt ja schließlich nicht nur die bezaubernden Augen, nicht nur den sexy Hüftschwung, nicht nur den feinen Humor des anderen, sondern die ganze Person. Das schließt alle Eigen- und Sonderheiten, alle Ecken und Kanten mit ein, und damit auch alles, was man vielleicht eigentlich unsympathisch oder unattraktiv findet. So »muss« man dann zum Beispiel auch lieben, dass die geliebte Person zur Jähzornigkeit neigt, Hermann Hesse für einen großen Schriftsteller hält, gern zu Techno tanzt, ungern die Toilette putzt oder mit Bierbauch oder Orangenhaut geschlagen ist. Veränderungswünsche wie »Mach doch bitte eine Diät« oder »Sei doch mal lockerer« sind da hochgradig suspekt, weil sie vermuten lassen, dass man eigentlich einen anderen liebt, einen Traumpartner.

Gerade der Körper mit all seinen Makeln und Reizen lässt sich aber nur schwer ignorieren. Die Liebe mag den Blick bis zu einem gewissen Grade trüben, aber gänzlich liebesblind wird man dadurch nicht. Über eine ungeputzte Toilette mag man noch hinwegsehen, aber Unattraktives am Körper des geliebten Partners können Liebende schlecht außer Acht lassen, ebenso wie sie weiterhin empfänglich bleiben für die körperlichen Verlockungen »ungeliebter« Personen. Beides muss dann unter den Vorzeichen der Rundumakzeptanz geheim bleiben und im Verborgenen verarbeitet werden. Auch das macht das Experiment Liebe labil.

Eine besonders wichtige – und ebenfalls hochgradig störanfällige – Rolle spielt dabei die Sexualität. Als notwendige Körperkomponente der Liebe bildet Sex eine Art Probe aufs Liebesexempel und damit so etwas wie die Bodenhaftung des romantischen Begehrens. Arthur Schopenhauer hatte nicht ganz Unrecht, als er schrieb: »Alle Verliebtheit, wie ätherisch sie sich auch gebärden mag, wurzelt allein im Geschlechtstriebe.« Man könnte auch sagen: Alle Verliebtheit spiegelt sich im Liebesspiel. Und bei diesem Spiel sollte der Endstand heute idealerweise 1:1 lauten, also zumindest ein Orgasmustreffer pro Partei und Partie, mit multiplen Ausbaumöglichkeiten, insbesondere auf weiblicher Seite. Auch im Bett sorgt die Liebe für Höchsterwartungen, frei nach dem Motto: Je besser der Sex, desto einmaliger die Liebe. Denn umgekehrt gilt ja tatsächlich: Je unerquicklicher der Sex, desto höher ist die Wahrscheinlichkeit, dass auch die Liebe nicht mehr ganz unversehrt ist. Mit diesem Erwartungsdruck umzugehen ist nicht einfach, selbst wenn man die Erwartungen im gegenseitigen Einvernehmen herunterzuschrauben versucht. So führt auch die Kopulation schnell zu Komplikationen.

Der größte Knackpunkt von Liebesbeziehungen ist aber die Tatsache, dass in der Liebe eine ungleiche Rollenverteilung herrscht, und zwar für beide Beteiligten gleichermaßen. Wer liebt, muss die einzigartige Weltsicht der geliebten Person, also ihr gesamtes Erleben, bestätigen. Diese Bestätigung zeigt sich nur im konkreten Handeln. Ein Liebender muss also agieren, während der Geliebte sich einfach auf sein Erleben konzentrieren kann. Und weil jeder Geliebte zugleich Liebender ist, müssen beide Seiten jeweils einseitig handeln. Diese Konstellation motiviert zu Missverständnissen. Denn man muss nicht nur alles persönlich nehmen und entsprechend spiegelverkehrt ausflaggen, sondern kann das zudem noch auf zweierlei Weise tun: handelnd oder erlebend. Und je nachdem, ob eine Handlung als Erleben oder Handeln wahrgenommen wird, kann sie positiv oder negativ bewertet werden. Schon ein schlichtes Schweigen kann als rücksichtsvoll oder vorwurfsvoll erscheinen. Sucht die Geliebte ihren Schlüssel und ruft verzweifelt »Wo ist er bloß?«, könnte sie ein eigentlich mitfühlendes Schweigen als amourösen Affront interpretieren. So kann ein Missverständnis im falschen Moment zu Wortgefechten führen, ein harmloser Spaß schwere Verletzungen nach sich ziehen, und das Zuschrauben der Zahnpasta kann über Liebe oder Nichtliebe entscheiden. Wer partout will, kann in jedem Verhalten des anderen nichts als eigennütziges, unliebevolles Handeln sehen. Alles hängt ab von der jeweiligen Wahrnehmung, und hier hat jeder Liebende selbst das Steuer in der Hand.

Will man diese Verständigungsfallen umgehen, reicht es also nicht aus, immer und überall die Perspektive des Partners im Kopf zu haben. Man muss auch in der Lage sein, ein gewisses Maß an Goodwill zu zeigen und dem anderen einen Vertrauensvorschuss zu geben. Allerdings lauert hier schon die nächste Schwierigkeit, denn dieser Vertrauensvorschuss muss wohldosiert sein. Ist er zu hoch, droht eine Art Liebesinflation. Setzt die Liebe nämlich mehr Vertrauen voraus, als sie erzeugen kann, verliert sie an Wert, so wie in der Wirtschaft das Geld durch steigende Preise entwertet wird. Umgekehrt kann die Liebe auch durch hochfrequentierte Liebeserklärungen entwertet werden. Wer zwanzigmal am Tag »Ich liebe dich« zu hören bekommt, sieht darin vielleicht weniger Romantik als Routine und könnte auf bessere Beweise bestehen. Insofern läuft auch ein Zuviel an Vorvertrauen Gefahr, die Liebe noch komplizierter zu machen, als sie es ohnehin schon ist.

Das Gleiche gilt für zu hohe Ansprüche an die Liebe. Heute

sind die Erwartungen höher denn je. In der modernen Gesellschaft wird es immer wichtiger, sich selbst als Individuum darzustellen, und in Sachen Persönlichkeitsbestätigung ist die Liebe unschlagbar. Damit eignet sich eine Liebesbeziehung bestens als Projektionsfläche sämtlicher Sehnsüchte, und dem Partner kann leicht eine All-in-one-Rolle zugemutet werden. Er soll dann nicht nur Liebhaber und Freund sein, sondern auch Lebensberater, Kollege, Krisenmanager, Entertainer und Elternersatz.

Besonders geeignet für einen Marathon der Missverständnisse ist die Ehe, der »erbarmungsloseste aller Versuche, das Herz in eine endlose Liebe zu zwingen«, wie es der Schriftsteller Alain de Botton formulierte. In der Ehe werden Liebeserwartungen auf Lebenszeit vertraglich besiegelt. Hier kann die grundsätzliche Unwahrscheinlichkeit der Liebe schnell ins Pathologische abdriften, weil man tatsächlich lebenslänglich »gefangen« ist in der Welt des anderen. Man schwört sich die wechselseitige Dauerbestätigung offiziell und bis zum Tod. Das ist einerseits hochromantisch, schließlich lebt hier die traditionelle Passions-Paradoxie der freiwilligen Gefangenschaft fort. Aber genau deswegen ist es auch hochriskant. Viel mehr noch als in anderen, unbestimmteren Beziehungsformen muss man sich in der Ehe damit arrangieren, dass einen alles, was den anderen betrifft, auch selbst betrifft. Das beginnt bei der vertraglichen Tatsache, dass man stets finanziell für den anderen mitverantwortlich ist, und pflanzt sich in den Ehe-Alltag fort, zumal Ehepaare in den seltensten Fällen in getrennten Wohnungen leben. Dann muss man sich dauerhaft mit dem Umstand identifizieren, dass der andere lieber House als Klassik hört oder lieber dröge Dokumentationen als Reality-Soaps guckt. Gerade in der Ehe kann diese extreme Ausschließlichkeit Verstimmungen verstärken und Platzangst machen. Kein Wunder also, dass diese Dauerbestätigung eines anderen Menschen in den heutigen individualisierten Zeiten besonders häufig scheitert.

Nicht unbedingt hoffnungsfroh mögen auch die Ehe-Erkenntnisse des Mathematikers James Murray und des Liebesforschers John Gottman erscheinen, die die ultimative Ehe-Formel gefunden zu haben glauben.[7] Sie lautet für Frauen: w(t+1) = a + r1*w(t) + ihw[h(t)]. Und für Männer: h(t+1) = b + r2*h(t) + ihw[w(t)]. Dabei steht w für »wife«, h für »husband« und t für »time«. Entscheidend sind aber die übrigen Buchstaben: a ist die Konstante für den Gefühlszustand der Frau, wenn der Gatte fort ist, b die entsprechende Konstante für den Strohwitwer. r besagt, wie stark der Charme oder die Argumente des einen auf den anderen Partner wirken, und mit ihw wird gemessen, inwiefern und wie stark sich die Ehepartner im Gespräch beeinflussen. Dabei gibt es für Nettigkeiten wie Lächeln und Sich-in-den-anderen-Hineinversetzen Pluspunkte, während Augenrollen und Gespött diverse Minuspunkte nach sich ziehen. Bezeichnenderweise ähnelt die Rechnung, die die Rest-Ehedauer mit einer Wahrscheinlichkeit von mehr als 90 Prozent voraussagen soll, den Formeln der Katastrophentheorie, die in den 60er Jahren unter anderem dazu diente, sinkende Schiffe, zusammenstürzende Brücken und Gefängnisaufstände zu beschreiben (mehr über die Ehe in Kapitel 8: »Gestresste Herzen: Liebe in der Ich-AG«).

Das Liebeskonzept der Allround-Akzeptanz macht die Liebe also hochgradig krisenanfällig, so sehr, dass die Orientierung an der Weltsicht des anderen geradezu selbstzerstörerisch wirken kann. Aber zugleich ist genau das die Dramatik, von der die Liebe lebt. Erst der totale Doppelbezug aufeinander lässt eine Sonderwelt entstehen, die wiederum die ganze Welt bedeutsam macht, weil alles immer auch vom Geliebten miterlebt wird. Erst diese hochsensible Spannung verzaubert die Art, in der man die Welt sieht, und macht das Alltägliche abenteuerlich. Ständig kann die Liebe scheitern, immer geht es um alles oder nichts. Diese Dramatik schweißt die Liebenden zusammen und lässt Liebesgeschichten entstehen. Schon das schlichte Fortbestehen einer Beziehung gegen alle Krisen und Katastrophen kann dann als Wunder erlebt werden. So riskant also die Totalität in Sachen Liebe sein mag – ohne sie wäre die Liebe keine Liebe.

Zugleich kann Liebe aber auch nur dann Liebe sein, wenn diese Totalität nicht total totalisiert. Weil es gar nicht möglich ist, jegliches Verhalten zu erfassen, funktioniert Liebe nur dann, wenn nicht jede Kleinigkeit als Liebesbeweis herhalten muss. Das bedeutet nicht, dass nicht prinzipiell alles wichtig wäre. Aber Liebe kann nur klappen, wenn nicht jede Bagatelle zum Beziehungstest befördert wird. Denn man kann ja eben nicht mit einer anderen Person, mit einem anderen Bewusstsein verschmelzen, auch wenn die romantische Liebeslehre solche Vorstellungen nahe legt. Davon abgesehen entspräche ein solches Einswerden auch gar nicht dem Wesen der Liebe. Es geht ja nicht darum, sich einem anderen Menschen anzugleichen, sondern darum, sich in der Unvergleichlichkeit des jeweils anderen selbst bestätigt zu finden. Angesagt ist selbständiges, freies Handeln. Wer allzu gefügig, nachgiebig oder gar konfliktscheu ist, hat schon verloren. Will man sich also langfristig mit dem eigensinnigen Erleben eines anderen Menschen auseinander setzen, sollte man zwar kompromissbereit sein, aber seine Eigenständigkeit und Individualität nicht gänzlich zurückstellen, zum Wohle der Beziehung.

Vielleicht sind die romantischen Verschmelzungsvisionen der »blinde Fleck« der Liebe, also das, was zwar unzugänglich bleibt, aber die Liebe überhaupt erst als Liebe erscheinen lässt: die Idee, dass zwei Menschen nicht nur metaphorisch, sondern tatsächlich zu einer Einheit zusammenwachsen könnten, dass sie ihre Herzen und Hirne miteinander kurzschließen könnten, obwohl das Zusammensein doch nur aus Kommunikation bestehen kann. Heute spricht jedoch einiges dafür, dass dieser blinde Fleck sich aufzuhellen beginnt. So sind die aktuellen Vorstellungen über die Liebe realistischer denn je, und die Passion ist pragmatischer geworden. Sie lässt die Liebenden erkennen, dass totale Komplettberücksichtigung ein Ding der Unmöglichkeit ist – und ermöglicht gerade damit ein Revival der Romantik (mehr dazu in Kapitel 9: »Die pragmatische Liebe«).

Um es noch einmal zu betonen: Weil Liebe Kommunikation ist, kann niemals alles mitgeteilt werden. Und manchmal sollte es das auch nicht. Wie ließe sich auch erkennen, ob der andere wirklich und wahrhaftig liebt? Man weiß ja, dass keine Liebeserklärung beweisbar ist. Um also nicht jedes Verhalten zum Liebestest werden zu lassen, müssen Liebende zu Experten des Nichtbemerkens werden, zu Schweigespezialisten. Ein freiwilliges Schweigegelübde minimiert die Risiken des Redens und entschärft die Tretminen des Liebesalltags, die überall lauern können. Es schützt die Liebe sozusagen vor sich selbst, weil sie nicht in die Verlegenheit kommt, ihre eigene »Grundlosigkeit« zu offenbaren.

Das heißt natürlich nicht, dass Liebeserklärungen liebesgefährdend wären. Aber wer nicht alles zur Liebesprobe werden lässt, sondern manchmal lieber den Mund hält, kann Gefahren deutlich reduzieren. Das gilt natürlich erst recht für Themen, die ganz offensichtlich beziehungsbedrohlich sind. »Wer verliebt ist, betrügt am Anfang sich selbst und am Ende die anderen«, meinte Oscar Wilde. Wer diesen Betrug aber auch noch beichtet, macht allen Beteiligten das Liebesleben unerträglich. Auf Vergebung wird man vergeblich hoffen. Ist der Sündenfall publik geworden, kehrt das Urvertrauen nicht zurück. Selbst Therapeuten raten deshalb zur Schadensbegrenzung durch Verheimlichung. So könne eine halbwegs stabile Partnerschaft durchaus einige heimliche Affären überstehen.[8]

Ebenso wie die Chancen für eine gelingende Beziehung steigen, wenn man sich öffnen und mitteilen kann, steigen sie also auch, wenn man nicht unter dem Zwang steht, alles ausdiskutieren zu müssen. Zwar birgt auch das Verschwiegene eine Art Langzeitrisiko. Es kann nämlich erinnert und später, vorzugsweise im Streitfall, wieder hervorgekramt und zur Wortwaffe werden. Aber ein bisschen Beherrschung, Diskretion und Diplomatie kann viel Ärger vermeiden. Laut dem Soziologen Peter Fuchs scheint das Schweigenkönnen damit sogar etwas zu sein, was man auf den ersten Blick nicht vermuten würde: ein Liebesbeweis.[9]

Sachlichkeit? Nein danke

Die romantische Liebe hat die Angewohnheit, alles persönlich zu nehmen. Das macht sie besonders kompliziert und anfällig für Konflikte. In Liebesdingen zählt weniger, was gesagt wird, sondern wie etwas gesagt wird. Käsechips mögen banal sein, aber wenn sie mit den Worten »Die hab ich extra für dich mitgebracht« überreicht werden, werden sie romantisch. Die persönliche Note entscheidet, nicht die sachliche. Das zeigt erneut, wie eng Liebe und Kunst verschwistert sind. Denn auch in der Kunst geht es weniger um Inhalte als um den richtigen Stil. Beide Bereiche definieren sich darüber, dass Sachliches eher nebensächlich ist und vor allem die Formen faszinieren. So kommt es etwa in der Kunst weniger darauf an, *was* auf einem Gemälde zu sehen ist, als wie es dargestellt wird.

Die Liebe kann der Hang zur »Personalisierung« und »Entsachlichung« allerdings in ernsthafte Schwierigkeiten bringen. Denn so erfüllend der andauernde Bezug auf den anderen ist, so problematisch ist er zugleich, und zwar umso mehr, je individueller die Liebenden sind. Liebeskünstler wissen deshalb ein wenig emotionale Distanz zu schätzen. Auf die Frage »Hast du schon den Müll runtergebracht?« würden sie nicht antworten: »Immer wirfst du mir vor, ich sei vergesslich!«, selbst wenn der Verdacht nahe läge. Denn wer jede Kleinigkeit persönlich nimmt, wird schnell zur Nervensäge.

Die Personalisierung kann aber nicht nur auf den Geist gehen, sondern auch auf den Körper. Die Liebe wird dadurch nämlich geradezu resistent gegen aufklärerische Ansinnen. Untersuchungen haben gezeigt, dass die Aids-Problematik gerade unter Verliebten unpopulär ist. Hinweise auf Schutzmaßnahmen oder präventive Untersuchungen treffen sozusagen auf taube Herzen, weil sie den Absolutheitsanspruch der Liebe infrage stellen. In eine frisch gebildete Liebessonderwelt, die aus purer Zweisamkeit besteht, scheinen Aids-Tests oder dauerhafter Kondomgebrauch schlecht zu passen. So bildet der exklusive Zweierbezug eine natürliche Abwehr gegen alles, was den Anschein erweckt, dass Dritte in der Beziehung mitmischen könnten.

Die Sachthemen, die Liebende lieben, sind anderer, unergründlicherer Natur. Und die Natur selbst steht dabei eindeutig an erster Stelle. Seit der Romantik fungiert sie als großes Spiegelbild für die Einheit der liebenden Seelen. Über Naturphänomene wie Regenbögen oder Sonnenuntergänge lässt sich beim besten Willen nicht streiten. Sie sind so einzigartig wie die Liebe selbst und eignen sich deshalb bestens für Lobpreisungen und romantische Betrachtungen. Ähnliches gilt für die Kunst, auch wenn sich über Geschmack bekanntlich streiten lässt. Dennoch kriegen sich Liebende nur schwerlich über ein Kunstwerk in die Haare. Vielmehr gilt dann: Was schön ist, ist schön, und im gemeinsamen Genießen dieser Schönheit, etwa im Kino oder im Museum, können Liebende eine Quasiverschmelzung genießen. Ein weiteres Topthema der Liebenden ist die eigene Liebesgeschichte, von den unwahrscheinlichen Anfängen über die Hindernisse, die beide bewältigen mussten, bis hin zu den Visionen einer glorreichen gemeinsamen Zukunft. Dieser Gesprächsstoff ist zwar höchstpersönlich, aber ebenso alltagsfern wie Kunst und Natur und damit ziemlich ungefährlich. In der gemeinsamen Rückschau können beide Partner ihre Verliebtheitsgefühle noch einmal aufleben lassen. Schwierig wird es nur, wenn diese Liebesgeschichte noch Unbewältigtes oder Unverziehenes enthält. Allerdings bieten diese unschönen Kapitel dann auch die Möglichkeit, das aktuelle Happy End zu zelebrieren.

Sind Liebende also unfähig, klar zu denken? Die Anthropologin Helen Fisher fand heraus, dass verliebte Gehirne mit dem euphorisierenden Neurotransmitter Dopamin überflutet sind, der auch beim Konsum von Drogen oder Alkohol ausgeschüttet wird.[10] Auch der Psychologe Wolfgang Hantel-Quitmann bezeichnet Verliebtheit als »präpsychotischen Zustand«: Ähnlich wie bei Drogensüchtigen werde ein Nachdenken meist verweigert.[11] Auch Liebessüchtige würden ihrer Abhängigkeit möglichst ungestört nachgehen wollen und dabei mitunter alle Eigenverantwortung auf die geliebte Person schieben. Die hehren romantischen Ideale seien dann oft nur ein Vorwand für das verzweifelte Verlangen nach einer perfekten Parallelwelt, nach einer Liebe, die keine Konflikte kennt. Wie aber sollten solche Zwangsidealisten eine abgeklärtere, realistischere Sichtweise lernen, wenn die Liebe eigentlich immun gegen Sachlichkeit ist? Hinweise auf das Leid, dass sie sich und anderen bereiten, prallen schon daran ab, dass sich die passionierte Liebe gerade am Leiden ergötzt. Das Einzige, was in solchen Fällen helfen kann, ist wohl eine geballte Portion Selbstdistanz und Selbstwertgefühl. Denn nur wer hinreichend eigenständig und selbstbewusst ist, kann auch die Ansprüche an andere so reduzieren, dass sie noch erfüllt werden können. Mit anderen Worten: Wer andere lieben will, sollte sich zunächst selbst lieben können, denn nur dann muss nicht jedes Missverständnis als Missbilligung erscheinen.

Dann kann man auch lernen, mit einem ebenso unsachlichen wie unangenehmen Kompagnon der Liebe umzugehen: der Eifersucht. Mit ihr muss man sich arrangieren, denn ohne Eifersucht wäre die Liebe keine Liebe mehr. Ist die Liebe das Wertvollste im Leben, muss sie auch wachsam gehütet werden. Kulturwissenschaftliche Studien belegen, dass Liebespartner in sämtlichen Völkern sexuell und emotional monopolisiert werden und dass jeder Mensch, egal aus welcher Kultur, eifersüchtig werden kann.[12] Damit ist Eifersucht, wie Angst oder Wut, ein Teil der »human universals«, eine Empfindung, die dem Menschen genetisch eingeschrieben ist. Evolutionspsychologisch betrachtet scheint Eifersucht eine sinnvolle evolutionäre Anpassung zu sein, eine Komplizin der genetischen Selbsterhaltung. Bei Männern dient sie dazu, das Risiko einer Kuckuckskind-Versorgung zu minimieren. Bei Frauen soll sie verhindern, dass der Mann seine Versorgerqualitäten anderen Weibchen widmet. Stimmt diese Deutung, dann müssten Männer vor allem sexuelle Seitensprünge fürchten, Frauen dagegen eher die emotionale Untreue. Jedenfalls wäre Eifersucht damit eine Art Urmutter der unsachlichen Liebe. Und wie alles Nichtnüchterne trägt sie dazu bei, die Anfälligkeit für Konflikte zu steigern.

Der Konflikt als Kehrseite der Liebe

»Love is a Battlefield«, sang Pat Benatar in den 80er Jahren und bestätigte damit gleichsam Friedrich Nietzsche, der schon lange vorher zu der tristen Erkenntnis gelangt war: »Liebe – in ihren Mitteln der Krieg, in ihrem Grunde der Todhass der Geschlechter.« Jeder Liebende weiß, was Nietzsche meinte. Liebe kann im gegenseitigen Sich-Necken beginnen, aber als wechselseitige Psychofolter enden. Und gerade die leidenschaftlichste Liebe eignet sich bestens dazu, in pure Feindseligkeit umzuschlagen. Denn Liebe und Streit sind Blutsverwandte, die einander in Hassliebe verbunden sind. Die Liebe hasst den Streit, aber der Streit liebt die Liebe. Denn in der Sachlichkeitsphobie der Liebe findet er einen Nährboden, auf dem er optimal gedeihen kann.

Besonders begünstigend für Zwistigkeiten ist der Umstand, dass in der Liebe jedes Verhalten immer persönlich gewertet werden kann, und zwar von beiden Seiten. So wird es möglich, dass beide Liebende die Ursachen eines Streits komplett anders sehen. Jeder kann dann sein eigenes Handeln auf äußere Umstände zurückführen und das Handeln des anderen als etwas betrachten, das genau so gewollt war. In der Zweierwelt der Liebe wird der Alltag damit zu einem Minenfeld der Missverständnisse. »Die Ehen werden im Himmel geschlossen, im Auto gehen sie auseinander«, schrieb Niklas Luhmann und brachte damit die Konfliktträchtigkeit des Liebesalltags auf den Punkt. Der Fahrer rast, die Beifahrerin fühlt sich schlecht behandelt. Der Fahrer will schnell ankommen und meint, sich den Umständen entsprechend korrekt zu verhalten. Die Beifahrerin hingegen nimmt den Fahrstil persönlich, findet den Fahrer rücksichtslos und fragt sich: Kann er mich überhaupt lieben, wenn er so fährt?

Diese Personalisierung des Alltags kann die Liebe leicht zum Dauerstreit werden lassen, denn Liebe und Streit sind einander grundähnlich. In beiden Fällen spielt die Außenwelt keine Rolle, und jeder meint, immer nur auf den anderen zu reagieren. Das führt schnell in Teufelskreise, weil jedes eigene Verhalten ja stets aus dem Verhalten des anderen zu folgen scheint. In der Liebe garantiert diese Steigerungsmöglichkeit paradiesische Verschmelzungsgefühle, weil beide Liebende einander immer weiter bestätigen. Wer sagt: »Ich liebe dich«, dem wird geantwortet: »Ich dich auch, sogar noch viel mehr.« Im Streit drohen den Liebenden dagegen höllische Quälereien, weil beide einander immer weiter beschuldigen. Wer sagt: »Deine Nörgelei ist unerträglich!«, wird kaum zu hören bekommen: »Aber Schatz, ich liebe dich doch«, sondern eher: »Deine Nörgelei ist noch viel unerträglicher!« Und je größer die Liebe vorher war, umso blutiger werden die Streitgefechte. Denn dann sind die Streitenden einander noch schutzloser ausgeliefert.

Aber auch das wechselseitige Niedermachen hat System, und deshalb kann auch eine solche Beziehung durchaus als permanenter Streitprozess weiterlaufen, als Hassliebe auf Dauer. Wie stabil so ein Terrorteam sein kann, hat Edward Albee in seinem Drama »Wer hat Angst vor Virginia Woolf?« beschrieben. Martha und George machen sich das Leben gegenseitig zur Hölle und können doch nicht voneinander lassen, weil das wechselseitige Verletztwerden und Verletzen einen festen Teufelskreis bildet. Dass Liebe und Hass enge Verwandte sind, lässt sich auch biologisch belegen. So zeigen Tierversuche, dass die Gehirnzentren für Wut und Liebe eng miteinander verwoben sind: Ein Schmusekater, der schnurrt, wenn er gekrault wird, kann schnell zur Raubkatze mutieren, wenn die Streicheleinheiten unerwartet ausbleiben.[13] Liebe und Streit sind also ähnlich verschwistert wie Liebe und Eifersucht. Und das Gegenteil von Liebe scheint nicht Hass, sondern Gleichgültigkeit zu sein. Auch für notorische Streithähne und -hennen besteht also Hoffnung: Solange die Fetzen noch fliegen, ist auch noch Interesse da. Und dann kann vielleicht auch die letzte gemeinsame Schlacht noch gewonnen werden.

Jedenfalls kann von der Wunschvorstellung einer streitfreien Beziehungszone nur abgeraten werden. Studien mit glücklichen und unglücklichen Paaren zeigten, dass die Grundlage des Glücks nicht der ewige Gleichklang ist, sondern vor allem ein wechselseitiger Austausch, bei dem es ruhig mal krachen darf.[14] Familientherapeuten warnen daher vor einer Überdosis Harmonie und empfehlen, Konflikte nicht zu meiden, sondern zu lieben. Denn paradoxerweise bietet gerade der Streit eine Chance, die Liebe am Leben zu halten. »Konflikte stärken eine Beziehung«, behauptet etwa der Paartherapeut Josef Lang. Jeder gemeinsam überstandene Streit, jede durchlebte Krise schweiße ein Paar zusammen. Und je streiterfahrener die Liebenden sind, desto weniger bedrohlich wird der jeweils nächste Konflikt.

Allerdings ist das Projekt »Schöner streiten« nicht so einfach in die Tat umzusetzen. Woran kann man zum Beispiel erkennen, ob ein Streit »liebevoll« ist oder nicht? Der Beziehungsforscher John Gottman meint hier Abhilfe schaffen zu können.[15] Seit mehr als zwei Jahrzehnten filmt der Psychologe streitende Paare in seinem »Love Lab«. Gottmans Erkenntnis: Wenn eine Beziehung funktioniert, spiegeln die Streitenden ihre Gefühle. Das heißt: Auch wenn sich beide anschreien, tun sie das also noch auf einem gemeinsamen Liebesnenner. Wirklich heikel werde es erst dann, wenn der eine lacht, während der andere wütet. So werfen sich 69 Prozent aller Paare im »Love Lab« Probleme vor, die von vornherein nicht zu lösen sind, etwa durch kleinkariertes Aufrechnen und beständiges Nörgeln, Murren und Motzen. Stabilisierend sei es dagegen, Probleme konstruktiv anzugehen und zu reparieren. Solange es um die Konfliktlösung geht, darf es dann auch emotional und laut zugehen.

Unerlässlich für konstruktive Kämpfereien ist auch ein gewisses Maß an streitkulturellen Gemeinsamkeiten. Nur wenn beide Streitenden einen gemeinsamen Erfahrungsschatz haben, können sie unterscheiden zwischen »echten« Streits und solchen, die nur nebensächlich sind. Das umfasst natürlich die eigene Liebesgeschichte, aber auch ganz generelle Dinge wie zum Beispiel Grundkenntnisse über autofahrerische Anforderungen. Auf jeden Fall ist Sex ein ziemlich sicherer Indikator für Liebeskrisen. Denn im Streit wird einem meist verweigert, was eigentlich selbstverständlich ist: der Zugang zum Körper des anderen. Auf der anderen Seite bietet das aber zugleich die Chance auszutesten, wie dieses Sexverbot wieder aufgehoben werden kann. Genau deshalb werden Versöhnungen besonders gern im Bett besiegelt. Das Liebesspiel signalisiert dann, dass auch die Liebe wieder funktioniert.

Das Comeback der Geschlechter

Das Liebesstreit-Thema Nummer eins war lange Zeit der Kampf der Geschlechter. Die Emanzipation verhalf der modernen Liebe endgültig zum Durchbruch: Sie befreite die Geschlechter aus ihren traditionellen Rollen und eröffnete damit die Chance, dass sich zwei Individuen mit allen ihren Eigenheiten, frei von gesellschaftlichen Zwängen, begegnen können. Am Anfang allerdings machte die Emanzipation der Liebe das Leben eher schwer. So notwendig das weibliche Streben nach Gleichberechtigung war und ist, auf die romantische Liebe wirkte es zunächst wie eine Kastration. Denn mit der Frauenbewegung wurde das Private politisch und die Liebe zu einer eher unpersönlichen Angelegenheit. Sie stand nun unter dem Generalverdacht, politisch unkorrekt zu sein. So befreite der Feminismus die Frau zwar aus ihrem Nischendasein, das sie auf Haushalt, Kinder und Gatten-Entertainment beschränkt hatte. Doch damit konnte plötzlich alles Persönliche unter den Generalverdacht geraten, im Dienste männlicher Machtausübung zu stehen und alte Rollenklischees zu bedienen. Höflichkeit ließ sich dann als Diskriminierung interpretieren und Annäherungsversuche als Anmachen. So schränkten die emanzipatorischen Befreiungskämpfe zugleich das ein, was die Liebe eigentlich ausmacht: das Spielerische, Widersprüchliche, Verheißungsvolle und Erotische.

Noch 1990 versuchte Judith Butler, die Ikone der »Gender Studies«, in ihrem Buch »Das Unbehagen der Geschlechter« die Geschlechtergegensätze zu widerlegen. In Anlehnung an Michel Foucaults Konzept einer »Körperpolitik« mutmaßte sie, die Geschlechter seien nicht naturgegeben, sondern konstruiert. Geschlechtsidentität werde erst durch gesellschaftliche Machtstrategien erzeugt. Derartig politisch korrekte Perspektiven sind heute passé. Die Geschlechter sind mittlerweile politisch-kulturell gleichberechtigt, und wo sie es noch nicht sind, herrscht zumindest Einvernehmen darüber, dass es so sein sollte. So steht mittlerweile Frauen und Männern gleichermaßen eine Fülle an Freiheiten zur Verfügung. Das gilt auch für Beziehungsmuster, die heute individuell gestaltbar sind. Zwar ist das klassische Modell – der Mann geht arbeiten, die Frau hütet den Haushalt – alles andere als ausgestorben, aber es bildet nur noch eine Möglichkeit unter vielen.

Die neue Freiheit bedeutet allerdings auch eine neue Verwirrung. Nachdem die meisten großen Schlachten der Emanzipation ausgefochten sind, ist auch eine nachhaltige Konfusion zurückgeblieben. Was »männlich« oder »weiblich« genannt werden kann, ist heute unbestimmter denn je. Damit haben beide Geschlechter zu kämpfen. So müssen sich moderne Karrierefrauen etwa gegen den Vorwurf wehren, »Rabenmütter« zu sein, während die Hausfrau von heute unter dem Verdacht steht, ihr Leben zu verpassen und sich nicht selbst zu verwirklichen (mehr dazu u.a. in Kapitel 7: »Die flexible Familie«). Und die Männer scheinen unter Orientierungslosigkeit zu leiden. In Zeiten, in denen Frauen nicht selten mehr Geld verdienen als Männer und damit selbst die Versorgerrolle übernehmen, versucht der Mann immer mehr, die weiblichen Wendekreise zu erobern, von den »Neuen Vätern« mit Mama-Qualitäten bis hin zur Spezies des »Metrosexuellen«, der sich nach dem Vorbild neuer Männlichkeits-Ikonen wie David Beckham pflegt, schmückt und schminkt. Angesichts solcher Unklarheiten wächst zugleich die Nachfrage nach klaren Fronten. Und hier bieten sich die biologischen Geschlechterunterschiede an.

Der kulturelle und ideologische Überbau der Geschlechterdebatte ist auf dem Rückzug, jetzt kann die biologische Basis betont werden. Mittlerweile ist die Gleichstellung der Geschlechter so weit im kollektiven Bewusstsein verankert, dass die großen Unterschiede zwischen Mann und Frau wieder interessant werden können. Das kommt der Liebe zugute, denn diese »Back to Basics«-Bewegung folgt gewissermaßen dem englischen Sprichwort »Good fences make good neighbours«. Mit anderen Worten: Erst die sexuellen Differenzen lassen auch die erotischen Gemeinsamkeiten attraktiv erscheinen. Diese neue Lust am Anderssein hat auch einen neuen Überbau gefunden: die Evolutionsbiologie. Sie macht die Unterschiede zwischen Mann und Frau plausibel, und ihre Erkenntnisse sind quasi neutral und unverfänglich, weil sie auf archaischen, urzeitlichen Mustern basieren. Damit sind sie fern genug, um Verbitterungen zu vermeiden, aber nah genug, um Identifikation zu ermöglichen. Und die Popularität dieser neuen Perspektive rückt auch die Liebe in ein neues Licht.

Allerdings scheint die Evolutionsbiologie dem romantischen Liebeskonzept zunächst eine Absage zu erteilen. So bildet langfristige Treue im Reich der Biologie eine Ausnahmeerscheinung, die nur drei Prozent aller Säugetiere betrifft. Diese Sonderfälle sind zwar durchaus imposant, etwa die lebenslang monogamen Albatrosse, die sich zunächst vier Brunftsaisons lang nur platonisch beschnäbeln und sich damit bestens als Wappentier der Romantiker eignen würden. Doch mittlerweile wurden selbst die vermeintlich lebenslang treuen Graugänse via DNA-Analyse als Fremdgeher entlarvt, und der sexuelle Normalfall ist eher ein wildes Treiben. Das gilt insbesondere für die engsten Menschen-Verwandten, die Bonobos und Schimpansen. Selbst unter Menschen ist die Monogamie deutlich in der Minderheit. Forscher fanden heraus, dass nur fünf Prozent aller bekannten Kulturen monogam leben und lieben, und diese Minderheit scheint die Monogamie meist nicht allzu ernst zu nehmen.[16] In Deutschland geben neueren Studien zufolge 20 Prozent der Ehepartner zu, schon einmal fremdgegangen zu sein.[17] Hier hält man es gleichsam mit Woody Allen: »Schön, wenn man die Frau fürs Leben gefunden hat. Noch schöner, wenn man ein paar mehr kennt.« Ohne Trauring ist es um die Treue noch schlechter bestellt: 51 Prozent der Männer und 43 Prozent aller Frauen bekennen, ihrem Partner schon einmal untreu gewesen zu sein.[18]

Diesen naturgegebenen Trieb zur Untreue meinen Evolutionsbiologen vor allem am männlichen Körper zu erkennen. Er ist deutlich größer als der weibliche, was typisch ist für Paschas, die mehrere Weibchen haben. Ein Paradebeispiel aus dem Tierreich sind die Seeelefanten, bei denen das Männchen fast doppelt so groß ist wie das Weibchen. Bei eher treuen Tierarten wie etwa den Gibbons sind die Geschlechter dagegen kaum auseinander zu halten. Zugleich bietet der männliche Körper Belege dafür, dass auch die Frauen Gefallen am Partner-wechsel-dich-Spiel fanden und finden. Die relativ großen und schweren männlichen Hoden gelten Evolutionsbiologen nämlich als deutliches Indiz für das Phänomen der »Spermienkonkurrenz«, das wiederum darauf hindeutet, dass die Weibchen eher umtriebig sind. Um sich fortzupflanzen, muss demzufolge jedes Männchen versuchen, die Samen seines Vorgängers mit möglichst viel Eigensperma auszustechen. Diese These beweisen ausgerechnet die Menschenaffen: Schimpansen sind die Weltmeister in Sachen Hodengröße, weil die Schimpansinnen pro Befruchtung rund 135-mal mit wechselnden Partnern verkehren. Aus männlicher Körper- und Hodengröße ließe sich also folgern, dass Mann und Frau für die Langzeittreue genetisch schlecht gerüstet sind.

Diese Annahme belegen auch empirische Studien. So ermittelte die Biologin Linda Wolfe Anfang der 90er Jahre, dass 70 Prozent aller über 35-jährigen Frauen außereheliche Sexerfahrungen hatten, ein Drittel davon sogar mit mehr als 25 Männern.[19] Und auch der männliche Sperma-Wettbewerb ist wissenschaftlich nachweisbar. So entdeckten die englischen Biologen Robin Baker und Mark A. Bellis, dass es unter den männlichen Spermien die spezielle Spezies der Kamikazespermien gibt[20]: zum einen die »Blockierer«, die nach einer Ejakulation den Gebärmutterhals besetzen, um andere Spermien am weiteren Vordringen zu hindern; zum anderen die »Killerspermien«, die fremdes Sperma aufspüren und per Giftinjektion eliminieren. Und eine Langzeitstudie offenbarte: Je länger ein Paar seit dem letzten Geschlechtsverkehr getrennt war, desto mehr fürchtete der Mann, dass auch andere Männer seine Geliebte begehren könnten, und desto heftiger verlangte er nach sofortigem Sex.[21] Evolutionsbiologisch betrachtet, muss der

Samen also schnellstmöglich injiziert werden, um mögliche Konkurrenten auszubooten. Dafür spricht auch die Tatsache, dass das Phänomen rein männlicher Natur zu sein scheint: Frauen zeigten nämlich nach längerer Trennung keine signifikant erhöhte Beischlafbereitschaft.

Die Evolutionsbiologie erklärt aber nicht nur, warum Männer und Frauen tendenziell zum Fremdgehen veranlagt sind, sondern auch, warum sich beide Parteien dabei unterschiedlich verhalten. So wird Männern ein größeres Interesse an flüchtigen, anonymen Sexkontakten attestiert.[22] Quasi-Paschas wünschen sich demzufolge eine oder mehrere Parallelgeliebte zusätzlich zur Basisbeziehung. Frauen hingegen geraten beim Seitenspringen schneller in emotionale Verstrickungen. Statt Beziehung und Affäre multitaskingtechnisch nebeneinander zu betreiben, verlieben sie sich eher in den Liebhaber und fangen ein neues Leben an.[23] Es scheint also etwas dran zu sein an der Weisheit, dass Männer mit Frauen reden, um mit ihnen zu schlafen, während Frauen mit Männern schlafen, um mit ihnen zu reden.

Auch wenn das Konzept der romantischen Liebe nicht biologisch bedingt, sondern eine soziale Erfindung ist, so ist es also doch strikt an die Sexualität gebunden. Ohne Erotik keine Romantik. Die Einsichten der Evolutionsbiologie zeigen, wie schwer beides auf einen Nenner zu bringen ist. Aber sie geben den verwirrten Geschlechtern auch eine neue Sicherheit. Die sexuellen Urtriebe müssen nicht mehr geleugnet, sondern können als eine Jahrtausende überdauernde Konstante begrüßt werden. Diese Sichtweise gibt allen sozial Verunsicherten biologische Gewissheit. Und sie bietet die Möglichkeit, den komplizierten Alltag der modernen Liebe mit archaischem Anschauungsmaterial verständlicher zu machen.

Warum Männer immer anders reden – und Frauen auch

Die Kommunikationsprobleme, mit denen Liebende zu kämpfen haben, sind keine genetische Gegebenheit, sondern vom Liebescode vorprogrammiert. Aber die biologische Basis trägt ihren Teil dazu bei, das Miteinander der Liebenden schwierig zu gestalten, auch deshalb sind evolutionsbiologische Erkenntnisse heute begehrter denn je. Ein gutes Vierteljahrhundert nachdem Alice Schwarzer und Co. antraten, um die Unterschiede zwischen den Geschlechtern abzuschaffen, erleben die Geschlechterklischees von Anno dazumal eine evolutionstheoretische Renaissance. Auf einmal ist es wieder Common Sense, dass Männer nicht zuhören können und Frauen shoppingsüchtig sind. Die Evolutionsbiologie zeigt, dass das unterschiedliche Verhalten von Männlein und Weiblein nicht nur anerzogen, sondern auch angeboren ist. Und die genetische Ungleichheit der Geschlechter liefert auch Hinweise darauf, warum die Liebeskommunikation im Alltag oft nicht klappt.

Die oberste Norm der Neodarwinisten sind die unterschiedlichen Fortpflanzungsrollen, an die sich Männer und Frauen im Laufe der Evolution angepasst haben. Demnach sympathisierte der Mann seit jeher mit dem Systematisieren. Als Jäger konstruierte er Werkzeuge und Waffen, erkundete die Gegend auf der Suche nach Beute und kämpfte gegen andere Männer um Rudelführerschaft und Haremsanteile. Die Frau hingegen bemutterte die Brut, verschwisterte sich mit ihresgleichen und war aufgrund ihrer Konversationsfreudigkeit stets up to date, was den Sippenklatsch betraf. Ein steinzeitlicher Bestseller hätte den Titel tragen können: »Warum Männer so wortfaul sind und Frauen nicht jagen können«. Heute werden die Bestsellerlisten angeführt von Titeln wie »Warum Männer nicht zuhören und Frauen schlecht einparken«, »Warum Männer lügen und Frauen immer Schuhe kaufen« oder »Männer wollen nur das Eine und Frauen reden sowieso zu viel«. Die steinzeitlichen Erkenntnisse sind salonfähig geworden und sorgen im Ratgebergewand für eine Art Liebesalltags-Aufklärung.

Auch Psychologen und Hirnforscher sind sich einig, dass

Männer- und Frauenhirne anders ticken. So bezeichnet der Psychologe Simon Baron-Cohen Männerhirne als Systematisierungs-Hirne (»S-Hirne«) und Frauenhirne als Empathie-Hirne (»E-Hirne«).[24] Männliche Denkorgane seien besser geeignet, um technische Zusammenhänge zu begreifen und räumlich-visuell zu denken. Daher das männliche Interesse an Naturphänomenen, Technik und allen möglichen Gesetzlichkeiten. Weibliche Gehirne hätten dagegen bessere kommunikative und soziale Fähigkeiten, weswegen Frauen sich besser in andere Menschen einfühlen könnten. Empirisch belegen lässt sich diese weibliche Empfindsamkeit durch Hirnmessungen im Bereich des Emotionszentrums, der Amygdala, wo auch das Einfühlungsvermögen gesteuert wird. Untersuchungen zeigten etwa, dass die weibliche Amygdala sensibler auf angsterfüllte Gesichter reagiert: In weiblichen Gehirnen wird im Angesicht der Angst zusätzlich noch der Stirnlappen aktiviert, der für ein angemessenes Gefühlsmanagement zuständig ist. Frauen können demnach Gefühle besser beurteilen als Männer.

Ausschlaggebend für diese Unterschiede scheint der Testosteronspiegel während der Schwangerschaft zu sein. Je höher er ist, desto »technischer« und »gefühlskälter« entwickelt sich bereits das Babyhirn. Versuche zeigten, dass schon Säuglinge in unterschiedlichen Gefühlswelten leben.[25] Während sich weibliche Babys am meisten von menschlichen Gesichtern faszinieren lassen, sind männliche eher von abstrakten Gebilden wie einem Mobile hingerissen. Und schon einjährige Mädchen zeigen mehr Anteilnahme als ihre männlichen Pendants, wenn sich ein anderer verletzt hat. Als eine Extremform des männlichen gefühlsdefizitären Gehirns betrachtet Baron-Cohen daher auch den Autismus. Autisten sind quasi blind für Gefühle anderer, können aber mitunter abenteuerliche systematische Leistungen vollbringen, etwa den Wochentag eines x-beliebigen Datums aus dem Kopf bestimmen. Und Autismus ist, wie die meisten antisozialen Störungen, vor allem eine männliche Domäne.

Die unterschiedlichen Möglichkeiten und Mankos von S- und E-Hirnen tragen also dazu bei, das kommunikative Miteinander von Mann und Frau problematisch zu machen. Nicht umsonst spielen Mädchen und Jungen meist lieber mit ihresgleichen – und fragen sich später, warum die Verständigung mit dem anderen Geschlecht so kompliziert sein muss. Denn so unterschiedlich die Hirne strukturiert sind, so unterschiedlich ist auch das generelle Gesprächsverhalten der Geschlechter. Das zeigt sich schon in der Körpersprache, etwa beim Flirten. »To flirt« bedeutet wörtlich »sich schnell bewegen, herumflattern«, aber das scheint lediglich auf flirtende Frauen zuzutreffen. Je interessierter eine Frau an einem Mann ist, desto mehr bewegt sie sich. Männer hingegen versuchen eher, auf sich aufmerksam zu machen, indem sie sich in Positur bringen. So kann schon die Körpersprache die Kontaktanbahnung zum Rätselraten machen.

Nicht einfacher wird es im konkreten Gespräch, denn auch hier scheint kein gemeinsamer Sprachnenner zu existieren. Während Männer die Sprache vor allem nutzen, um Informationen mitzuteilen, tauschen Frauen eher Gefühle aus.[26] Eine empirische Studie zeigte, dass Frauen wesentlich häufiger persönliche Worte wie »ich«, »du« oder »sich« benutzen, während Männer eher zum sachlich-beschreibenden »ein«, »der« oder »das« tendieren.[27] So gesehen, scheinen homosexuelle Paare immerhin einen Kommunikationsvorteil zu haben. Ihnen bleibt nämlich erspart, was in heterosexuellen Beziehungen erschwerend hinzukommt: das Aufeinandertreffen von männlicher Sach- und weiblicher Beziehungssprache.

Dieser Kampf der Kommunikationskulturen macht es noch wahrscheinlicher, dass es in Liebesdingen zu Missverständnissen kommt. Hinzu kommt das Hindernis, dass in jeder Liebesgeschichte zunächst einmal falsche Gesprächserwartungen aufgebaut werden. In der anfänglichen Verliebtheitsphase grenzt die Lust zur Anpassung an den Partner bekanntlich an blanken Opportunismus. Insbesondere verliebte Männer scheinen dabei zu kommunikativer Tarnung zu neigen, indem sie sich mit der weiblichen Kommunikation assimilieren. Sie verwandeln sich in zärtliche, mitfühlende und aufmerksame Gentlemen – um sich bei abklingender Verliebtheit als die Männer, die sie eigentlich sind, zu outen. Auch das kann schnell dazu führen, dass sie seine Ungesprächigkeit als Unaufmerksamkeit deutet oder als Unfähigkeit, über seine Gefühle zu reden, während er sich lediglich geschlechtsgemäß verhält. Einer Umfrage zufolge sind 48 Prozent der Männer davon genervt, dass ihre Partnerinnen ständig Liebesschwüre hören wollen.[28] Führen Liebesbeziehungen also unausweichlich in die Sackgasse des Aneinandervorbeiredens und Voneinandergenervtseins? Oder lässt sich das Risiko minimieren durch die perfekte Partnerwahl?

Wer passt zu wem?

Die Leitregeln des Liebescodes und die biologischen Basisbedingungen machen den Beziehungsalltag von Anfang an zu einer riskanten Angelegenheit. Umso wichtiger scheint es zu sein, einen passenden Partner ausfindig zu machen. Aber welches Modell ist erfolgversprechender: »Gleich und Gleich gesellt sich gern« oder »Gegensätze ziehen sich an«? Auch hier verheißt die Biologie Aufklärung. Denn die »Körpersprache« der Liebenden zeigt auch, welches Wahlverhalten wirksamer ist.

Aus evolutionärer Sicht geht es in Sachen Leben und Lieben seit Jahrtausenden nur um das eine: die Fortpflanzung. Die Partnerwahl dient demnach dazu, die optimale Mutter und den perfekten Papa für künftige Kinder dingfest zu machen. Dabei scheinen Frauen- und Männerhirne ziemlich feste Vorstellungen entwickelt zu haben, welche Features der jeweilige Wunschpartner aufweisen sollte. Zwar stehen beide Geschlechter gleichermaßen auf Lieteswerte wie sexuelle Anziehung, Zuverlässigkeit und Intelligenz. Daneben aber tun sich durchaus Differenzen auf: So lassen sich Männer vor allem von weiblicher Schönheit betören, während Frauen zwar durchaus Schönheit schätzen, aber mehr noch männliche Versorgerqualitäten favorisieren. So banal das zunächst erscheinen mag – diese Schemata scheinen uns genetisch eingeschrieben zu sein und wirken sich auch heute noch auf den Liebesalltag aus.

Evolutionspsychologisch betrachtet, gilt Schönheit bei beiden Geschlechtern offenbar als Indiz für gesunde Gene. So untersuchte der amerikanische Psychologe David Buss mit seinem Team mehr als 10000 Menschen aus 37 unterschiedlichen Kulturen und fand heraus, dass unabhängig von Rasse, Alter oder Geschlecht immer die gleichen Merkmale im Gesicht als attraktiv befunden wurden.[29] Bei Frauen zählen dazu unter anderem glänzende Augen, volle Lippen und eine seidenglatte Haut. All das signalisiert einen hohen Östrogenspiegel, der wiederum auf eine ausgeprägte Fruchtbarkeit und ein intaktes Immunsystem schließen lässt. Generell sind alle Gesichter, die symmetrisch geformt sind, besonders beliebt. Diese Gleichmäßigkeit suggeriert scheinbar eine besonders stabile Gesundheit und eine besonders hohe Widerstandskraft gegen Bazillen und Bakterien.[30] Hier könnte auch der legendäre »Goldene Schnitt« eine Rolle spielen, jene vollkommene Proportionalität, die Leonardo da Vinci und der Mathematiker Fra Luca Pacioli 1509 in ihrem Buch »De divina proportione« als das Verhältnis 1:1,618 definierten. Diese Proportionalität lässt sich überall entdecken, in der Natur, in den Wissenschaften, in der Kunst und am menschlichen Körper, etwa im Verhältnis von Kopfhöhe zu Kopfbreite oder Augenbreite zu Mundbreite. Im September 2004 fand der britische Entwicklungspsychologe Alan Slater heraus, dass bereits Babys einen angeborenen Sinn für Schönheit haben und lieber symmetrische als asymmetrische Gesichter anschauen.[31]

Zweites Hauptkriterium bei der männlichen Partnersuche ist, quer durch alle Nationen und Kulturen, die Jugendlichkeit. Laut der kulturübergreifenden Studie von David Buss setzen Männer das optimale Heiratsalter einer Frau bei rund 25 Jahren an, also just da, wo sie die Höhe ihrer Fruchtbarkeit erreicht hat. Für diese Annahme fand der Psychologe Manfred Hassebrauck Alltagsbelege, indem er die Zuschriften auf Heiratsanzeigen auswertete.[32] Ernüchterndes Ergebnis: Das stärkste männliche Interesse weckte das schlichte Gesuch »Sie, 21, attraktiv, sucht Partner«. Das Attribut »attraktiv« verspricht dabei nicht nur ein schönes Gesicht, sondern auch einen wohlgeformten Körper. Schließlich signalisieren optimal platzierte Fettdepots gute Gebärpotenziale. Sie zeigen, dass die Frau über hinreichend Energie und Muttermilch verfügt, um den Nachwuchs erfolgreich zu nähren. Zudem verheißen große Brüste einen hohen Östrogenspiegel und bringen damit wiederum Bestnoten in Sachen Fruchtbarkeit.

Wie überschaubar die männliche Wunschliste an potenzielle Partnerinnen ist, zeigt sich auch, wenn es um die inneren Werte der Weibchen geht. Besonders hoch im Kurs stehen hier laut den Studien von David Buss Kochkünste und Sparsamkeit. Im Männerhirn dominiert scheinbar der Gedanke: Wenn ich schon jage, soll die Beute auch lecker zubereitet und nicht allzu schnell aufgebraucht werden. Frauen haben dagegen ausgefeiltere Ansprüche an den Charakter ihrer männlichen Gefährten. So sollte ein aussichtsreicher Kandidat nicht nur zuverlässig und ehrlich, sondern auch einfühlsam und kinderlieb sein. Evolutionsbiologisch betrachtet, beruht dieses Mehr an Erfordernissen auf der Tatsache, dass Frauen während einer Schwangerschaft wesentlich mehr investieren müssen als die so genannten »Herren der Schöpfung«.

Ebenso aufmerksam prüfen Frauen auch die körperlichen Kennzeichen der Männer. Denn auch hier finden sich handfeste Hinweise auf Versorgerfähigkeiten. Deshalb fahren Frauen auf große, selbstsichere und breitschultrige Beschützertypen ab. Die sportlich gestählte Figur prophezeit ein starkes Immunsystem, Durchsetzungsvermögen und Gesundheit. Muskulöse Männerkörper wirken deshalb in sämtlichen Kulturen der Welt attraktiv. Den Ursprung dieses Musters sehen Forscher vor Millionen von Jahren in der afrikanischen Savanne. Dort hatten Frauen, die gute Bodyguards als Partner bevorzugten, bessere Chancen, dass ihre Kinder nicht verhungerten. Und diese Kinder gaben die Paarungspräferenzen ihrer Mütter genetisch weiter und weiter, bis heute. Im Idealfall ist dieser Leibwächter auch noch lebenserfahrener als die Frau: In fast allen Ländern der Welt wünschen sich Frauen einen

Mann, der älter ist als sie selbst.[33] Die erwünschte Altersdifferenz beträgt dabei im Durchschnitt dreieinhalb Jahre.

Allerdings müssen Männer ihre Ernährerqualitäten heute nicht mehr allein durch Körperkraft beweisen. Die modernen Muskelpendants sind zum einen Macht und Moneten. Je höher das Ansehen und das Einkommen, umso attraktiver das Männchen. Obwohl Frauen heute finanziell unabhängig sind, scheinen moderne Versorgerqualitäten noch immer einen unwiderstehlichen Reiz auszuüben. Wie sonst wäre es erklärbar, dass Frauen auch heute noch öfter als Männer in eine höhere Schicht heiraten und dass sich attraktive Jungweibchen mit greisenhaften, aber einflussreichen Männchen paaren? So macht die Evolutionsbiologie viele Paarungen plausibel, die zunächst befremdlich erscheinen mögen, etwa die jungen Gefährtinnen von Alphamännchen wie Joschka Fischer oder Flavio Briatore. In allen Zivilisationen achten Frauen mehr als Männer darauf, dass ihr Partner gut verdient, dass er eine solide Herkunft hat und zudem noch ehrgeizig und karrierebewusst ist.[34] Wie reizvoll das Überprüfen solcher Urinstinkte noch immer ist, zeigen TV-Formate wie »Ich heirate einen Millionär« oder die Doku-Kuppelsoap »El, der Millionär«, in der ein vermeintlicher Millionär sich schließlich als Dachdecker entpuppte – und solo blieb.

Zum Glück für alle Unbetuchten lieben moderne Frauen aber nicht nur Männer mit Geld, sondern auch solche, die über Geist und Familiensinn verfügen. So fand der britische Psychologe und Anthropologe Robin Dunbar in Kontaktanzeigen-Analysen heraus, dass lediglich ein Viertel der Frauen noch die traditionellen Versorgerqualitäten wie Reichtum und Ansehen favorisierten, während rund die Hälfte zusätzlich oder stattdessen Engagement in der Familie suchten.[35] Und einer aktuellen Umfrage zufolge legen heute mehr als neun von zehn deutschen Frauen bei Männern mehr Wert auf Köpfchen als auf Körper.[36] Weist ein Mann eine hohe Bildung sowie Gene für intelligente Konversation und originelle Gedanken auf, steigen seine Chancen enorm, denn auch das lässt ausgeprägte Ernährer- und Erzieherqualitäten erwarten.

Wer differenziert denken kann und einen Sinn für Humor hat, verspricht ein liebevollerer Vater zu sein als geist- und ironielose Mitbewerber.

Diese Vorliebe für männliche »E-Hirn«-Anteile verdeutlicht einen Zwiespalt im weiblichen Wahlverhalten: Frauen stehen einerseits auf dominante, markant-männliche Männchen, aber zugleich suchen sie einen einfühlsamen, kommunikativen Partner, der sich zärtlich um sie und ihren Nachwuchs kümmert. Machohaftes Beschützertum und softiemäßige Kommunikationstalente sind gleichermaßen angesagt. Weil solche 2-in-1-Exemplare rar gesät sind, sollen Frauen mitunter zum Vatersplitting neigen: Empirischen Untersuchungen zufolge ist der genetische Erzeuger nicht selten ein anderer als der aufziehende Vater, weil Frauen in Eisprungzeiten häufiger fremdgehen.[37]

Der Umstand, dass die weibliche Partnersuche sowohl nach Gegensätzlichem als auch nach Gleichgesinntem strebt, führt erneut zu der Frage, welches Wahlverhalten aussichtsreicher ist: größtmögliche Ähnlichkeit oder komplettes Kontrastprogramm? Die Antwort scheint recht eindeutig zu sein: Die besseren Karten haben ähnlich gepolte Paare. Zwar ziehen sich Gegensätze durchaus an, oft sogar auf den ersten Blick.[38] Wer frisch verliebt ist, den stört die Andersartigkeit des Partners nicht. Im Gegenteil, gerade das Fremdartige macht den Geliebten geheimnisvoll und damit auch reizvoll. Wer sich selbst stets elegant kleidet, kann dann einen schlabbrig Gewandeten faszinierend finden. Hier scheint allerdings die Verliebtheitsblindheit zuzuschlagen. Ohne rosa Brille kann die Sache nämlich ganz anders aussehen und auch schnell zu allergischen Reaktionen gegen Ökolatschen & Co. führen. Befragungen unzufriedener Paare ergaben, dass zwei Drittel genau von den Dingen am Partner genervt sind, die sie ursprünglich am meisten faszinierten.[39] Gegensätze mögen also zweifellos eine erotische Anziehungskraft ausüben, aber liebestauglich scheinen eher die Übereinstimmungen zu sein.

Das Zauberwort für krisenresistente Beziehungen lautet deshalb Homogamie: Je gleichartiger die Partner, desto haltbarer die

Beziehung. Und auch dieses Wissen scheint dem Menschen genetisch eingeschrieben zu sein. Studien zufolge verlieben wir uns vornehmlich in Partner, die ähnliche soziale und intellektuelle Einstellungen haben und sogar finanziell ähnlich situiert sind.[40] Die Zusammenführung von Geistesverwandten beruht nicht zuletzt auch auf günstigen Umständen. So lernen sich die meisten Paare dort kennen, wo ähnlich Gesinnte sowieso unter ihresgleichen sind, etwa am Arbeitsplatz oder im Freundeskreis. Es könnte zwar sein, dass die zunehmende Popularität von Internetkontakten diese Verhältnisse ändert (mehr zur Online-Liebe in Kapitel 5: »Die Realität der Massenmedien«). Dennoch machen es Grundgemeinsamkeiten wahrscheinlich, dass die Partner auch in wichtigen Liebesfragen wie Familienbewusstsein, Treue und Leidenschaft d'accord sind. Die Ähnlichkeiten können dann wie ein Katalysator für den Liebescode wirken, weil beide Liebende einander immer weiter bestätigen. Und nichts schweißt mehr zusammen als wechselseitige Dauerbestätigung.

Welche Rolle die biologische Basis bei der Fahndung nach Geistesverwandten spielt, zeigen zahlreiche Untersuchungen. So ließ sich feststellen, dass wir uns besonders interessieren für Menschen, die uns vom Gesicht her ähneln.[41] In einem Versuch sollten Frauen etwa eine Reihe von Männerbildern nach ihrer Attraktivität bewerten. Das Porträt, das stets am besten abschnitt, war jeweils ihr eigenes Ebenbild, das die Liebesforscher zuvor am Computer in ein Männergesicht verwandelt hatten – ein Befund, der auch die enge Verwandtschaft von Liebe und Selbstliebe verdeutlicht. Andere Studien zeigten, dass glückliche Liebende sich physisch angleichen, und je länger sie zusammen sind, umso ähnlicher werden sich auch ihre Leiber.[42]

Ähnlichkeit scheint also attraktiv zu sein, und zugleich macht Attraktivität ähnlich: Bereits 1966 konnte herausgefunden werden, dass uns Menschen, die wir äußerlich schön finden, automatisch wesensähnlicher erscheinen als solche, die wir eher unattraktiv einstufen.[43] Schönheit kann also die Suche nach Gleichgesinntheit ausstechen. Das Gleiche gilt fürs Schön-Gefunden-Werden. So tun wir uns noch lieber mit Menschen zusammen, die uns mögen, als mit solchen, die uns ähnlich sind: Die Versuchsteilnehmer fühlten sich generell hingezogen zu Menschen, von denen sie sich selbst gemocht fühlten, egal, ob diese ihnen ähnlich waren oder nicht. Gingen sie aber davon aus, dass andere sie weniger sympathisch fanden, mochten sie diese auch nicht, selbst wenn sie ihnen sehr ähnlich waren.

In einem Punkt haben Unterschiede dagegen ganz klar die Nase vorn: Gegensätze können sich besser riechen. Das belegte unter anderem ein Versuch an der Universität Bern, bei dem Studentinnen im Schnupperstudium die Wäsche männlicher Kommilitonen beschnüffelten.[44] Am verführerischsten fanden sie die Riechreize jener Männer, deren Immunsystem-Profil jeweils am unterschiedlichsten zu ihrem eigenen war. Die männlichen Duft- und Lockstoffe signalisierten den weiblichen Nasen: Hier herrschen gute Voraussetzungen zur Nachwuchsproduktion. Denn je unterschiedlicher die Immunsysteme der Eltern sind, umso effektiver wird die Körperabwehr der Kinder. Ihnen steht dann von Geburt an ein größeres Waffenarsenal zur Verfügung, um sich gegen attackierende Viren zu wehren.

Diese Schnüffelerkenntnisse lassen sich durchaus frauenfreundlich deuten. Denn bei allen Lebewesen, von Maus bis Mensch, hat das weibliche Geschlecht eine bessere Geruchswahrnehmung. Das könnte bedeuten, dass unter Liebenden das Prinzip Damenwahl gilt. Dazu passt auch der Befund, dass Männer nicht nur anspruchsloser auswählen, sondern auch wesentlich schneller. Im September 2004 fanden die Kommunikationswissenschaftler Artemio Ramirez und Michael Sunnafrank heraus, dass die ersten Momente einer Begegnung generell entscheidend sind für den weiteren Verlauf einer Partnerschaft.[45] Dennoch scheinen vor allem die aufs Äußere fixierten Männer Kandidaten für die Liebe auf den ersten Blick zu sein: Ein Mann benötigt weniger als zwei Sekunden, um das Äußere einer Frau abzuschätzen – und guckt dabei im Durchschnitt nur halb so genau hin wie eine Frau. Auch das entspricht dem evolutionsbiologischen Grundmuster, dem zufolge

Männer in Sachen Sex und Liebe eher auf quantitative Erfolge aus sind, während Frauen vor allem qualitativ hochwertiges Genmaterial suchen.

So machen die biologischen Basisbedingungen deutlich, welchen Einfluss die Erbfaktoren auch auf die heutige Liebe haben. Zwar kann Liebe nur kommunikativ umgesetzt und mitgeteilt werden, aber die Körper der Liebenden fordern gewissermaßen ein Mitspracherecht, insbesondere in puncto Partnerwahl. Und auch hier erweist sich die Liebe als eine widersprüchliche Angelegenheit. Einerseits sucht jeder Mensch einen Partner, der ihm ähnlich ist, damit die eigenen Nachfahren, die eigenen Gene, bessere Überlebenschancen haben. Andererseits scheint es für die Gesundheit der Kinder und damit auch für die Evolution der eigenen Art wichtig zu sein, das eigene Erbgut mit möglichst ungleichen Genen zu kreuzen.

Angesichts wachsender gentechnischer Möglichkeiten könnte der Mensch künftig auch verstärkt selbst in die Evolution der eigenen Art eingreifen. Wo künstliche Befruchtungen und Leihmutterschaften bereits gang und gäbe sind, scheint auch der Schritt zur genetischen Nachwuchsverbesserung nahe zu liegen (mehr dazu in Kapitel 10: »Ausblick: Die Romantik des Cybersex«). Was im Liebesalltag jedoch zählt, ist die Frage, wie kompatibel die Kommunikation, wie gut die Verständigung ist. Evolutionsbiologische Erkenntnisse mögen da durchaus alltagstaugliche Einsichten beisteuern. Aber im »Nahkampf« selbst geht es nicht um Genetik, sondern um das kommunikative Miteinander. Und entscheidend ist dabei die Frage, ob und wie es beiden Beteiligten gelingt, sich auf einen gemeinsamen Nenner, auf einen »Eigenwert« einzupendeln.

Ein Eigenwert wird kommen

Die Vorgaben und Forderungen des Liebescodes sind eine Liebeslektion, die jeder Mensch gelernt hat. Jeder weiß, was Liebe ist und was nicht, was eine Liebeserklärung ausmacht und was nicht. Auch wenn keiner prüfen kann, ob eine Liebeserklärung wirklich aufrichtig ist, so ermöglicht schon dieses Basiswissen in Sachen Liebe eine gewisse Beziehungsstabilität. Denn die ungeschriebenen Liebesgesetze führen auch dazu, dass sich in einer Liebesbeziehung unweigerlich bestimmte Muster und Gewohnheiten bilden. Diese Routinen sind die Eigenwerte einer Beziehung: eine Art Gerüst aus Erwartungen, das die Liebe gegen Krisenzeiten wappnet und sie langlebiger macht. So sorgt der Liebescode dafür, dass die Liebe weiter funktioniert, selbst wenn die Beziehung bedroht ist.

Selbst »unliebsames« Verhalten muss den Betrieb des Liebessystems dann nicht nachhaltig beeinträchtigen. Im Gegenteil: Es kann sogar einen Liebesbeweis nach sich ziehen, wenn der andere dieses Verhalten trotz allem duldet und akzeptiert. Trifft sie sich zum Beispiel mit einem Freund, obwohl er weiß, dass sie weiß, dass er das eigentlich nicht will, er sie aber trotzdem gewähren lässt, dann weiß sie dadurch zugleich, dass er sie liebt. Allerdings sollte diese Nachsichtigkeit dann nicht allzu häufig und heftig getestet werden, ebenso wie das Nachgeben nicht gleichgültig oder gefügig wirken darf. In beiden Fällen würde es sich sonst nicht mehr um Liebe handeln.

Herrscht ein stabiler Eigenwert, muss selbst eine Affäre nicht das Ende einer Beziehung bedeuten: Der Grundrhythmus der Liebe kann so beständig sein, dass selbst solche Taktlosigkeiten übersprungen werden können – allerdings muss der Beziehungs-Beat dann ganz neu programmiert werden. Auch hier gilt also, dass die permanente Gratwanderung im Liebesalltag umso ungefährlicher wird, je breiter die Schnittmenge der gemeinsamen Erwartungen und Ansprüche ist.

Aber der Liebescode hält auch dann noch ein festes Sicherungsseil parat, wenn fehlende Gemeinsamkeiten die Wanderung zum dauerhaften Balanceakt werden lassen: den Mythos der eigenen Liebesgeschichte. Die Erinnerung an das gemeinsame Liebesleben symbolisiert sozusagen den eigentlichen Eigenwert einer Liebesbeziehung. Damit wirkt sie wie ein Airbag für Beziehungscrashs. Auch ein bekannt werdender Seitensprung muss nicht das sofortige Liebesende bedeuten, wenn man sich sagen kann: »Wir beide haben schon so viel miteinander erlebt, irgendwie stehen wir das jetzt auch noch durch.« Die Erinnerung der eigenen Liebesgeschichte macht die Beziehung fit für Krisenfälle. Das ist umso wichtiger, als die Liebe, im Gegensatz zu allen anderen Gesellschaftsbereichen, keine eigenen Organisationen ausbildet, die der Liebe zusätzliche Sicherheit geben würden. Es mag Swingerclubs geben, aber eben keine Liebesvereine, Passions-GmbHs oder sonstige Institutionen der Intimität. Jede Liebe lebt somit gezwungenermaßen auch von der Erinnerung ihrer eigenen Geschichte.

Liebende profitieren also von guten Gedächtnisgenen. Denn wie könnten Liebeserinnerungen auch sonst gespeichert werden, wenn nicht in den Hirnen der Beteiligten? Liebesbriefe, -mails oder Fotos stiften zwar zur Erinnerung der Liebesgeschichte an, können aber nur einzelne Szenen oder Situationen beleuchten. Die ganze Geschichte dagegen existiert einzig im Gedächtnis der Liebenden. Und das macht das gemeinsame Erinnern der Love-Story umso bedeutsamer. So ist es geradezu überlebensnotwendig, dass sich Liebende das Wunder ihres Beziehungsbeginns gemeinsam ins Gedächtnis rufen oder wichtige Daten zelebrieren. Denn je gewichtiger das Erinnern, umso verhängnisvoller das Vergessen. Wer also nicht lieblos wirken will, sollte zum Beispiel den Tag des Kennenlernens fest in seinem Hirn verankern.

Der Eigenwert des Erinnerns an die gemeinsame Liebesgeschichte macht die Liebe besonders haltbar – so haltbar, dass man oftmals gar nicht mehr voneinander loskommt. Angeblich wagt fast die Hälfte aller deutschen Paare nach der Trennung einen zweiten Anlauf.[46] Der Liebesmythos der gemeinsamen Geschichte scheint so tiefenwirksam zu sein, dass die Geschichte nach einer Fortsetzung verlangt, auch wenn sie eigentlich schon zu Ende ist.

Absolutheitsansprüche und komplexe Verhaltensvorgaben machen die Liebe also zu einem hochgradig riskanten Unterfangen. Schon die Tatsache, dass jeder Liebende sein eigenes Tun ständig nach der Weltsicht des Geliebten richten muss, lässt die Dinge kompliziert und verworren werden. Und die biologischen Basisbedingungen tun das ihrige dazu, um Liebesirrungen und -wirrungen noch wahrscheinlicher zu machen. Mitunter können die hohen Anforderungen des Liebescodes dann wie eine Anleitung zum Unglücklichsein wirken. Zumal die Glückserwartungen an die Liebe heute höher denn je sind. Denn in der individualisierten Gesellschaft ziehen wir unseren Lebenssinn vor allem aus uns selbst, und nirgendwo können wir so sehr wir selbst sein wie in der Liebe.

4. Ich liebe, also bin ich

Der Sinn des L(i)ebens

Der moderne Mensch hat ein Persönlichkeitsproblem. Er kann seine Individualität immer nur teilweise in die Gesellschaft einbringen, weil der moderne Alltag ein großes Rollenspiel ist. In fast allen Gesellschaftsbereichen ist das moderne Individuum gezwungen, bestimmte Parts zu spielen, sei es als Wurstfachverkäuferin oder als »Superstar«. Erst diese Verkleidung verschafft ihm Zugang zur Gesellschaft. Für »ganze« Menschen gilt dagegen fast immer: Wir müssen leider draußen bleiben. Insofern sind gespaltene Persönlichkeiten heute der Normalfall. Außer in der Liebe, wo die ganze Person zum Zuge kommt. Dieses Ganzheitsversprechen macht die Liebe zu einer modernen Sinnstiftungsagentur.

Generell gesehen, ist die moderne Individualität ein großes Glück. Denn erst sie macht den Menschen frei. Niemand muss sich heute mehr nach übergeordneten Regeln, Moralgeboten oder sonstigen sozialen Restriktionen richten. Stattdessen kann sich jeder so geben und »verwirklichen«, wie es ihm gefällt. Jeder kann heute selbst entscheiden, ob er Punk oder Neonazi wird, BWL oder Soziologie studiert, wählen geht oder nicht, berühmt werden will oder nicht, mit Männern oder Frauen oder beiden ins Bett geht. Die Pforten zu allen Gesellschaftsbereichen stehen prinzipiell jedem offen, und jeder kann mehr denn je selbst entscheiden, wo und wie er am liebsten hineinspazieren möchte. So macht die moderne Individualität fast alles möglich. Aber sie macht den Menschen auch zunehmend orientierungslos und setzt ihn unter Druck. Denn je freier das eigene Leben gestaltet werden kann, umso mehr muss sich jeder Einzelne auch selbst darum kümmern, diese Freiheit auszufüllen. Erst wenn der individuelle Freiraum sinnvoll genutzt wird, kann der Mensch anerkannt werden als das Individuum, das er ist.

Was aber »ist« man? Will man sich jenseits der Rollen, die man in der Gesellschaft spielt, als Individuum darstellen, gerät man in Erklärungsnot. Denn woher sollte man wissen, wer oder was man an und für sich ist, wenn man sich notgedrungen definiert über die Rollen, die man spielt? Wer sich also auf die Suche nach seinem »wahren« Ich begibt, wird wenig finden, wenn er lediglich in sich selbst hineinhorcht und nicht zufällig ein meditierender Mönch ist. Über das eigene Wesen können wir allenfalls vage Vorstellungen haben. Zu Gewissheiten können sie nur dann werden, wenn sie von anderen bestätigt werden. Diese Beglaubigung der eigenen Identität kann also nur von außen kommen. Man muss herausfinden, ob die Ideen, die man von sich selbst hat, auch von anderen geteilt werden, erkunden, wie einen andere einschätzen, und überprüfen, ob diese Fremdeinschätzungen mit den eigenen übereinstimmen. Je kleiner diese Schnittmenge dann ist, desto größer ist die Chance, in Identitätskrisen zu geraten. Dann wird die Ich-Frage nämlich unentscheidbar: Bin ich der, den andere in mir sehen, oder der, der ich selbst zu sein meine?

Allerdings hat die moderne Gesellschaft Vorsorge getroffen, um zu verhindern, dass sie zur identitätsfreien Zone wird, und das wirksamste Mittel ist die Liebe. Die Liebe leistet die ultimative Bestätigung von Individualität und ist damit hochgradig identitätsaufbauend und -verstärkend. Weil das Individuum hier mit all seinen Eigentümlichkeiten voll und ganz akzeptiert wird, gleicht die Liebe das aus, was der modernen Gesellschaft fehlt. Wer liebt, ist also immer auch auf der Suche nach der verlorenen Identität, denn diese Suche verspricht einen faszinierenden Fund: ein komplettes Ich-Bild. »Vielleicht stimmt es, dass wir nicht wirklich existieren, bis jemand da ist, der uns existieren sieht«, vermutete Alain de Botton in seinem Roman »Versuch über die Liebe«: »Wir sind nicht ganz lebendig, solange wir nicht geliebt werden.«

Diese Sinn und Einheit stiftende Funktion lässt die Liebe heute immer attraktiver werden. Weil die moderne Gesellschaft das Individuum vor die Türen gesetzt hat und nur noch teilweise wieder hineinlässt, herrscht eine unstillbare Sehnsucht nach Sinn, nach Einheit, Klarheit und Überschaubarkeit. Der moderne Mensch ist schutzbedürftig und braucht Bestätigung. Dieser Hunger nach Bodenhaftung zeigt sich auch in ganz alltäglichen Phänomenen und Trends wie etwa der Kuschelkultur des Cocoonings, esoterischen Heilsversprechen oder dem Wellnessboom, der eine Geborgenheit im eigenen Körper verspricht. Vor allem aber sehnt sich der Mensch mehr denn je nach persönlicher Zuneigung. Um es noch einmal zu betonen: Als ganzer Person steht ihm nur eine einzige Tür zur Gesellschaft offen – die Liebe.

Dieser ultimativen Ich-Erfahrung kann sich kaum einer entziehen, denn fast jeder wird mit ihr von seinem ersten Lebenstag an angefixt. Schon die Familie, die als eine besondere Fortschreibung der Liebesgeschichte betrachtet werden kann, lehrt die Liebe (mehr dazu in Kapitel 7: »Die flexible Familie«). Und im heutigen Alltag ist der Liebescode so allgegenwärtig, dass er jeden unweigerlich infiziert, sei es im Kino, im Fernsehen oder in Romanen. Heute steht wirklich jedem das Ego-Abenteuer Liebe offen, sodass Honoré de Balzac durchaus Recht hatte mit seiner Behauptung: »Die Liebe ist der einzige Weg, auf dem selbst die Dummen zu einer gewissen Größe gelangen.«

Mit diesen Versprechungen schürt die romantische Liebe extrem hohe Glückserwartungen. Wenn in Sachen Totalbestätigung nur die Liebe zählt, wird sie zum Mittelpunkt des Lebens. Und wenn die Liebe die Macht hat, aus gespaltenen Persönlichkeiten ganze zu machen, lassen sich weitere Wunderwirkungen vermuten. Liebe kann dann als ein Allheilmittel erscheinen, das alle möglichen Sinnverluste der modernen Welt wettmachen soll, von der stressigen Arbeitswelt über die vermeintliche Gefühlskälte der Gesellschaft bis hin zu der für viele trostlosen Tatsache, dass das eigene Ich eine Unerklärlichkeit ist und immer bleiben wird. Wird aber die Beziehung als reines Selbstverwirklichungsbündnis betrachtet, liegt es nahe, dass der Partner zum Assistenten der eigenen Selbstfindung degradiert wird, zu einer Art Privattherapeut. Und eine solche Konstellation schafft wiederum beste Bedingungen für Enttäuschungen und Stress.

Die Liebe hat heute also eine Monopolstellung, wenn es um die heiß begehrten Güter der Selbstbestätigung und Sinngebung geht. Der Sinn des Lebens wird immer mehr zum Sinn des Liebens – ich liebe, also bin ich. Beziehungsweise: Ich liebe, also bin ich Ich. Diese Gleichung gilt umso mehr, je individueller die Individuen werden. Aber zugleich machen sich romantische Liebe und individuelle Selbstliebe auch das Leben schwer. Denn an dem modernen Zwang zum Individuellsein gewinnt die Liebe genauso, wie sie verliert.

Sei individuell!

Dass die Individualisierung der modernen Gesellschaft die Liebe in Schwierigkeiten bringen kann, erkannte schon der Soziologe Georg Simmel (1858–1918), der in der Liebe »die reinste Tragik« sah: »Sie entzündet sich nur an der Individualität und zerbricht an der Unüberwindlichkeit der Individualität.« Heute sind die Individuen so individualisiert, wie es sich Simmel vielleicht kaum hätte träumen lassen. Und sie werden immer individueller. Um zu verstehen, wie Liebe und Individualität einander zugleich bedingen und in die Quere kommen, lohnt deshalb ein genauerer Blick auf den aktuellen Stand der Individualisierung. Denn dann zeigt sich, warum die modernen Persönlichkeitsprofile der Liebe nicht nur mehr Freiheiten, sondern auch mehr Zwänge bescheren.

Ursprünglich sollte das Individuum die Unsterblichkeit der menschlichen Seele symbolisieren. »Individuum« bedeutet eigentlich schlicht und ergreifend das »Unteilbare«. Insofern sei auch ein Teller ein Individuum, meinte Niklas Luhmann. Allerdings sind menschliche Individuen um einiges spannender als Teller, denn im Gegensatz zu Geschirr verheißen sie Unerwartetes und Überraschendes. Schließlich ist jedes Individuum selbst verantwortlich für sein Tun und Handeln, und dabei gilt das Motto: Je auffälliger, desto individueller. Wie und wo ein Mensch an der Gesellschaft teilnimmt, ist nicht mehr automatisch vordefiniert. Eigeninitiative ist notwendig, und das setzt den modernen Menschen unter Originalitätsdruck. Wer heute als individuell anerkannt werden will, muss sich ständig neu erfinden.

Weil die heutige Gesellschaft in verschiedene Bereiche aufgeteilt ist, an denen prinzipiell jeder teilnehmen kann, sind alle zunächst einmal gleich. Jeder ist im Grunde ein Jedermann, der erst durch seine individuellen Taten zum einzigartigen Einzelmenschen wird. Wer sich nicht als ersetzbares Rädchen im Gesellschaftsgetriebe fühlen will, muss also seine individuelle Identität suchen und zur Schau tragen. Für diese Selbstsuche hält die moderne Gesellschaft eine breite Palette von Identifikationsmöglichkeiten bereit. Jeder kann zum Beispiel Schlagworte wie »Natur«, »Identität« oder »Gefühl« aufgreifen und individuell weiterverarbeiten, um damit das eigene Selbst mit Bedeutung aufzuladen. Auch das Konzept des »Subjekts« bietet jedem Einzelnen einen symbolischen Schutz gegen die eigene Bedeutungslosigkeit. Als Subjekt bin ich nicht nur ein Mensch unter Milliarden anderen, sondern ein einmaliges Geschöpf mit Anspruch auf subjektfreundliche Sonderbehandlung. Schon das garantiert eine gewisse Immunität gegen die Gefahr des Gewöhnlichseins.

Viel effektiver sind aber die Einzigartigkeitsgefühle, die das Prädikat »individuell« vermittelt. Und das macht die Individualisierung zugleich zu einem paradoxen Unterfangen. Denn wenn alle individuell sein wollen, sind alle auch wieder gleich gepolt: Alle wollen anders sein als alle anderen. Einzigartigkeit für alle ist dann zugleich Anpassung an alle anderen. Aber anders geht es auch nicht: Ein individuelles Ich kann sich seiner selbst nur vergewissern, indem es anders sein will. Mit dem Anderssein gleicht man sich allerdings nicht nur den Wünschen der anderen an, die ebenfalls anders sein wollen, man muss sich ihnen auch lebenspraktisch anpassen. Individualität ist ja nur zu haben, indem man bestimmte Vorgaben und Formeln aufgreift, die Einzigartigkeit versprechen. Wie begrenzt dieser Fundus ist, zeigen zum Beispiel bestimmte Modetrends. Piercings oder Irokesenfrisuren verheißen ihren Trägern zwar hochgradig individuelle Imagegewinne, aber gerade deswegen werden solche Trends schnell zur Massenware. Hierbei spielen die Massenmedien eine entscheidende Rolle: Was Pop-Idole wie Robbie Williams im Fernsehen vormachen, wird mit ziemlicher Sicherheit wenig später zum Massenphänomen (mehr zur heutigen Bedeutung der Medien im folgenden Kapitel). Auch das verdeutlicht, wie sehr die Bildung der eigenen Identität auf Kopien angewiesen ist. Im Grunde ist Individualität eine permanente Selbsttäuschung: die Illusion, dass das eigene Handeln anders und individuell ist, während es eigentlich nur nachahmend sein kann.

Trotz dieser Widersprüchlichkeiten – oder auch gerade deswegen – findet der Mensch heute kaum etwas so interessant wie die Definition der eigenen Persönlichkeit, die Bestimmung und Bestätigung des eigenen Selbst. Und weil in der modernen Gesellschaft ein dauerhafter Mangel an Selbst-Bewusstsein herrscht, verspricht eine ganze Spezialindustrie, Abhilfe zu schaffen. Das Angebot reicht von Selbsterfahrungskursen und Lebenshilferatgebern über die Fabelwelten von Esoterik und Astrologie bis hin zur Psychoanalyse, die heute schon fast zum guten Ton gehört. Unermüdlich wird dem Ich nachgestellt. Das Zauberwort dieser kollektiven Selbstsuche lautet »Selbstverwirklichung«. Der moderne Mensch ist also nicht nur wirklich, sondern will diese Wirklichkeit auch verwirklichen. So bewirkt der Individualitätsdruck, dass man nicht nur anders sein will als die anderen, sondern auch anders als man selbst, weil man sich ständig verändern und weiterentwickeln will.

Moderne Individuen befinden sich deshalb im dauernden Selbstinszenierungsstress: Jeder Einzelne steht unter dem Druck, unberechenbar, originell und einzigartig zu sein. Und weil das Anderssein nur über das Kopieren von Individualitätsmustern möglich ist, wird es umso wichtiger, dass diese Kopien authentisch vorgefühlt werden. Individualität muss so dargeboten werden, als sei sie einem in die Wiege gelegt worden und nicht künstlich übernommen. Wer krampfhaft versucht, individuell zu sein, outet sich bereits als Konformist. Beim Mitsurfen auf den Trendwellen entscheidet daher ein gutes Timing. Zu spätes Mitmachen bringt mehr Schaden als Nutzen. Es weist einen nicht als Individuum aus, sondern als Massenmensch.

Wie stark dieses Streben nach Individualität und Authentizität insbesondere unter Jugendlichen ist, belegen diverse Untersuchungen. So herrscht laut der Jugendstudie »Future Youth« unter 11- bis 16-Jährigen eine regelrechte Uniformitätsphobie: Angesagt sei alles, was signalisiert, dass man nicht mit der Masse mitschwimmt.[47] Und nichts sei schlimmer als ein allzu angestrengtes Ringen um Coolness. Auch die Mode, der Hauptschauplatz der Selbstinszenierung, gerät damit unter Uniformitätsverdacht. Zwar können bestimmte Marken noch immer quasireligiöse Qualitäten haben. Doch die Zeiten, in denen ein reines Markenoutfit Coolness garantierte, sind vorbei. Unter Jugendlichen ist eher ein spielerischer Stilmix aus Marken und Secondhand-Klamotten en vogue, denn das signalisiert: Ich bin unberechenbar und kann täglich ein anderer sein.

Welche Auswirkungen hat diese individualistische Selbstliebe auf die romantische Liebe? Einerseits kann heute jeder seine Eigenheiten verstärkt anderen zumuten und in eine Beziehung einbringen. Auch wenn sich in der Liebe jeder prinzipiell am anderen orientieren muss, öffnen sich damit mehr Freiräume zur »Selbstverwirklichung«. Und nur komplexe Individuen sind ja auch in der Lage, anspruchsvolle Partnererwartungen zu erfüllen. Dafür spricht schon die Binsenweisheit, dass nur derjenige positiv auf andere wirkt, der mit sich selbst im Reinen ist.

Doch so wie die Individualisierung die Liebe stärkt, indem sie mehr Ego-Anteile zulässt, schwächt sie Liebesbindungen auch. Denn je mehr die Individuen auf sich selbst gestellt sind, umso unzuverlässiger werden sie auch. Die permanente Sehnsucht nach Selbstverwirklichung kann dann bereits das Zustandekommen einer Beziehung erschweren. Je einzigartiger man sich selbst sieht, umso schwieriger wird es ja, einen ebenso einzigartigen Partner zu finden. Und auch innerhalb einer Liebesbeziehung läuft die Liebe Gefahr, unverbindlicher zu werden. Allein schon, weil jedes Selbst ja im Grunde eine Unantastbarkeit darstellt. Wollen sich zwei dieser Unantastbarkeiten vereinigen, wird es kompliziert. Und die unbegrenzten Möglichkeiten, sich selbst ständig neu zu erfinden, legen es nahe, dass dieser Anspruch auch an den Partner und die Beziehung gerichtet wird. Die Liebe lebt aber vom So-Sein: Geliebt wird das, was ist, nicht das, was sein sollte. Alle Änderungswünsche machen die Liebe dann noch vertrackter, als sie es bereits ist. Ein Rückzug aufs eigene Ego wird dann immer wahrscheinlicher. Denn so unsicher und kurzlebig die Liebe des Partners sein mag, so sicher und unvergänglich kann die Selbstliebe sein – für Oscar Wilde war sie sogar »der Beginn einer lebenslangen Romanze«.

Die Auswirkungen der modernen Individualisierung auf die Liebe sind also grundsätzlich ambivalent: Liebende können heute mehr Möglichkeiten zur Ego-Entfaltung nutzen, aber sie müssen auch mehr Ungewissheiten ertragen. Und sie müssen nicht nur ihr eigenes Verlangen nach Veränderung verkraften, sondern auch das ihres Partners.

I can't get no satisfaction

Die verschiedenen gesellschaftlichen Teilbereiche bieten jedem Einzelnen eine Fülle von Möglichkeiten, um den eigenen Standpunkt innerhalb der Gesellschaft zu bestimmen. Jede Wahl, die getroffen wird, schließt alle anderen Möglichkeiten aus und ist damit schon eine Art Mini-Individualisierung. Die Summe dieser Selbstdarstellungen verkündet dann: Ich bin nicht nur Mensch, sondern eine bestimmte, individuelle Person. So kann sich schon individuell fühlen, wer von sich behauptet: Ich bin Literaturwissenschaftler. Oder: Ich bin DJ. Noch größer wird die gefühlte Individualität aber, wenn man zusätzlich noch Forderungen stellt. Wenn man also nicht nur stets zufrieden mit sich und seinen Eigenheiten ist, sondern auch noch unzufrieden mit seiner Umwelt – und damit gleich doppelt auf das eigene Ich aufmerksam macht. Dann kann man sagen: Das heutige Wissenschaftssystem ist mir viel zu verknöchert. Oder: Drum 'n' Bass war früher besser. Gerade das Dagegenhalten unterstreicht dann die eigenen Eigenheiten.

Die Hymne der modernen Individuen könnte also nicht nur den Titel »I am what I am« tragen, sondern auch: »Ich will ein anderer sein!« Angesagt ist ständige Selbstverbesserung und andauernde Ungeduld mit dem eigenen Leben. Die Forderungen an sich selbst und andere lassen sich dann wie ein Radar benutzen, um den eigenen Standpunkt auszuloten. Individualität ist also im Grunde eine Art fortlaufende Verdrossenheit. Und die eigenen Ansprüche können leicht ins Unerfüllbare abdriften, auch die Ansprüche an Beziehungen und Partner.

Diese Anspruchshaltung des Individuums hat eine lange Tradition. Ihre Wurzeln reichen bis ins 17. Jahrhundert zurück. Schon damals veranschaulichte die Popularität von Begriffen wie »Interesse« oder »plaisir«, dass sich der einzelne Mensch durch seine besonderen Bedürfnisse auszeichnet. Heute sind Erwartungen und Ansprüche so weit mit dem Konzept der Individualität verschmolzen, dass sie bereits auf sich selbst zurückfallen. So wird die Psychotherapie dem Superanspruch gerecht, die negativen Folgen der eigenen Ansprüche zu kurieren. Problematisch wird es aber auch, wenn die Ansprüche tatsächlich erfüllt werden. Denn damit entfallen die Widerstände, über die das Ich sich definiert. Angeblich sehnen sich ältere Homosexuelle heute sogar nach den Zeiten ihrer Ausgrenzung zurück, weil damit auch bessere Chancen zur optimalen Persönlichkeitspositionierung gegeben waren. Heute hingegen müssen Homo- oder Bisexualität immer weniger gegen bürgerliche Ressentiments durchgesetzt werden – und sind damit zu gewöhnlich geworden, um sich darüber als etwas Besonderes beschreiben zu können.

Die Tatsache, dass moderne Individuen gewissermaßen auf Kontra gepolt sind, wirkt sich auch – und ganz besonders – auf die Liebe aus. Wie in sämtlichen Teilbereichen der Gesellschaft hat das anspruchsvolle Individuum auch hier die Macht übernommen. Das macht die Sache einerseits leichter, denn es entschärft das Problem der Allround-Akzeptanz. Man darf also durchaus Veränderungswünsche an den Partner herantragen. Mehr noch: In heutigen Beziehungen wird sogar erwartet und gutgeheißen, dass der Partner bestimmte Forderungen stellt, die wiederum akzeptiert und anerkannt werden müssen. Wenn der Geliebte also sagt: »Könntest du bitte diesen schrecklichen Micky-Maus-Pulli nicht mehr tragen«, muss diese Forderung zwar nicht unbedingt erfüllt, aber doch als ein legitimer individueller Anspruch akzeptiert werden.

Schwierig wird es allerdings, wenn die Ansprüche grundsätzlich unterschiedlich sind. Wenn etwa der eine Partner sehr viel verlangt und der andere eigentlich alles beim Ist-Zustand belassen will. Oder wenn der Anspruch erhoben wird, dass der Partner keine Ansprüche mehr an einen selbst stellen dürfe: »Du hast mir gar nichts zu sagen, ich ziehe an, was mir gefällt!« Unter solchen Bedingungen kann die Passion schnell pathologisch werden, denn je mehr ein Individuum sich auf sich selbst beruft und den Anspruch erhebt, die eigenen Ansprüche durchzusetzen, umso schwerer fällt der Widerspruch. Diese individuellen Ich-Ambitionen machen Beziehungen nicht nur potenziell problematisch, sondern auch schneller kündbar. Steckt die Gegenwart voller Änderungswünsche und die Zukunft voller Möglichkeiten, ist man auch schneller bereit, die Flucht nach vorn zu ergreifen oder zur Seite zu springen.

Das Individuum in der Liebesfalle

Die Gesellschaft ist heute unübersichtlicher und undurchschaubarer denn je, denn nichts ist mehr so, wie es sein »muss«. Im Gegenteil, alles könnte immer auch anders sein: Alles hängt ab davon, aus welcher Perspektive es betrachtet wird. Nichts ist nicht auch anders möglich oder unveränderbar, sei es die Regierung, der Job oder die Beziehung. Damit herrscht nicht nur ein Maximum an persönlichen Freiheiten und Möglichkeiten, sondern zugleich ein neuer Höchstpegel an Zumutungen, auch und gerade für Liebesbeziehungen.

Wie Jobs können Liebesbeziehungen heute weitgehend autonom begonnen und beendet werden. Jeder Einzelne kann mehr denn je mitbestimmen, wie er sich sozial positioniert, und ist damit im wahrsten Sinne unverbindlicher und unzuverlässiger geworden. Das immer nur teilweise Teilnehmen an der Gesellschaft setzt feste Strukturen unter Zeitdruck. Immer mehr lässt sich immer schneller ändern. Und so wie man leichter zwischen den verschiedenen Teilbereichen der Gesellschaft wechseln kann, wird es auch einfacher, zwischen Beziehungen zu wechseln. Wenn jede Einzelbiographie ein andauerndes Auswählen aus einer Masse an Möglichkeiten ist, gilt das auch für die Beziehungen zu anderen. So kann auch die Liebe zum Trial-and-Error-Spiel werden, bei dem erst einmal geguckt wird, was geht, um bei negativen Anzeichen zum nächsten Versuch überzugehen. Andererseits steigen in Zeiten flexibler und frei wählbarer Beziehungsmodelle auch die Chancen, in der Liebe als einzigartige Persönlichkeit bestätigt zu werden. Das macht Liebe und Leidenschaft in der individualisierten Gesellschaft ebenso verzwickt wie verführerisch.

Eine Folge dieser ambivalenten Umstände scheint der Boom eines relativ neuartigen Beziehungsschemas zu sein: die serielle Monogamie. Die Liebe in Serie bietet Stabilität auf Zeit und vermeidet damit nicht nur die Unverbindlichkeit von Affären, sondern auch den Ewigkeitsdruck der Ehe. Sie ist sozusagen romantisch und realistisch zugleich. Dieser Trend zu flexibleren Beziehungsformen jenseits der Ehe herrscht zwar schon seit den 50er Jahren, aber erst der Boom der seriellen Monogamie scheint ihn massentauglich gemacht zu haben. Einer Studie zufolge haben die heute 30-Jährigen im Durchschnitt bereits mehr Beziehungen hinter sich als die heute 60-Jährigen.[48] Der aktuelle Stand lautet 3,6 zu 2,8. Und die heute 60-Jährigen hatten im Alter von 30 Jahren nur halb so viele Beziehungen wie die 30-Jährigen von heute. Auch das zeigt: Die moderne Liebe wird zwar schwieriger, aber auch wichtiger. Sie mag weniger haltbar geworden sein, aber sie wird umso mehr gewagt.

Damit ist das Dilemma umrissen, in dem die moderne, individualisierte Liebe steckt. Liebe bietet heute die hochwertigsten Entschädigungsleistungen für das, was die moderne Gesellschaft mitunter schwer erträglich macht. Sie kompensiert den Verlust von klaren Bedeutungen und Orientierungen. Doch je mehr sie dem Einzelnen individuelles Glück und Geborgenheit verspricht, umso störanfälliger wird sie auch. Der steigende Erwartungsdruck auf das einzelne Individuum schlägt sich dann auch in steigenden Ansprüchen an den Partner und die Beziehung nieder. Gerade wenn die Liebe ganz besonders romantisch, erotisch und haltbar sein soll, wird es schnell ungemütlich. Und je individueller und eigenartiger die eigene Weltsicht ist, umso schwieriger wird es, einen Partner aufzutreiben, der diese Eigenheiten voll und ganz bestätigt. Wie kann ich ein einzigartiges Individuum bleiben, wenn ich zugleich eine fremde Weltsicht verinnerlichen soll, an der sich mein ganzes Handeln orientiert? Dass sich zwei Individuen unter diesen Widrigkeiten und Hindernissen dauerhaft zusammenschließen, um jeweils der persönlichen Perspektive eines anderen Ichs zu folgen, scheint geradezu an ein Wunder zu grenzen. Und genau diese Unwahrscheinlichkeit macht die Liebe noch bedeutsamer und attraktiver.

Man könnte vermuten, dass die Sehnsucht nach Liebe in eine Sackgasse führen kann. Schließlich lebt die romantische Liebe nicht zuletzt von ihrer Schicksalhaftigkeit, sie lässt sich also nicht willentlich und eigenmächtig herbeiführen. Insofern müsste die verzweifelte Suche nach Nähe und Geborgenheit eher kontraproduktiv sein. Wer ständig Ausschau nach potenziellen Partnern hält, läuft Gefahr, eine romantische Rasterfahndung zu betreiben, bei der die unvermittelte, spontane Reize vielleicht gar nicht wahrgenommen werden. Allerdings scheint die heutige pragmatische Liebe auch diesen Widerspruch auflösen zu können – und erstaunlicherweise ermöglicht gerade die moderne Kommunikationsform des Internets eine sowohl strategische als auch »schicksalsoffene« Liebesanbahnung (mehr dazu im folgenden Kapitel).

Die fortschreitende Individualisierung der Gesellschaft zeigt, dass die Liebe heute frei verfügbar und vielfältig gestaltbar geworden ist – und damit so individuell und kompliziert wie die Liebenden selbst. Der Soziologe Niklas Luhmann meinte deshalb, dass sich die moderne Liebe schwerer als früher unter eine »Leitformel« bringen lasse. Allerdings gibt es auch deutliche Anzeichen dafür, dass die Liebenden einen neuen gemeinsamen Liebesnenner gefunden haben: die pragmatische Liebe (mehr dazu in Kapitel 9: »Die pragmatische Liebe«). Diese Metamorphose des Liebescodes macht ihn fit, um die heutigen Liebesprobleme zu lösen. Besonders deutlich zeigen sich diese Schwierigkeiten und Chancen in den Massenmedien. Deshalb lohnt es sich, zunächst einen näheren Blick auf diesen Teilbereich der Gesellschaft zu werfen.

5. Die Liebesrealität der Massenmedien

Die Programme der Passion

»Was wir über unsere Gesellschaft, ja über die Welt, in der wir leben, wissen, wissen wir durch die Massenmedien.« So brachte Niklas Luhmann den heutigen Einfluss der Medien auf den Punkt. Im Zeitalter der globalen Vernetzung halten die Medien die Gesellschaft auf dem Laufenden und bringen die Menschen auf einen gemeinsamen Informationsnenner. Damit erfüllen sie sogar eine ähnliche Funktion wie die Liebe. Sie können zwar keine Rundumbestätigung liefern, aber eine Runduminformierung, die moderne Individuen mit »Einheitsgefühlen« und Orientierung versorgt: Weil somit alle auf dem gleichen Stand sind, erscheint die Gesellschaft als Ganzes. TV-Großereignisse wie »Big Brother« oder die täglichen Katastrophen und Skandale der Boulevardpresse können dann sozusagen darüber hinwegtäuschen, dass man immer nur teilweise an der Gesellschaft teilnehmen kann. Dieser Einfluss der Massenmedien auf die Lebenswelt lässt auch die Liebeswelt nicht kalt. Denn die Informationsströme der Medien leiten auch die Phantasie und das Verhalten der Liebenden.

So ist der Liebescode heute zwar frei verfügbar für alle, und seine Rahmenbedingungen können von den Liebenden individuell »programmiert« und umgesetzt werden. Doch zugleich sind diese Möglichkeiten zur persönlichen Programmierung selbst schon vorprogrammiert durch die Medien. Denn so wie die Massenmedien über die aktuelle Nachrichtenlage informieren, führen sie auch die aktuelle Liebeslage vor Augen. Sie vermitteln wichtiges Wissen in Sachen Sex und Beziehungen und zeigen Liebesmuster, die übernommen und verändert werden können. Wie einst der Roman liefern die Medien Anleitungen für das Liebesleben und erfüllen damit einen regelrechten Bildungsauftrag. Sie machen vor, wie man die eigenen Liebeserfahrungen in nacherzählbare Liebesgeschichten verwandeln kann, und sie schaffen Standards, an denen sich Liebende orientieren können – und müssen. Der Psychologe Robert J. Sternberg meint sogar, dass die Partnerwahl von medial vermittelten Drehbüchern diktiert werde und dass eine Beziehung nur dann gelingen könne, wenn beide Partner die gleichen Liebesgeschichten kennen.[49]

Folgenreich für Verliebte ist auch die Kinokunst. So fand der Psychologe Oliver Schultheiss heraus, dass romantische Filme anschmiegsam machen.[50] Bei Probanden, die den rührseligen Liebesfilm »Die Brücken am Fluss« gesehen hatten, stieg das weibliche Geschlechtshormon Progesteron, das bei Frauen wie Männern das Verlangen nach Streicheleinheiten und Zärtlichkeit weckt. Und die Paartherapeutin Marcia Millman ist der Ansicht, dass sämtliche Liebesbeziehungen, zumindest aus weiblicher Sicht, nach sieben archetypischen Erzählmustern verlaufen, die wiederum jeweils mit berühmten Kinofilmen korrespondieren.[51] Zu diesen Blockbustern des Herzens zählen zum Beispiel die Liebe als Nestflucht (zu beobachten etwa in »Dirty Dancing«), Liebe als Erlösung (»Pretty Woman«) oder Liebe als Obsession (»Eine verhängnisvolle Affäre«). Die Massenmedien bringen dieses filmische Liebeskulturgut so effektiv unters Volk, dass selbst Bildungslücken leicht zu überbrücken sind. Auch wenn man bestimmte Filme nicht gesehen hat, weiß man ja meist um ihre Bedeutung. Nur wenige wären ahnungslos, wenn es heißt: »Das ist so romantisch wie in ›Vom Winde verweht‹« oder »Die streiten sich wie im ›Rosenkrieg‹!«

Heute werden diese Liebesgeschichten vor allem von den Massenmedien erzählt, und das massenmediale Leitmedium ist das Fernsehen. Rund um die Uhr bringen Videoclips, Talkshows, Werbung und Daily Soaps aktuelle Liebesvorstellungen und -verhaltensmuster unters Volk. Wie schnell sich diese Muster verändern können, zeigt zum Beispiel der Wandel im Genre der Kuppelshows. Noch vor einigen Jahren wurde auf körperliche Distanz Wert gelegt. So symbolisierte die legendäre »Herzblatt«-Trennwand auch die romantische Idee, dass es um die »inneren Werte« gehe. Mittlerweile scheint sich das Herzblatt aber gewendet zu haben: Die Datingshow »MTV-Dismissed« etwa konzentriert sich auf offensive Anmache und attraktive Körper, TV-Spektakel wie »Ich heirate einen Millionär« spielen mit dem Reiz des Rubels, und soll es dennoch herkömmlich romantisch zugehen, ist Beschleunigung angesagt. So wurde in »Der Bachelor« eine Highspeed-Hochzeit vermittelt und zelebriert.

Dieser Trend zum Spektakulären hat einen einfachen Grund. Denn für die mediale Liebesverwertung gilt das Gleiche, was schon jahrhundertelang für den Roman galt: Die Beschreibung des harmonischen Liebesalltags ist langweilig. Öffentliche Herzensschwüre à la »Traumhochzeit« mögen eventuell noch Romantiker der alten Schule begeistern. Dramaturgisch wertvoller ist jedoch anderes, zum Beispiel die romantische Anbahnungsphase. So wird in Shows wie »MTV-Taildaters« oder »Family Date« das Sich-Verlieben vor der Kamera inszeniert, flankiert von fachkundigen Kommentaren aus dem Freundes- und Familienkreis. Damit erhält der Zuschauer Aufklärung im Doppelpack: Er kann die Liebesmuster nicht nur im alltäglichen Einsatz beobachten, sondern bekommt zugleich noch Interpretationen dazu geliefert.

Dramatisches Potenzial haben auch die alltäglichen Hindernisse, mit denen die Liebe zu kämpfen hat. Hier reicht das Sendespektrum von konstruierten Krisen, bei denen Paare zum Partnerwechsel animiert werden, bis zum bodenständigen Beziehungsberatertum. In diese Schublade fallen auch die tränenreichen Trennungen und Versöhnungen des Herzschmerz-Klassikers »Nur die Liebe zählt« oder die Therapieshow »Kämpf um Deine Frau!«, bei der Männer ihre kriselnden Ehen vor aller Augen zu retten versuchten. Solche Formate können folgenreich für das Liebesleben sein, denn sie liefern oft tatsächlich authentische Einblicke ins Intimleben – so authentisch, dass die Grenze zur Peinlichkeit regelmäßig überschritten wird.

Mit den öffentlichen Inspektionen und Inszenierungen des Intimen avancieren Kuppel-, Trennungs- und Versöhnungsshows zu modernen Volks-Liebesratgebern. Bei diesem Einfluss liegt die Vermutung nahe, dass die Grenzen zwischen medialer und realer Realität verwischen könnten, sodass unrealistische Liebesszenarien vervielfältigt werden. Dafür spricht schon die Tatsache, dass quotenträchtige Formate vor allem Erwartbares abbilden und für Sonderfälle wenig übrig haben. Bei »Nur die Liebe zählt« dürfen sich zwar Schwule und Lesben in die Arme fallen. Die Wiedervereinigung eines Sadomaso-Pärchens wäre dagegen nur schwer vorstellbar. Um massenkompatibel zu sein, muss alles allzu Abweichlerische ausgeklammert bleiben.

Die Auswirkungen der Massenmedien auf die Liebe sind damit grundsätzlich ambivalent. Einerseits geben die Medien Gewissheiten: Indem sie ihre Liebesdrehbücher in die Herzen der Liebenden schreiben, können diese sich im Liebesalltag auf bestimmte Muster verlassen. Wer nur eine Folge von »Nur die Liebe zählt« sieht, kann einiges darüber lernen, was in Liebesbeziehungen geht und nicht geht. Und wer mitverfolgt, wie sich ein Mädchen in einer Kuppelshow erfolgreich bezirzen lässt, mag auf die Idee kommen, dieses Muster im wirklichen Leben anzuwenden, und damit sogar Erfolg haben.

Andererseits sind diese Drehbücher oft nicht zur Nachahmung geeignet. Ob man im Büro gute Chancen hat, wenn man sich an die verschärften Flirtschemata von »MTV-Dismissed« hält, wo jeweils zwei Männer oder Frauen ostentativ um einen Vertreter des anderen Geschlechts buhlen, darf zumindest bezweifelt werden. Hinzu kommt die Tatsache, dass die gesendeten Liebesmuster umso simpler sind, je größer die Masse ist, die sie ansprechen sollen. Im »wahren Leben« aber ist jede Liebesgeschichte komplex und kompliziert. Insofern macht die massenmediale Liebesverwertung auch Enttäuschungen wahrscheinlicher, und jeder Vergleich der eigenen Liebeserfahrung mit den medialen Vorbildern birgt eine Gefahr für die gemeinsamen Gefühle. Die medial gesendeten Liebesmuster können das Zusammenfinden und -bleiben also auch schwieriger machen. Das stellt die Gefühle der Liebenden vor neue Hindernisse. Und auch ihren Körpern drohen Komplikationen, denn ein Lieblingsthema der Medien ist das Metier der lustvollen Leibesübungen.

Nur der Körper zählt: Sex auf Sendung

Kein Mensch hat so gern, so oft und so unermüdlich Sex wie die Massenmedien. Ob dabei das Angebot die Nachfrage bestimmt oder umgekehrt, ist schwer zu sagen. Publikationen und Publikum bilden jedenfalls einen festen Zirkel, der sich wechselseitig bedingt. Heute ist Sex deshalb geradezu allgegenwärtig: An Bushaltestellen prangen erotische Plakate von »Palmers« oder »H&M«, im Internet locken Sexbanner, ehemalige oder aktive Pornodarsteller avancieren zu medialen Kultfiguren, und auch die Fernsehunterhaltung ist weitgehend sexualisiert. Was einst mit niedlichen Nackedeiformaten wie »Tutti frutti« begann, ist konsequent ausgebaut worden, sodass sich heute Sadomasochisten und Windelfetischisten schon in den Mittags-Talkshows tummeln.

Diese Entwicklung ist logisch, wenn man die Gesetze betrachtet, denen die Massenmedien folgen. Wie die Liebe bilden sie einen eigenständigen Bereich der Gesellschaft, der sich nach eigenen Regeln richtet. Und so wie die Liebe dem Ja/Nein-Code »persönlich/nicht persönlich« folgt, folgen die Medien der Codierung »informativ/nicht informativ«. Für sie gilt deshalb: Gut ist nur das, was neu und aufsehenerregend ist. Dieses Neuheitsgebot zwingt zu einer andauernden Vervielfältigung und Variation von Themen. Denn sobald eine Information gesendet oder publiziert worden ist, muss sie durch neue, interessantere Informationen ersetzt werden. Das Resultat ist eine Art Abweichungszwang, der sich automatisch selbst verstärkt. Das Motto »je spektakulärer, desto besser« gilt für alle Medienbereiche, von den Nachrichten über die Werbung bis hin zur Unterhaltung – und damit auch für das Dauerbrennerthema Sex. Während die komplexen Muster der Liebe schwer vermittelbar sind und nur einen begrenzten Fundus von Bebilderungen aufweisen, bietet der Bereich der Sexualität eine große Variationsvielfalt. Hier existiert ein breites Spektrum an Praktiken und Positionen, und die ebenso anschaulichen wie abstrakten Bilderwelten können einen hohen Suchteffekt ausüben.

Damit sind die Medien auch eine Traumfabrik der feuchten Art. Sie produzieren Phantasien und Verhaltensmuster, die sich in den Köpfen der Konsumenten einnisten – und die gespeicherten Bilder können leicht zu Vor-Bildern werden. So werden auf Teenagerpartys die sexualisierten Tanzorgien der MTV-Clips imitiert, und Swingerreports bei »Wa(h)re Liebe« oder »Spiegel TV« animieren Hausfrauen und -männer zum Partnertausch. Die Massenmedien fordern geradezu dazu auf, sexuelle Bedürfnisse nach Lust und Laune auszuleben. Diese Erwartungsbildung passt zu der Anspruchshaltung moderner Individuen, die sich, wie beschrieben, ebenfalls über ihre Wünsche und Forderungen definieren. Sie kann aber auch dazu führen, dass die Anforderungen an das eigene Ich und an den Partner mit Erwartungen überfrachtet werden. Sex läuft dann Gefahr, eine Art Hochleistungssport zu werden, und die Reizüberflutung wird zum Libidorisiko.

Dass der mediale Voyeurismus die Gefahr der Übersättigung und des Lustverlusts birgt, bestätigen auch Umfragen. So fühlt sich die Hälfte der Männer und sogar zwei Drittel der Frauen von der Dauerpräsenz des Themas Sex verunsichert oder unter Druck gesetzt.[52] Ganz oben rangiert dabei die Angst vor schlechtem Sex. Fürchten Frauen hierbei vor allem die Unattraktivität ihres Körpers, ist das größte Schreckgespenst der Männer die Impotenz.[53] Und jedem sechsten Mann graut es laut Statistik davor, im Bett nicht die Note »befriedigend« zu bekommen.

Besonders stark lastet dieser Leistungsdruck auf Jugendlichen. Studien zufolge befürchtet jeder dritte Jugendliche, beim Sex zu versagen und nicht mit den medialen Maßstäben mithalten zu können.[54] Teenager haben es heute besonders schwer mit der Sexüberinformation. Waren sie früher chronisch unterinformiert und mussten selbst auf Recherche gehen, gilt heute das Gegenteil:

Sie müssen die öffentliche Bilder- und Faktenflut verarbeiten, ohne dabei auf eigene Erfahrungen zurückgreifen zu können. Die Allround-Aufklärung in Sachen Analverkehr, Sadomasochismus und Co. informiert Jugendliche lückenlos über sämtliche Sexualpraktiken – was aber den Aufbau von Gefühlen und Bindungen betrifft, bleiben sie umso ratloser. Das wiederum macht sie empfänglicher für mediale Anleitungen, für die Drehbücher des vermeintlich perfekten Verhaltens in Sachen Flirt, Verliebtsein und Sex, wie sie »GZSZ«, »Bravo« oder MTV liefern. »Die Jugendlichen sind overscripted«, sagt auch der Sexualforscher Gunter Schmidt. »Es ist schwer für sie, die vorgefertigten Schablonen abzuschütteln.«[55]

Dass eine gesteigerte Mediengläubigkeit die Liebe labil machen kann, liegt auf der Hand. Je stärker die Abhängigkeit von vermeintlichen Sextrends oder -standards, desto größer auch die möglichen Liebesskrupel. Schließlich sind romantische Beziehungen immer auch sexuelle Beziehungen. Und wer im Bett zu versagen fürchtet, ist auch als Partner nur bedingt tauglich. Er versagt nämlich schon als »Liebhaber«, weil er eigentlich über jegliche Beziehungs- und Sexzweifel erhaben sein sollte. Wer sich vor allem an den Medien orientiert, verstößt gegen das erste Gebot der romantischen Liebe: Er orientiert sich nicht primär an seinem Partner und der gemeinsamen Sonderwelt der Liebe.

Dennoch ist die Wirkung der Medien auf die Liebe auch unter erotischen Vorzeichen doppelwertig. Die sexualisierte Berieselung schraubt zwar die Erwartungen in die Höhe und tendiert dazu, das Liebesspiel zum Zentrum des romantischen Geschehens zu machen. Aber gerade deshalb wird die Romantik auch wieder wichtiger. Gerade die mediale Befreiung der Sexualität schafft nämlich auch eine stärkere Nachfrage nach Vertrautheit und Zweierbeziehungen. So scheint die Sexualisierung des öffentlichen Raumes auch zu einem Umdenken geführt zu haben. Für viele gilt Lust heute nicht mehr als eine Sache, die unendlich steigerbar ist, sondern eher als eine wichtige und knappe Ressource, die zum Aufbau und Erhalt von Beziehungen genutzt werden kann und muss. Studien zufolge ist den Deutschen Küssen wesentlich wichtiger als Kopulation.[56] Und auch wenn die klassische tragische Romantik unwiderruflich passé ist – Werther würde sich heute wohl kaum mehr aus Liebesverzweiflung umbringen –, leben ihre Ideale weiterhin fort. Fast drei Viertel der Deutschen glauben an die große, ewige Liebe. Und für 91 Prozent der Frauen und immerhin 86 Prozent der Männer ist ein Klassiker der Romantik von entscheidender Bedeutung für eine Partnerschaft: Treue.[57]

Von einem Trend zur enthemmten, polygamen Gesellschaft kann also, Dark Rooms und Swingerclubs zum Trotz, keine Rede sein. Und zugleich scheint die sexualisierte Gesellschaft auch nicht so sehr zu nerven, dass der Mensch aus Überdruss enthaltsam würde. Die »No Sex«-Bewegung, die Abstinenz bis zur Ehe propagiert und Keuschheit cool machen wollte, taugt – zumindest hierzulande – nicht zum Massenphänomen. Heute können sich neun von zehn Deutschen eine Partnerschaft ohne Sex nur schwer oder gar nicht vorstellen.[58] Es besteht also durchaus Hoffnung, dass die Sexualität auch in den Zeiten ihrer maximalen Medialisierung eine Privatsache bleiben wird. So scheint der jetzige Stand der Dinge dem Philosophen Michel Foucault Recht zu geben, der in seinem Buch »Der Wille zum Wissen« (1976) behauptete, dass in Sachen Sex immer mehr ungesagt bleibt, als offen gelegt werden kann: Das »Geheimnis« der Sexualität ist, allen Enthüllungen zum Trotz, nicht zu lüften.

Das zur Show gestellte Ich

Das moderne Individuum ist absolutistisch veranlagt. Es ist Alleinherrscher in einem Reich, das ihm keiner streitig machen kann: die eigene Persönlichkeit. Damit bildet das Ich eine Art letzte Instanz der modernen Gesellschaft. Und die Massenmedien tragen dazu bei, dass diese Eigenmächtigkeit mitunter zur egomanischen Eigenliebe mutieren kann. Sie bieten dem Ich eine Plattform, auf der es sich selbst inszenieren und auf sich aufmerksam machen kann.

Shakespeares Gedanke, dass die Welt eine Bühne sei, hat durch die Massenmedien eine völlig neue Dimension angenommen.

Georg Franck zufolge hat die heutige Mediengesellschaft eine neue Währung ins Leben gerufen: Aufmerksamkeit.[59] Immer mehr entscheidet der Fokus der Kamera über Sein oder Nichtsein. Das zeigt schon die Popularität von Casting- und Containershows wie »Deutschland sucht den Superstar« oder »Big Brother«. Und eine besonders griffige Formel für massenmediale Resonanz lautet: Je auffälliger die Inszenierung, desto größer die Aufmerksamkeit. So sorgen die Medien für eine Inflation des Indiskreten, des Voyeuristischen und Exhibitionistischen, vom Bekenntniswahn à la Bohlen über die Lewinsky-Affäre bis hin zum alltäglichen Talkshow-Seelenstriptease. Das Intime ist gesellschaftsfähig geworden und das Private öffentlich.

Dieser Trend zur totalen Transparenz scheint ebenso wenig zur Liebe zu passen wie die Sehnsucht nach massenmedialer Aufmerksamkeit. Wer die Blicke möglichst vieler anderer sucht, weiß den Blick eines ganz besonderen anderen vielleicht immer weniger zu schätzen. Und wer absolute Selbstauskunft gibt und fordert, mag zwar den Medien einen Gefallen tun, aber nicht seinem Partner. Das Pochen auf Intimität führt eher zu Missverständnissen und Verweigerung als zu Verschmelzung. Wie im Kapitel »Problematische Passion« beschrieben, kann in der Liebe ein bisschen Schweigen Gold wert sein.

Die Massenmedien verleiten jedoch zur exzessiven Ich-Inszenierung, denn mediale Aufmerksamkeit garantiert besonders wertvolle Ego-Erlebnisse. Dem Soziologen Gerhard Schulze zufolge leben wir in einer »Erlebnisgesellschaft«[60]: Die Freizeit- und Unterhaltungsindustrie sorge dafür, dass Erlebnishungrige die Welt als großes Sammelsurium möglicher Erlebnisse wahrnehmen, und der »kategorische Imperativ unserer Zeit« laute: »Erlebe dein Leben!« Diese Erlebnisorientierung ist eigentlich eine elitäre Erfindung des späten 19. Jahrhunderts. Damals propagierten Ästhetizisten, Dandys und Dekadente wie Charles Baudelaire oder Oscar Wilde bereits die »l'art pour l'art«, das Erlebnis um des Erlebnisses willen. Heute dagegen verheißt die Erlebniskultur einen Schnellzugang zum Glück für jedermann und -frau, und sie infiziert fast alle Lebensbereiche. Davon bleiben auch Liebe, Sex und Zärtlichkeit nicht verschont. Soziologen zufolge träumen moderne Liebende von einer Highspeed-Romantik[61]: Sie wollen die großen Gefühle ohne Umwege genießen. Bedürfnisaufschub ist out, erwartet wird unverzügliche Wunscherfüllung.

Weil es dauerhafte, komplizierte Projekte unter solchen Vorzeichen schwer haben, bringt die Erlebnisorientierung auch die Liebe in Bedrängnis. Und das wiederum kann die rein körperliche Liebe attraktiver machen als die romantische. Sex hat den großen Vorteil des spektakulären Körpererlebnisses und der schnellen Zugänglichkeit und bietet damit eine unkomplizierte Möglichkeit, um sich der eigenen Identität zu vergewissern. Insofern passen sexuelle Erlebnisse perfekt in die Erlebnisgesellschaft der maximalen Möglichkeiten. Unter diesen Umständen kann Sex also eine attraktive Alternative zur Liebe bilden und vielleicht sogar eine Art Liebesersatz. Wird die romantische Liebe zu beschwerlich, kann Sex gewissermaßen über das Leiden an der Leidenschaft hinwegtrösten. Für besonders Bestätigungsbedürftige kann das auch bedeuten: Läuft die Beziehung langweilig, beginnt die Suche nach Ich-Ressourcen in One-Night-Stands oder Affären. »Lust auf was Neues« ist Umfragen zufolge der häufigste Grund fürs Fremdgehen.[62]

Der eigentliche Reiz der heutigen Körperkultur scheint das Erlebnis von Unmittelbarkeit zu sein. Ist der eigene Körper »in action«, sei es beim Joggen, beim Inlineskaten, beim Bodybuilding oder beim Sex, kann man sich auf die Wahrnehmung, auf das Erleben konzentrieren und das Denken quasi abschalten. Und das wiederum heißt: Man kann sich selbst als Einheit erleben, als eins mit sich selbst. Ein schöner und durchtrainierter Body ist dann sozusagen eine Fleisch gewordene Garantie auf einzigartige Selbsterfahrungserlebnisse, auf den Zugang zu einer unbeschadeten, heilen Welt und damit zu einer Gewissheit, die in der heutigen Gesellschaft sonst nicht mehr zu haben ist – außer in der Liebe. Auch diese Gemeinsamkeit kann Sex und Liebe zu Konkurrenten werden lassen. Wem eine feste Beziehung zu anstrengend ist, der kann sein Glück in unverbindlichen Abenteuern suchen und den Herzschmerz durch Körperfreuden kompensieren.

Dieser sexuelle Erlebniswert unterstützt zugleich eine allgemeine Konjunktur des Körperlichen. Die Medien bestechen heute vor allem durch Bildreize, und diese Bildlastigkeit polt sie auch auf die Darstellung attraktiver und interessanter Körper. So entstehen Schönheitsstandards, die den Betrachter zum Vergleich mit sich selbst zwingen und ein Unbehagen am natürlichen, gewöhnlichen Körper schüren können. Studien attestieren der heutigen Jugend ein »technokratisches«, ästhetizistisches Verhältnis zum Körper. Schon Kinder fühlen sich heute nicht mehr wohl in ihrer Haut: Bereits jedes fünfte Kind zwischen neun und 14 Jahren spiele mit dem Gedanken an eine Schönheits-OP.[63] Und weil die medial vermittelten Körperformen und -normen suggerieren, dass ein schöner Körper glücklich macht und aufregende Erlebnisse garantiert, wird es immer wichtiger, den eigenen Leib optimal aufzurüsten. Auch dieser narzisstische Körperkult kann der Liebe zuwiderlaufen. Die Einschnitte des Chirurgenskalpells entsprechen dem Motto des modernen Individuums, ein anderer, Schönerer, Attraktiverer zu werden, und machen den eigenen Körper immer mehr zu einem Symbol von Identität. Sieht man im Traumpartner aber vor allem einen Traumbody, steigt auch die Wahrscheinlichkeit, dass zwar die Körper, nicht aber die Charaktere kompatibel sind. Statt »I love you« gilt dann eher »I love your body« bzw. das Nivea-Motto »I love my body«.

War also in früheren, weniger massenmedialisierten, weniger erlebnis- und körperfixierten Zeiten alles besser? Wohl kaum, denn auch damals hatten die Liebenden ihr Kreuz zu tragen, und das dürfte sogar noch etwas schwerer als heute gewesen sein. Wir mögen es aus heutiger Sicht hochromantisch finden, dass Liebende einst Widerstände überwinden, geheime Treffen organisieren und langfristige Eroberungsfeldzüge führen mussten, um zum Ziel zu gelangen. Doch dafür konnten sie ihre Partner nicht frei wählen und hatten nicht ansatzweise die heutigen Möglichkeiten zur Selbstentfaltung. Die Kehrseite dieser modernen Möglichkeitenmedaille besteht allerdings in dem Zwang, das eigene Leben zum Erlebnis zu machen und den Körper zum Maß aller Dinge, was die Chancen von Liebesbeziehungen wiederum schmälern könnte.

Aber auch diese Kehrseite der Medaille hat wieder eine Kehrseite. Denn gerade der medial angetriebene Siegeszug der Selbstliebe macht auch die romantische Liebe wieder bedeutsam. Gerade die Vielfalt der Möglichkeiten erzeugt eine gesteigerte Nachfrage nach beständigen Werten und Romantik. Damit wird auch der Sehnsucht nach der großen gemeinsamen Liebeserzählung neues Leben eingehaucht. Um auch dieses Erlebnis erlebbar zu machen, muss die Liebe neue Wege finden. Und es könnte sein, dass diese neuen Wege zu den alten Mustern gerade in den neuen Medien zu finden sind: in der virtuellen Welt des Internets.

Online-Romantik: Das Netz der Leidenschaft

Die Massenmedien prägen das Bild, das wir von der Welt haben – und weil wir auch das wissen, herrscht in der modernen Mediengesellschaft eine steigende Nachfrage nach »echten«, nicht medialisierten Erlebnissen. Authentizität, Natürlichkeit und Spontaneität stehen deshalb ebenso hoch im Kurs wie die romantische Liebe. Und je mehr Echtheit von Reality-TV & Co. imitiert wird, umso größer wird die Sehnsucht nach »echter« Echtheit und realer Romantik. Erstaunlicherweise scheinen aber gerade die modernsten Medien einen Ausweg aus diesem Teufelskreis der Simulation aufzuzeigen: Die globalisierten Computernetze des Internets bieten viele Anzeichen dafür, dass die Virtualität sogar eine neuartige Rückkehr zu den romantischen Wurzeln der Liebe bedeuten kann.

Das Internet ist optimal auf das moderne Individuum der Erlebnisgesellschaft zugeschnitten. Vor dem PC sind alle gleich: Die enge Vernetzung des virtuellen Raums schafft gleiche Startbedingungen für alle, unabhängig von Geschlecht, Rasse, Alter, Ansehen oder Reichtum in der Offline-Welt – und neue Freiräume für jeden Einzelnen. So liefert das Internet optimale Voraussetzungen, um Individualität auszudrücken. Die virtuellen Welten verheißen unbegrenzte Möglichkeiten, und im Schutze der Anonymität kann man so frei agieren, wie es in der »Wirklichkeit« niemals möglich wäre.

Weil individuelle Selbstdarstellung im Internet nicht nur ermöglicht, sondern auch gefördert und gefordert wird, herrscht auch hier eine Sucht nach Aufmerksamkeit. So kann sich das vernetzte Individuum etwa per Webcam beobachtbar machen oder sein Foto auf Voting-Seiten wie bin-ich-sexy.de von anderen Usern bewerten lassen. Die unstillbare Sehnsucht, gesehen zu werden und sich über die Blicke der anderen selbst zu finden, ist im Internet besonders schnell erfüllbar. Zu »Star Search« oder »Deutschland sucht den Superstar« schaffen es nur wenige, aber jeder kann sein Bild oder eine persönliche Website ins Internet stellen. Das Internet ist also nicht nur ein besonders massenkompatibles Medium, das modernen Individuen neue Freiräume zur Selbsterfahrung eröffnet. Es bietet auch die Möglichkeit, mediale Aufmerksamkeit jenseits der medialen Vorgaben zu gewinnen. Und damit verändert und erweitert es auch die Möglichkeiten von Liebesbeziehungen.

Heute ist das Internet ein Global Player in Sachen Bekanntschaftsanbahnungen. Neben Privatpartys und Arbeitsplatz zählt es zu den beliebtesten Baggerplätzen. Rund drei Viertel der Bevölkerung halten das Internet für einen geeigneten Ort zum Kennenlernen, knapp zwei Drittel aller unverheirateten deutschen User haben sich schon einmal per E-Mail oder Chat zu einem Date verabredet, und mehr als 14 Prozent haben ihren derzeitigen Partner sogar über das Internet kennen gelernt.[64] Diese Beliebtheit wird auch von der wachsenden Akzeptanz im privaten Freundeskreis gestützt: Fast jeder kennt jemanden, der bereits Internetdates hatte oder im virtuellen Raum die große Liebe fand.

Der enorme Erfolg des Online-Anbandelns beruht auf einem scheinbar paradoxen Phänomen: Gerade das anonyme Internet erhöht die Chancen für intime Kommunikation. Und dieser vermeintliche Widerspruch scheint der Liebe, die ja selbst paradox angelegt ist, entgegenzukommen. Die Mehrzahl der Online-Flirtenden stellt sich jedenfalls wahrheitsgetreu dar. Was ja auch nur logisch ist: Von Ausnahmen abgesehen, zielt jeder Online-Flirt auf eine Fortsetzung in der Offline-Welt. Wer also aus Glatze oder Gattin ein Geheimnis macht, verspielt seine Chancen schon im Vorhinein. Das »E« in »E-Mail« könnte sogar für »Ehrlichkeit« stehen: Laut einer psychologischen Studie haben E-Mails nur einen durchschnittlichen Lügenanteil von 14 Prozent, während ein persönliches Gespräch immerhin auf 27 Prozent und Telefonate sogar auf 37 Prozent kommen.[65] Verschriftlichung scheint also zu verpflichten, nicht zuletzt wohl auch deshalb, weil sich Lügen leichter entlarven lassen, wenn sie »gedruckt« sind.

Damit führt die Anonymität im Netz geradezu zu einem Revival der »inneren Werte«. Was online zählt, sind oft weniger die »äußeren« Features als kommunikative Talente wie Witz, Originalität, Offenheit und Einfühlungsvermögen. Attraktiv wirken diejenigen, die es verstehen, ihre kommunikative Kompetenz auszuspielen, etwa über eine anspruchsvolle Ausdrucksweise, einen originellen Schreibstil oder, last, not least, eine korrekte Rechtschreibung. Begünstigt wird diese Tendenz durch die Tatsache, dass der Zeitdruck zum Antworten in Chats oder E-Mails wesentlich geringer ist als im mündlichen Gespräch. Wer mehr Zeit zum Formulieren von Antworten hat, kann sich besser selbst darstellen und auf andere einstellen. Im Internet erfolgt das Kennenlernen also gewissermaßen spiegelverkehrt zum »richtigen« Leben: von innen nach außen.

Der große und nicht zuletzt auch romantische Reiz des virtuellen Raums liegt also nicht nur in der riesigen Reichweite und der Möglichkeit zum Highspeed-Kontakt, sondern vor allem in einem enthemmenden Effekt. Ein Online-Flirt ist spielerischer und damit unverkrampfter als etwa das Aufgeben von Kontaktanzeigen. Und die Hemmschwelle, im Netz einen potenziellen Partner anzusprechen, ist wesentlich niedriger als in einem Club oder Café. Im

Schutz der Anonymität fällt das Knüpfen von Kontakten leichter, weil man zunächst einmal unsichtbar bleiben kann. Der Druck des gegenseitigen Sich-Beobachtens entfällt, Unsicherheiten lassen sich leicht überspielen, und in der Regel agiert man unter Pseudonym. Gerade weil man also nicht gezwungen ist, viel von sich preiszugeben, wächst die Bereitschaft, sich zu öffnen. Und diese Offenheit ist ein entscheidender Faktor beim Kennenlernen. Sie schafft Vertrauen und legt damit den Grundstein für den Aufbau einer intimen Bindung. Im Internet kann dieses Risiko unter risikolosen Umständen gewagt werden. Eine solche Annäherung, die zugleich verbindlich und unverfänglich ist, macht dann auch Mut, Dinge zu tun, die man sonst nie tun würde. So ist das virtuelle Spiel mit Romantik und Erotik auch tendenziell gewagter und abenteuerlicher als im wirklichen Leben. Und nicht selten wissen Chat-Bekanntschaften mehr über einander als Freunde oder Verwandte in der realen Welt.

Weil Gefühle und intime Details in der schriftlichen Kommunikation schneller offenbart werden als im persönlichen Gespräch, kann sich beim Online-Flirt allerdings auch eine Art Doppelsehnsucht nach Nähe und Distanz einstellen: ein Hin und Her zwischen einer übermäßigen, auch erotischen Zuneigung und der Sicherheit der Unsichtbarkeit. Im Netz sind Beziehungsabbrüche und unvorhersehbare Stimmungsumschläge deshalb wesentlich häufiger als in der unvernetzten Welt. Denn ebenso wie Sympathie und Zuneigung lassen sich auch Frust und Wut online schneller kundtun. Wirklich heikel wird es dann, wenn das virtuelle Ich-Feedback wichtiger wird als die realen Rückkopplungen, wenn Online-Nähe mit tatsächlicher Nähe gleichgesetzt wird. Weil Online-Beziehungen unter Ausschluss des grauen Alltags stattfinden, bieten sie einfachere und schnellere Wege zur Erfüllung als im echten Leben, sodass etwa bei einem virtuellen Flirt Komplimente schneller und öfter vergeben werden. Wer im wirklichen Leben überfordert ist, kann im Netz eine freundliche, aber vielleicht auch imaginäre Parallelwelt finden.

Andererseits haben Studien nachgewiesen, dass selbst exzessive Internetnutzung nicht alltagsuntauglich machen muss. Im Gegenteil: Pädagogen zufolge sind ausgedehnte Aufenthalte im Online-Universum sogar begrüßenswert, weil sie die Persönlichkeits- und Identitätsentwicklung unterstützten.[66] Das Internet wird dann zu einer Spielwiese, auf der man verschiedene Rollen und Persönlichkeitsfacetten austesten kann. Und zwar gerade weil die virtuellen Mitspieler jeweils nur das voneinander wissen, was sie auch wissen sollen.

Neben der Möglichkeit zum Unsichtbarbleiben profitiert die Beziehungsanbahnung im Netz vor allem davon, dass sie einen perfekten Service in Sachen Partnersuche bietet. Der virtuelle Raum macht eine hochgradig effiziente Flirtfahndung möglich. Man sieht oft auf den ersten Klick, wer solo ist oder nicht, und man kann landes- oder auch weltweit und ebenso detailgenau wie sekundenschnell nach dem Traumpartner suchen. Damit beseitigt das Netz viele Widrigkeiten, die in der »Wirklichkeit« drohen. So begrenzt im Offline-Alltag schon der Lebensraum die Auswahl: Statistisch gesehen, werden Beziehungen meist nur in einem Umkreis von bis zu 20 Kilometern um den Wohn- oder Arbeitsort geknüpft.[67] Und vielen erscheint ihr Kontaktnetz am Arbeitsplatz und im Freundeskreis wenig verheißungsvoll für Herzensangelegenheiten. Hinzu kommt, dass die Partnersuche mit steigendem Lebensalter immer schwieriger wird. Die Ansprüche wachsen, und die Auswahl schrumpft. Und nicht zuletzt herrscht in der beschleunigten Gesellschaft eine chronische Zeitnot, die ausgedehnte, langwierige Suchaktionen erschwert. Weil diese Hindernisse im Internet behoben werden, sind Online-Flirtbörsen ein ideales Biotop für individualisierte Individuen, die maximale Möglichkeiten nutzen und Zeit sparen wollen.

Die effiziente Zusammenführung von Gleichgesinnten erfolgt im Netz über User-Profile, in denen jeder Suchende seine Vorlieben, Phantasien und Forderungen formulieren kann, von Gewicht, Größe und Haarfarbe über Hobbys, Träume und Lebensmottos bis hin zu sexuellen Präferenzen. Anhand solcher Checklisten lassen sich potenzielle Partner blitzschnell ermitteln. Der Fragebogen des Online-Portals parship.de etwa umfasst 80 Fragen, die jedem Psychologen Freude bereiten würden. Unter anderem wird eruiert, welche Assoziationen dem User zu abstrakten Bildern in den Kopf kommen, ob er bei offenem Fenster schläft, wie er auf Liebeskummer reagiert und was er macht, wenn er auf einer Bananenschale ausrutscht. Anhand dieser Daten werden so genannte »Matching Points« ermittelt, die vermeintlich kompatible Charaktere per E-Mail aufeinander aufmerksam machen – inklusive aller Vorzüge und Fragwürdigkeiten. Bei den meisten Flirtbörsen erfolgt das Kennenlernen in Zweierchats. In diesen virtuellen Séparées können die Liebessuchenden herausfinden, wie gut sie tatsächlich harmonieren und wie groß die Paarungspotenziale wirklich sind.

Um in jeder Hinsicht gut gefunden werden zu können, muss sich ein Online-Flirter vor allem gut verkaufen können. Er muss sich möglichst breitenwirksam und originell auf dem virtuellen Flirtmarkt platzieren und das Angebot gezielt nach mehr oder weniger aussichtsreichen Kandidaten durchforsten. Kritiker des Internetanbandelns unterstellen Netzflirtern daher eine Management-Mentalität: Die Liebe werde unter dem Raster der Rentabilität rationalisiert, das Effizienzgebot führe zu einem Konsum der Gefühle, Beziehungen würden ökonomisiert. Allerdings findet im Netz eigentlich nichts anderes statt als im wirklichen Leben. Auch in einer Kneipe sortiert ein Flirtwilliger die Anwesenden in »flirttauglich« oder »nicht flirttauglich«. Diese Rasterfahndung wird im Netz lediglich bewusster und beschleunigter durchgeführt.

Vor allem aber findet der tatsächliche Beziehungsaufbau im Netz alles andere als überstürzt statt. Vielmehr handelt es sich um eine schrittweise Annäherung, die zumeist nach einer systematischen Staffelung verläuft. Wer durch das Netz zueinander findet, lernt sich nicht nur einmal, sondern mehrmals kennen: zunächst schriftlich in Chats oder Mails, dann visuell über den Austausch von Fotos, dann telefonisch und schließlich beim persönlichen Treffen. Jede Stufe ist ein möglicher Wendepunkt und lässt die Spannung steigen: Wird die erste Mail beantwortet? Wird ein Foto geschickt? Wird die Telefonnummer preisgegeben? Ist man sich am Telefon sympathisch? Und so wie jede gemeinsam genommene Hürde den Kontakt festigt, kann ihn eine Ablehnung oder Enttäuschung schnell beenden.

Diese allmähliche Anbahnung zeigt, dass Liebende im Internet eher vorsichtig als voreilig zusammenfinden, wahrscheinlich sogar zögerlicher als in der Offline-Welt. Auch im virtuellen Raum ist die Liebe zunächst eine Sehnsucht, die dann mehr und mehr intensiviert und schließlich erfüllt oder enttäuscht wird – wobei Enttäuschungen insofern gute Chancen haben, als die Anonymität zum Idealisieren verleitet. Nichtsdestotrotz: Empirische Studien zeigen, dass dieser Prozess des Kennenlernens nicht selten zu dauerhaften Erfolgen führt. So fand die Soziologin Evelina Bühler-Ilieva heraus, dass fast ein Viertel der User bereits über das Netz eine Liebesbeziehung aufbauten, die mindestens sechs Monate dauerte.[68] Damit erweist sich die Online-Partnersuche als ernst zu nehmende Alternative, um ein gleich gesinntes Gegenüber zu finden und sich dabei zugleich weniger an Äußerlichkeiten als an Äußerungen zu orientieren. Ein Liebesbeginn im Netz könnte also für eine Beziehung sogar eher stärkend als schädlich sein.

Das Internet ist heute aber nicht nur für den Anfang, sondern auch für den Erhalt einer Beziehung von Bedeutung. E-Mails ermöglichen, ebenso wie Handys und SMS, eine flexible Kommunikation. Sie versorgen den mobilen Alltag mit romantischen Rückversicherungen und erotischen Lebens- und Liebeszeichen. Zugleich schaffen sie eine neue Lust am Text. Es entstehen neue Schreibcodes, die Emotionen signalisieren und in ihrer Schnelligkeit mitunter ans Mündliche grenzen. Emoticons wie Smiley-Symbole oder Abkürzungen wie »HDGDL« (»Hab dich ganz doll lieb«) erweitern und verändern das herkömmliche Repertoire von Gefühlsmitteilungen. Allerdings kann die dauernde technische Erreichbarkeit auch eine frustrierende Kehrseite haben, etwa wenn der Geliebte sich nicht meldet, obwohl er doch eigentlich sein Handy dabei hat. Oder wenn der Auserwählte fremdchattet. Dann verwandelt sich die Schnelligkeit und Allgegenwärtigkeit der Datenübertragung in die Qual des Wartens, Hoffens und Bangens.

Das Internet kann Beziehungen auch insofern Halt verleihen, als es eine öffentliche, für alle Welt sichtbare Zurschaustellung und »Rahmung« ermöglicht. So werden auf persönlichen Paar- und Familien-Homepages Liebesgeschichten erzählt und mit Fotogalerien dokumentiert, und in Online-Tagebüchern wird der individuelle Liebesalltag ins Netz geschrieben. Diese Möglichkeit zur Memorierung der eigenen Liebesgeschichte und zur öffentlichen Fortschreibung des privaten Liebescodes lässt das Internet fast schon als einen modernen Nachfahren der traditionellen Liebesromane erscheinen: Wurden früher die übergreifenden Liebescodierungen in Buchform unter die Liebenden gebracht, kann heute jeder seine persönliche Love-Story online stellen.

Die unangefochtene Hauptattraktion des Internets ist aber der Flirtfaktor. Aufgrund der großen und stetig wachsenden Nachfrage hat sich ein breit gefächerter Liebesanbahnungsmarkt entwickelt. Mehrere Dutzend deutschsprachiger Single-Websites konkurrieren heute um die Beziehungswilligen. Neben Klassikern wie friendscout24.de oder liebe.de gibt es auch eine Fülle von Special-Interest-Angeboten, die kaum eine Flirtmarktlücke offen lassen und auch hilfreichen Support für Spezialfälle bieten. So können sich allein erziehende »Löwenmütter und Traumväter« auf moms-dads-kids.de familienfreundlich näher kommen, ohne dafür einen Babysitter anheuern zu müssen. Portale wie gehoerlossingle.de oder partnervermittlung.ch bieten ein Forum für Menschen mit Mankos, unter anderem für HIV-Positive. Verwitwete wagen bei verwitwet.de einen Neuanfang, Füllige finden sich bei rubensliebhaber.net, Großwüchsige lockt das Lulatsch-Portal langesingles.de, die Landjugend liebt online bei landflirt.de, Christen können bei cpdienst.de die weltliche Liebe erkunden, Harley-Rocker finden ihre Bikerliebe bei harley-match.com, und Haustierliebhaber können auf animalattraction.com gleich sicherstellen, dass auch ihre kleinen Lieblinge kompatibel sind. In den USA gibt es eigene Websites für Schwarze, Buddhisten oder Absolventen von Elite-Unis. Und wer noch gar keine Beziehungserfahrung hat, kann im Netz Nachhilfe bekommen, etwa im »Absolute Beginners«-Forum.

Diese Vielfalt und Spezialisierung ist ein entscheidender Vorteil der Liebe im Netz. Hier können selbst die verbeultesten Töpfe ihre Deckel finden. Exhibitionistisch oder voyeuristisch Veranlagte frönen etwa dem »Dogging«-Trend und verabreden sich online zu öffentlichem Open-Air-Sex, an dem hinzukommende Zugucker teilhaben können. Auf britischen Dogging-Websites sind bereits Zigtausende registriert, um sich über aktuelle Park- oder Parkplatztreffen zu informieren. Und auch jene, die sich nur zum Fressen gern haben, finden im Netz ihresgleichen, wie die Fälle kannibalischer Pärchen offenbaren. Das zeigt zugleich die Schattenseiten der Netzgelüste auf. Weil in der Realität nur fast alles möglich ist, findet dieses »fast« in der Virtualität ein umso größeres Forum. Pädophilie und andere Perversionen können in der Unsichtbarkeit des Internets optimal gedeihen.

Doch auch ganz gewöhnlichen Liebesbeziehungen kann diese Anonymität mitunter zu schaffen machen. So finden Fremdgehfreudige auf Spezialportalen wie seitensprung.de beste Bedingungen zur strategisch geplanten Untreue. Studien zufolge soll bereits jede fünfte untreue Frau ihren Seitensprung im Internet gesucht haben.[69] Allerdings dürfte das Seitenspringen auch im Netz vor allem für die spermakonkurrierenden Herren der Schöpfung interessant sein. Die männlichen Surfer sind mit rund 60 Prozent schon generell in der Mehrheit, unter den Online-Flirtern ist ihr Anteil aber wesentlich höher. Einem amerikanischen Heiratsschwindler gelang dank des Internets sogar der Kuppelcoup, nicht weniger als fünfzig Heiraten anzubahnen, ohne dass die betreffenden Kandidatinnen voneinander wussten. Auch die Sicherheit des Betrügens kann im Netz optimiert werden. Unter perfektesalibi.de lassen sich unter dem Motto »Leben Sie doch einfach, wie SIE wollen« professionelle Lügen kaufen, um Seitensprünge geheim zu halten.

Das Internet erhöht aber nicht nur die Chancen für die Offline-Untreue, sondern kann auch zur Cyber-Untreue führen, zu reinen Online-Beziehungen, in denen zwar nicht die Körper, aber die Gefühle fremdgehen. Allerdings haben derartige Fälle eher Seltenheitswert, denn so schnell, wie im wirklichen Leben aus Sex Liebe werden kann, weckt eine Cyber-Liebe meist auch das Verlangen nach Körperkontakt und erhöht damit die real existierende Fremdgehquote. Immerhin bietet das Netz dann auch Trost für die Betrogenen. Bezeichnenderweise richten sich fast sämtliche Angebote dieser Art an das weibliche Geschlecht, von diegeliebte.de über betrogene.de bis zu breakupgirl.net. Verlassene und Verschmähte können sich dann wiederum via Internet an ihren Herzensbrechern rächen, etwa über E-Mail-Attacken und Cyberstalking. Ein Stalking-Forschungsprojekt der TU Darmstadt ergab, dass 35 bis 40 Prozent der Stalker für ihre Zwecke das Netz nutzen.[70] Auch hier scheinen die Bösewichte eher männlicher Natur zu sein: 86 Prozent der Opfer sind weiblichen Geschlechts. Die fiesen Methoden des Online-Piesackens reichen von umfangreichen Warenbestellungen unter fremdem Namen bis zum Versenden von Pornobildern, in die das Gesicht des Opfers montiert ist. In 60 Prozent der Fälle ist der Täter der Ex-Partner, doch Cyberstalking findet ebenso unter Fremden statt, die sich zum Beispiel in einem Chat-Forum begegnet sind.

Auch diese Beispiele zeigen, wie sehr die neuen Medien den heutigen Beziehungsalltag erobert und die Liebe multimedialisiert haben. Sogar die Online-Scheidung ist keine Zukunftsvision mehr. Vor allem aber führt das Internet zu einer neuen Verbindung von virtueller und realer Welt, von der Liebesbeziehungen durchaus profitieren könnten. Die paradoxen Kommunikationsverhältnisse im Netz kommen der Liebeskommunikation entgegen, und gerade die anfängliche Unverbindlichkeit kann Verbindungen stiften. »Die Stärke des Internets als Begegnungsstätte ist seine Unverbindlichkeit«, meint auch der Single-Forscher Stefan Hradil, der das Netz als ideale Flirtform für die heutige Single-Generation sieht.[71]

Das führt zu einem Fazit, das auf den ersten Blick verwundert: Gerade das hypermoderne Internet scheint nämlich in einer romantischen Tradition zu stehen. Die Anonymität in E-Mails und Chats bewirkt, dass man sich andere tendenziell schöner und schlauer vorstellt, als sie tatsächlich sind, und dass man sich auch selbst so präsentiert, wie man gerne gesehen werden will. Das heißt: Verklärung ist angesagt. Die Verliebtheit in einen unsichtbaren Fremden kann größer sein als für Flirtpartner aus Fleisch und Blut. Diese Idealisierung ist einerseits ein Risiko, weil sie zu übersteigerten Erwartungen verleitet. Doch sie ist auch grundromantisch und bedeutet damit geradezu eine Rückkehr zu traditionellen Liebesmustern. Im Netz steht die körperliche Vereinigung nicht am Anfang, sondern am Ende des Kennenlernens. Bilden sich heutige Beziehungen zunehmend aus Bettgeschichten, steht das Liebesspiel im Internet notgedrungen nicht an erster Stelle. So gesehen kann man fast schon von der Rückkehr zu einem platonischen Liebesideal sprechen.

Damit zeigt das Internet auch, dass Pauschalklagen über eine vermeintlich kalte Mediengesellschaft nicht angebracht sind. Dem Jammern über die Last der ungezügelten Lust und dem Klagen über eine Rationalisierung der Romantik steht eine Vielfalt von neuen Qualitäten und Chancen gegenüber. Und gerade der virtuelle Raum bietet dem modernen Menschen maximale Möglichkeiten, seinen persönlichen Weg in einer unübersichtlichen Gesellschaft zu finden, auch und ganz besonders in der Liebe. So überlebt der Liebescode auch im Zeichen der Massenmedien. Seine Form hat sich den aktuellen Gegebenheiten angepasst: Die Liebe ist in den Zeiten des Internets so pragmatisch geworden, dass sie wieder romantischer werden kann (mehr dazu in Kapitel 9: »Die pragmatische Liebe«).

6. Sex sells – Love too!

Pillen, Pornos und Potenzen

Im Zeitalter der Erlebnisorientierung kann schon der bloße Gebrauchswert ästhetischer Gegenstände Zustände gesteigerten Glücks bescheren. Damit verspricht der Warenkonsum ähnliche Wunderwirkungen wie der sexuelle Körperkonsum. Und besonders verlockend kann eine Kombination beider Konsumformen sein: das Kaufen für den Körper. So sorgt die massenmedial verbreitete Sexualität für eine dauerhafte Nachfrage nach allem, was mit dem Erleben von Körperlichkeit zu tun hat. Und sie kurbelt den Absatz bedürfnisbefriedigender Dienstleistungen und Produkte an.

Im Verlauf des 20. Jahrhunderts hat sich eine lust- und konsumorientierte Sexualkultur herausgebildet. Heute werden die weltweiten Umsätze in Sachen Sex nur noch übertroffen vom Drogenhandel. Und durch die Globalisierung breitet sich auch der Konsumcharakter des Sex immer weiter aus. Eine Folge davon ist auch das Phänomen des Sextourismus: Frustrierte Sexhungrige kaufen sich körperliche Erfüllung in Dritte-Welt-Ländern, wo die wertvolle Naturressource Sex im Überfluss zu haben ist. Auch das zeigt: Sex ist heute nicht mehr an Liebe gebunden. Romantische Liebe kann zwar nicht ohne Sex leben, aber Sex ohne Liebe. Der Soziologe Sven Lewandowski vermutet sogar, dass Sexualität einen eigenen gesellschaftlichen Teilbereich bildet, der nach dem Code »Begehren/Befriedigung« funktioniert.[72] Das kann schnell zu Beschleunigungsverhältnissen führen wie im Bereich der Massenmedien, wo jede Information, sobald sie publiziert ist, zur Nichtinformation wird, sodass neue Informationen folgen müssen. Ähnlich sieht es beim Sex aus: Sobald ein Begehren befriedigt ist, wird neues Begehren begehrt.

Damit ist Sex quasi prädestiniert für den Konsum: Er muss nichts zu tun haben mit den komplexen und individuellen Ansprüchen der Liebe, sondern kann als reine Lust an der Körperlichkeit betrachtet und werbewirksam vermarktet werden. Der nimmermüde Kreislauf des Begehrens eignet sich also ebenso gut für massenmediale Darbietungen wie für wirtschaftliche Weiterverwertungen. In seiner Serialität ist Sex sozusagen auf einem Nenner mit der Werbung, deren Wunscherregung das kapitalistische Konsumsystem ankurbelt. Schon Andy Warhol zeigte, wie Waren gerade dadurch verführerisch werden können, dass sie in Serie gehen. Die Vervielfachung suggeriert sozusagen, dass es so etwas wie eine ursprüngliche Form gibt, an der jeder konsumierend teilhaben kann. Und dieses »Kauf dich glücklich«-Prinzip wird umso verführerischer, je mehr es sich auf die Sexualität konzentriert.

Am deutlichsten offenbart sich der Warencharakter des Sexuellen in der Pornographie. Die Beschränkung auf Körperdetails und die Spezialisierung auf Sparten und Fetische zeigt, dass Sex eine an sich ziemlich abstrakte Angelegenheit ist. Diese technische Seite des Sex macht ihn vielseitig verwendbar und bietet damit ein fruchtbares Feld für eine breite Produktpalette, die das Geschäft mit der Lust stetig wachsen lässt. Doch die Pornographie ist nicht nur ein wichtiger Wirtschaftsfaktor, sondern spielt auch eine wichtige Rolle für die Liebe, indem sie auch eine Bildungsfunktion im Bereich der Bettakrobatik erfüllt. So wie Liebesfilme oder Romane die Muster der romantischen Liebe vorgeben, liefern Pornos Vorlagen und Anleitungen für den Bereich der Sexualität. Sie führen sozusagen vor Augen, wie man es machen kann, und von vielen Praktiken hätten wir vielleicht gar keine Ahnung, wenn sie uns nicht pornographisch präsentiert worden wären. So setzen Pornos auch Fixpunkte für das Liebesspiel der Liebenden, egal, ob man diese Muster nun favorisiert oder verachtet.

In Sachen Sexkonsum profitiert die Wirtschaft nicht nur von

der Allianz mit den Medien, sondern auch von einem Bündnis mit der Wissenschaft. Die pharmazeutische Industrie dringt immer weiter in die Bereiche Liebe und Sex ein und macht sie damit auch abhängig von medizinischen Leistungen. Mit Viagra und Co. lässt sich heute die Sexualität steigern oder wiederherstellen. Das ist für die romantische Liebe, die eine Symbiose mit der Sexualität bildet, zunächst eine durchaus erfreuliche Botschaft. Die biochemischen Wiederauferstehungswunder helfen nämlich auch, die negativen Effekte der gestiegenen Lebenserwartung wettzumachen. Schließlich wird der Mensch heute doppelt so alt wie sein Urzeit-Vorfahre. Doch während der Körper beim Altern unweigerlich abbaut, bleibt das Gehirn weiter empfänglich für sexuelle Reize. Die Lust ist da, die Leistung nicht. In dieser misslichen Lage helfen Stimulatoren wie Viagra über sexhemmende Alterserscheinungen wie Gefäßverkalkungen hinweg. Auch das dürfte dazu beitragen, dass die Senioren von heute mehr Sex als ihre Vorfahren haben. Schwedische Forscher untersuchten über einen Zeitraum von 40 Jahren das Sexverhalten der über 70-Jährigen.[73] Bei den Männern stieg demnach die sexuelle Aktivität im Vergleich zu den 70er Jahren um 50 Prozent an: 69 Prozent der über 70-Jährigen sind heute erotisch am Werke. Die Seniorinnen legten sogar noch mehr zu. Bekannten sich 1971 nur 0,8 Prozent zu sexueller Aktivität, sind es heute stolze 13 Prozent.

Doch so wie körperliche Erregung auch von psychischen Faktoren abhängt, kann auch eine rein körperliche Stimulierung à la Viagra psychische Risiken und Nebenwirkungen bergen, insbesondere für Männer. Hängt das Zusammenspiel von Kopf und Körper allein vom Funktionieren medizinischer Mittel ab, wird das biologische Organ mit der symbolischen Potenz gleichgesetzt: Der Penis wird zum Phallus. Ein funktionsfähiges Organ mag dann das Sexleben und damit vielleicht auch die Liebe aufwerten. Doch zugleich besteht die Gefahr, dass auch die mentalen Mankos, die Ängste und Hemmungen wieder aufleben und die Liebe gefährden. Fatal wird es dann, wenn das Medikament erst gar nicht munter macht: Studien zufolge leiden jene 30 Prozent der Männer, bei denen Viagra nicht wirkt, umso mehr unter ihrer Impotenz[74]: Sie sehen ihr mangelndes Selbstwertgefühl erst recht körperlich bestätigt.

Die Pharmaindustrie kann aber nicht nur die sexuelle Funktionstüchtigkeit von Liebesbeziehungen absichern – über empfängnisverhütende Mittel garantiert sie zugleich die Unabhängigkeit der Liebe. Jedes Liebespaar kann heute selbst entscheiden, ob und wann es sich vermehren möchte, und die eigene Liebesbeziehung damit individuell »programmieren«. Auch das zeigt: Die Bündnisse, die Wirtschaft, Massenmedien, Wissenschaft und Medizin im Hinblick auf Körper und Sexualität bilden, müssen nicht immer negative Folgen für die Liebe haben. Ohne Erotikfilme gäbe es keine Gebrauchsanweisungen für den Geschlechtsverkehr, ohne Viagra & Co. keine Power für pausierende Penisse und ohne Pille & Co. keine vollkommene Autonomie für Liebesbeziehungen. Schwieriger für die Liebe könnte es allerdings werden, wenn die Romantik zu Markte getragen wird.

Der romantische Supermarkt

In Zeiten unüberschaubarer Verhältnisse, allgemeiner Zukunftsängste und ökonomischer Sorgen sind die guten alten Werte wieder im Kommen. Dazu zählt heute auch ein Revival der Romantik. Und was ans Herz geht, scheint auch die Wirtschaft ankurbeln zu können. Darauf lassen zumindest zahlreiche Werbeslogans schließen. So warb die VW-Golf-Kampagne mit dem Motto »Aus Liebe zum Automobil«, gespickt mit romantischen Liebespoemen, Jil Sander verkündete lyrisch- romantisch »Je poetischer, desto wahrer«, Sat.1 ist »Powered by emotion«, und McDonald's bekundet »Ich liebe es«.

Wie stark die Romantik seit jeher ökonomisch geprägt ist, hat die Soziologin und Anthropologin Eva Illouz in ihrem Buch »Der Konsum der Romantik« nachgewiesen. Auch wenn die Beatles romantisch korrekt »Can't Buy Me Love« proklamierten – die Verstrickungen von romantischem Liebesideal und wirtschaftlichem

Konsum sind ebenso vielfältig wie unauflöslich. Es fragt sich nur, wer von diesem Zusammenspiel mehr profitiert: die Wirtschaft oder die Liebe?

Wie im Kapitel »Liebesgeschichte(n)« beschrieben, bildete sich die moderne, romantische Liebe auch in Abgrenzung zum gleichzeitig entstehenden Kapitalismus. Von Anfang an setzte der romantische Liebescode Gefühl gegen Kalkül, Passion gegen Profit, Natürlichkeit gegen Nützlichkeit. Anders als die Liebe, deren Form sich nur langsam ändert, hat die Wirtschaft aber geradezu chamäleonische Kompetenzen. Sie kann sich wesentlich schneller an Umweltveränderungen anpassen. Und wenn die Liebe hoch im Kurs steht, versteht das Wirtschaftssystem es, auch daraus einen Nutzen zu ziehen.

Man könnte sagen, dass die Wirtschaft das Liebesterrain »eroberte«, indem sie romantische Gefühle abhängig machte von ihrer Inszenierung im Konsum. Fast alle medial propagierten Liebesgeschichten, fast alle Liebesmuster und -regeln sind auch verbunden mit bestimmten Formen des Warenkonsums. Vom Strandurlaub bis zum Champagnertrinken, vom Parfümpräsent bis zur Zweiermobilität im Auto, vom Restaurantbesuch bis zu Ausgehen, Shopping und Styling: Liebesgeschichten ohne Konsumcharakter sind heute geradezu ein Ding der Unmöglichkeit.

Um die immer weiter wachsende Ökonomisierung der Liebe zu beschreiben, verglich Eva Illouz zwei Phasen des 20. Jahrhunderts in den USA: die 20er Jahre und die 90er Jahre. In den 20ern wurde die Liebe erstmals zum Luxus: Fanden Liebesbeziehungen zuvor im privaten Kämmerlein statt, wurden sie mit der Erfindung des Rendezvous öffentlich. Das brachte einen Freiheitsgewinn, der aber zugleich bezahlt werden musste. Zwar konnten Liebende ihre Treffen nun unabhängig von sozialen Unterschieden und Kontrollen selbst arrangieren. Aber sie mussten sich die Kinobesuche, Rosenkäufe und Autofahrten auch leisten können. Zusätzlich wurde die Romantik massenmedialisiert: Es entstand eine romantisierte Welt der Waren und der Werbung. Liebespaare priesen plötzlich Alltagsprodukte jeglicher Couleur an, von Shampoo bis Motoröl.

Die Werbung färbte auch auf das Werben ab: Das männliche Buhl-verhalten orientierte sich immer mehr an den dargebotenen Ver-führungsmustern. So ließ der romantische Konsum nicht nur die Liebesindustrien boomen, sondern schuf und stützte auch roman-tische Rituale und Liebesutopien.

Inzwischen sind Liebe und Konsum unzertrennlich geworden. Liebe wird heute auch über den Wirtschaftsmarkt definiert, und zwar paradoxerweise umso stärker, je mehr sie als Gegenstück zu wirtschaftlicher Berechnung und Kalkulation erscheint. Das ge-meinsame Konsumieren ist zum prominenten Liebesritual avan-ciert, zum romantischen Rausch gehört die spontane, authentische, individuelle Inszenierung der eigenen Liebesgeschichte. Besondere Bedeutung haben dabei alle Konsumgüter, die einen Ausstieg aus den Alltagsroutinen verheißen, insbesondere das Reisen und alles, was mit Natur zu tun hat. Und weil ein Liebespaar am zweisam-sten im Auto in die Natur fährt, ist auch die »Liebe zum Automo-bil« romantisch. Insofern könnte man wirklich sagen, dass Liebe heute käuflicher denn je geworden ist.

Heißt das zugleich, dass Geld glücklich macht, weil diejeni-gen, die mehr Geld haben, auch bessere Chancen haben, ihre ei-gene Liebesgeschichte romantisch zu inszenieren? In der Tat schei-nen Wohlhabende und Gebildete in Sachen Passion privilegiert zu sein. Je mehr Geld auf dem Konto lagert, umso besser sind die Vo-raussetzungen, seine Liebesbeziehungen ständig rituell zu erneu-ern. Und auch das kulturelle Kapital ist nicht zu unterschätzen: Je mehr kulturelles Wissen im Hirn steckt, umso größer ist die Kom-petenz, romantische Liebesutopien und unromantischen Liebesall-tag auf einen Nenner zu bringen. Nicht jeder ist ja zum Beispiel in der Lage, das Liebesentertainment, das im Fernsehen vorgespielt wird, auch zu durchschauen – und gerade wegen dieses Durch-schauens auch darauf verzichten zu können.

Das intime Verhältnis von Wirtschaft und Liebe scheint also, wie so vieles, was mit Liebe zu tun hat, grundsätzlich paradox zu sein. So bedeutet der Konsum der Romantik zugleich einen Ge-winn und einen Verlust von Freiheit. Einerseits bildet die romanti-

sche Liebe die ultimative Abkehr von der ökonomisierten Alltags-
und Arbeitswelt. Andererseits ist diese Abwendung nur möglich
durch einen ständigen Rückgriff auf romantische Konsumrituale.
Liebespessimisten könnten nun befürchten, dass die romantischen
Liebesideale eigentlich längst abgestorben sind und nur noch
künstlich am Leben gehalten werden durch die Symbole der Wa-
renwelt. Optimisten hingegen würden darauf verweisen, dass sich
Liebesbeziehungen durch ökonomische Inszenierungen und Rah-
mungen auch wiederbeleben und festigen lassen. Schon eine einzelne rote Rose kann den Alltag nachhaltig verzaubern.

Mittlerweile scheinen Wirtschaft und Liebe bereits in eine
neue Phase des romantischen Konsums einzutreten. Es werden
nicht mehr nur Alltagsprodukte romantisch beworben, sondern
man kann auch komplette Romantik-Events einkaufen. So lud die
Supermarktkette »Plus« bereits zum Hochzeits-Shopping: Das
Hochzeits-Komplettpaket für 2222 Euro enthielt neben der Trau-
ung, wahlweise in »Rathaus, Leuchtturm oder Mühle«, sogar eine
Hochzeits-Ausfallversicherung. Die romantischste und einzigar-
tigste aller Inszenierungen als normiertes Supermarktschnäppchen
– im Zeitalter der pragmatischen Liebe scheint auch das zusam-
menzupassen. Schließlich muss man sich die Inszenierung der
Liebe auch leisten können. Und generell ist das liebe Geld in Liebesbeziehungen das Streitthema Nummer eins. So ergab eine
Langzeitbefragung, dass sich 23 Prozent aller Streitigkeiten an den
Finanzen entzünden.[75]

In den heutigen Supermärkten umfasst der Konsum der Romantik sogar die Beziehungsanbahnung im Zeichen der Einkaufs-
wagen. Beim »Single-Shopping« soll der heiße Flirt an der Tief-
kühltruhe die Kundenherzen öffnen und den Konsum steigern.
Dass Liebe allerdings blind für Preise macht, darf ebenso bezweifelt werden wie die Annahme, dass sich Singles gern als solche
outen. Wesentlich höher wird die Kuppelquote, wenn man die
Flirtportale im Internet besucht oder einen Profikuppler engagiert.
Doch auch diese Anbahnung des romantischen Konsums kann
kostspielig sein.

Profitable Partnerfahndung: Kuppel dich reich!

Moderne Individuen suchen die Liebe, um sich selbst zu finden, und die optimale Selbstbestätigung kann nur eine Person leisten, die so individuell gepolt ist wie man selbst. Weil es also immer wichtiger wird, diesen Traumpartner zu finden, steigt auch die Bereitschaft, kompetente Suchhelfer zu engagieren. Das Geschäft mit den Liebessuchenden ist heute ein riesiger Wachstumsmarkt. Die Angebote werden immer ausgefallener, spezieller und schneller. Denn in Zeiten chronischer Zeitnot sind schnellstmögliche Fahndungserfolge angesagt.

Der Trend zum Highspeed-Dating hat eine Art Ökonomie des Flirtens entstehen lassen. So strömen Beziehungssucher heute zu beschleunigten Massen-Blind-Dates, um am Fließband zu flirten: ein paar Minuten Smalltalk und gegenseitiges Abchecken, dann ist der nächste potenzielle Partner an der Reihe. In den USA kann man einen Speed-Dating-Abend mit 33 Dates schon für 35 Dollar erwerben. Auf Wunsch kann das multiple Dating auch spezialisiert werden, etwa bei rein homosexuellen, afroamerikanischen oder jüdischen Single-Abenden. Wer auf die herkömmliche Partnervermittlung setzt, muss schon tiefer in die Tasche greifen: Laut dem Gesamtverband der Ehe- und Partnervermittlungen ist mit Kosten zwischen 1000 und 3000 Euro zu rechnen, bei Anzeigen in überregionalen Zeitungen sogar bis zu 15000 Euro.[76]

Ebenso zeitsparend wie das Speed-Dating ist das virtuelle Kuppelgeschäft. Neben Pornographie und Glücksspielen ist der Zugang zu den Dating-Datenbanken die Einnahmequelle Nummer eins im Netz. Online-Dating ist ein optimales Geschäftsmodell für die kränkelnde Web-Wirtschaft, denn anders als bei Info- oder Unterhaltungsportalen scheinen die User hier bereitwillig Beiträge zu zahlen. Anscheinend sind viele der Ansicht, dass sich die Gebühren für einen Flirt im Netz mehr lohnen als die Ausgaben für ein reales Rendezvous. So erzielten die Internet-Single-Börsen in den USA bereits 2002 ein Umsatzwachstum von 387 Prozent und waren damit sogar erfolgreicher als Börseninfo-Dienste.[77]

Auch in Europa boomt die virtuelle Kuppelindustrie. In Deutschland haben sich Hunderttausende User kostenpflichtig bei den professionellen Partnersuchbörsen registriert. Bei parship.de etwa zahlt man stolze 179 Euro allein für das erste halbe Jahr.

Das Beziehungs-Netz lässt sich auch bestens ins wirkliche Leben ausbauen. So hat der US-Dating-Riese match.com mit MatchTravel und MatchMobile Gruppenreisen für Singles und Flirtlines für neue Handy-Generationen im Programm, und MatchLive lädt die einsamen Herzen zu Single-Partys im wirklichen Leben. Der Service geht damit weit über die reine Online-Kontaktvermittlung hinaus und zurück in die Realität. Und auch außerhalb des Internets werden die Kuppelangebote immer weiter spezialisiert. So können Singles einander beim Single-Segeln im Mittelmeer, bei einer Kuppelkreuzfahrt oder beim Blind-Date-Golfen kennen lernen. Wer trotz allem keine Freundin findet, kann sich unter imaginarygirlfriends.com eine Alibipartnerin mieten: Für 45 Dollar erhalten verzweifelte Single-Männer dann zwei Monate lang persönliche Post, Mails, Fotos und Anrufbeantworter-Nachrichten einer fingierten Freundin – inklusive einer präsentablen Herzschmerz-Trennung am Ende der Mietzeit. Der Handel mit der Ware Liebe treibt also vielfältige Blüten, online wie offline. Doch mindestens ebenso lukrativ wie das Geschäft mit der Anbahnung ist das Business mit der Beratung.

Die die Liebe lehren: Romantik per Ratgeber

In Zeiten, in denen der Liebescode mehr denn je zur persönlichen Programmierung freigegeben und weniger denn je an äußere Vorgaben und Verpflichtungen gebunden ist, wird fachkundiger Rat immer wichtiger. Wird die Liebesgeschichte labil oder fehlt ihr für eine ideale Inszenierung der perfekte Plot, stehen viele Souffleure bereit, die eine perfekte Dramaturgie versprechen. Doch gerade in Sachen Liebe gilt: Guter Rat ist teuer – und oft sind die Ratschläge noch nicht einmal gut.

Besonders hoch im Kurs steht heute die Paartherapie. In den USA und England ist der gemeinsame Gang zum Therapeuten längst alltäglich geworden. Nach der Lewinsky-Affäre bekannten sogar die Clintons, dass es ihnen nur mit therapeutischem Support gelungen sei, ihre Ehe wieder zu kitten. Auch in erfolgreichen US-Serien wie »Ally McBeal« oder »Sex and the City« wimmelt es vor psychoanalytischen Referenzen. Dass die Paartherapie Konjunktur hat, könnte auch eine Folge des Konsums der Romantik sein. So definiert sich das moderne Individuum heute auch über eine perfekte Partnerschaft: mein Job, mein Outfit, mein Auto, meine Beziehung. Weil Beziehungen aber bekanntlich nicht immer harmonisch und erfüllend sind, hat sich ein Heer von Experten und Pseudoexperten formiert, um der Liebe auf die Sprünge zu helfen.

Der Boom psychotherapeutischer Beratungen hat eine Angebotspalette entstehen lassen, die kaum noch überschaubar ist. Das Urmodell der Freud'schen Psychoanalyse hat sich in Hunderte verschiedener Therapiemethoden fortgepflanzt und dabei auch viele absurd anmutende Esoterikblüten getrieben. Von der Tango-Paartherapie bis hin zum »Lach-Yoga« wird heute Rat für alle möglichen Lebens- und Liebeslagen angeboten. Und wer bei alledem liebessüchtig werden sollte, kann seine Lust- und Romantikabhängigkeit bei Selbsthilfegruppen wie den »Sex and Love Addicts Anonymous« überwinden.

Am klassischsten ist die Liebesberatung konsumierbar in Form von Ratgeberbüchern. Sie geben modernen Individuen sozusagen Hilfe zur Selbsthilfe, indem sie verraten, was man über sich wissen muss, um ein eigenständiges Individuum zu sein. Damit festigen und verstärken die Liebesratgeber die allgemeine Individualisierung. Aber in ihrer massenhaften Verbreitung fördern sie zugleich eine Uniformierung und Standardisierung: Sie behaupten Freiheit für alle und bringen damit den Traum vom selbstbestimmten Leben massenweise unters Volk. Nicht selten fixiert sich die Ratgeberliteratur dabei, ähnlich wie die Medien, auf den Körper und die Sexualität. Sex erscheint dann als Mittel zum Liebeszweck, und romantische Liebesbeziehungen werden aufs Körperliche reduziert und simplifiziert. Ähnlich wie bei der massenmedialen Sexstandardisierung drohen dann überhöhte Idealvorstellungen, die den Erwartungsdruck möglicherweise noch verstärken.

Ein Paradebeispiel für diese Enttäuschungsgefahren ist das Ideal des gemeinsamen Orgasmus, der lange Zeit als sexuelles Nonplusultra galt. Die empirische Sexualwissenschaft der Nachkriegszeit schuf unter ihrer Leitfigur Alfred Kinsey (1884–1956) einen orgasmusfixierten Sexstandard: Unlust auf oder beim Sex galt fortan als tabu und unnatürlich. Bis in die 70er- und 80er Jahre herrschte ein regelrechter Orgasmuskult. Die Fixierung auf den synchronen Höhepunkt ließ sich gut vermarkten, etwa in Form von Kursen, die »besseren« Sex lehren, oder expliziten Anweisungen. Obwohl diese Orgasmushörigkeit deutlich abgenommen hat, zielt der Großteil der Liebesratgeber auch heute noch aufs Sexuelle. Noch immer scheint der Glaube zu herrschen, Beziehungsprobleme ließen sich vor allem auf körperlicher Basis lösen. Dieser Ansatz ist jedoch schon wegen des Liebesgebots der Totalakzeptanz fragwürdig: Liebt man den anderen, dann liebt man ihn ganz und gar. Das heißt auch, dass man ihn zum Beispiel nicht wegen sexueller Probleme weniger lieben würde. Diese Vorschrift des Liebescodes macht Beziehungen anfällig dafür, sexuelle Unstimmigkeiten tendenziell zu verschweigen – oder die Stimmigkeit zu simulieren. Eine intensive Liebe mag zwar zu besserem Sex führen, aber besserer Sex nicht zu einer intensiveren Liebe. Die Idee, dass die Genitalien die Gefühle bestimmen könnten, kann dann mitunter zu bizarren Vorschlägen führen. So empfehlen etwa Steve und Sharon Biddulph in ihrem Buch »Wie die Liebe bleibt« zur Erhaltung der sexuellen Spannung im Ehe-Alltag, man solle bis kurz vor dem Orgasmus Petting betreiben – und dann eine Stunde warten.

Neben der Fokussierung aufs Sexuelle haben heutige Beziehungsratgeber noch weitere wenig hilfreich erscheinende Gemeinsamkeiten. So finden sich neben naiven Empfehlungen à la »Zeigen Sie sich so, wie Sie sind« auch vielerlei Allgemeinplätze vom Schlage »Die Beziehung lässt Sie wachsen« oder »Die Liebe fällt nicht vom Himmel«. Etwas verheißungsvoller scheint dagegen der neue, wissenschaftlich untermauerte Megatrend in der Ratgeberliteratur zu sein: die psychologische oder evolutionsbiologische Erklärung der Geschlechterunterschiede. Ihre Beliebtheit zeigt sich nicht nur in den Platzierungen auf den Bestsellerlisten, sondern auch in Form von kommerziellen Weiterverwertungen. Im Anschluss an John Grays Mars-Venus-Bestseller etwa versprach das Beziehungsrettungs-Seminar »Mars + Venus«, die Haltbarkeit der leidenschaftlichen Liebe zu lehren, an nur zwei Tagen, für 980 Euro zzgl. Mehrwertsteuer.

Trotz dieser neuen Tendenz zum Populärwissenschaftlichen weisen auch die heutigen Liebesratgeber noch zahlreiche Gemeinsamkeiten mit ihren Vorgängern aus früheren Zeiten auf. Häufig wird zum Beispiel Erich Fromms Klassiker »Die Kunst des Liebens« (1956) zitiert – so wie auch bereits in diesem Buch (vgl. Kapitel 3: »Problematische Passion«). Fromms Ansicht, dass Liebe eine Kunst sei, die es zu erlernen gelte, scheint in Zeiten steigender Scheidungsraten sogar wieder an Bedeutung zu gewinnen. Allerdings geben diese Umstände wiederum selbsternannten Beziehungsrettern Gelegenheit, Gruselvisionen einer »liebesbehindernden Gesellschaft« zu proklamieren, um damit die eigenen Rezepte zur korrekten Beziehungsarbeit gewinnbringend anzupreisen. Das Credo lautet dann in der Regel, dass man für den Liebesunterhalt ebenso hart arbeiten müsse wie für den Lebensunterhalt.

Angesichts der gestiegenen Ansprüche, die Ratgeber an Beziehungen stellen, konnte auch eine weitere Marktlücke im Liebesrettungsmarkt nicht lange unausgefüllt bleiben: der Anti-Liebesratgeber. So wettert Michael Mary in seinem Bestseller »5 Lügen, die Liebe betreffend« gegen Vokabeln wie »Beziehungsarbeit« und »gestaltbare Sexualität«, weil damit überzogene Ideale und unerfüllbare Erwartungen geweckt würden, die letztlich alles nur noch schlimmer machten. Statt Beziehungsregeln, die sexuellen Leistungsstress verursachen, rät Mary, die Abkühlung von Leidenschaft und Erotik in einer Langzeitbeziehung als normalen Vorgang zu betrachten, den man nicht therapieren, sondern akzeptieren müsse.

So pendelt die Ratgeberliteratur zwischen Biologie und Beziehungsarbeit, zwischen Banalität und Sexualität, zwischen Erregung und Erkältung. Wer jedoch die Abkühlung der Liebe durch sexuelle Erhitzung kompensieren möchte, kann heute auf ein breites Spektrum an Möglichkeiten zurückgreifen, um seine sexuellen Wünsche zu verwirklichen.

Let's swing: Sex ohne Liebe

In den vergangenen Jahrzehnten hat sich die Sicht auf das Wesen der Sexualität radikal gewandelt. In den 50er Jahren herrschte noch die so genannte »Dampfkessel-Theorie«: Der Abbau des männlichen Drucks hatte regelmäßig zu erfolgen, sodass Sex eine eher lieb- und leidenschaftslose Ehepflicht war. Erst die 68er feierten die freie Liebe mit politischen Utopien und poppigen Parolen wie »Wer zweimal mit derselben pennt, gehört schon zum Establishment« oder »Make Love Not War«. In den emanzipatorischen 70ern wurde dann der weibliche Orgasmus zu einer ähnlichen Pflicht wie zuvor der männliche Druckausgleich. Der gemeinsame Höhepunkt wurde nun zum obersten Gebot, und der Beweis für eine glückliche Beziehung wurde im Bett erbracht. Und heute? Natürlich ist Sex noch immer ein wichtiger Teil der Liebe. Aber Lust und Liebe gibt es nicht nur im Doppelpack, denn die Sexualität hat sich selbständig gemacht. In der modernen Erlebnisgesellschaft wird Sex immer mehr zum puren Genuss der eigenen Lust und damit auch zu einer individuell einsetzbaren Ressource der eigenen Identität.

So gehört Sex für heutige Jugendliche ganz selbstverständlich zum guten Partyton dazu – als eine Möglichkeit zur Selbstdarstellung. Im »Party-Club Berlin« etwa erfreuen sich bereits 14-Jährige an Stripshows. Und beim »Pornokaraoke« kann man die eigene Individualität in coolem Clubambiente beweisen, indem man Pornofilme möglichst originell synchronisiert. Sex ist heute überall, und das kann auch heißen: Sex ist immer weniger an der Seite der

Liebe. Wie bereits in Kapitel 5 (»Die Liebesrealität der Massenmedien«) beschrieben, folgt daraus keineswegs, dass es heute kein Verlangen nach Vertrauen und Geborgenheit in Beziehungen gäbe. Im Gegenteil: Wird die Sexualität tendenziell aus der Liebe ausgelagert, muss die Liebe umso mehr für den Gefühlshaushalt aufkommen. Der Trend scheint daher eher in Richtung einer Geschäftsbeziehung zur Erotik zu gehen: Weil sich mittlerweile selbst die geheimsten Wünsche ohne große Umstände erfüllen lassen, wird die Sexualität immer kommerzialisierbarer.

Auch das zeigt: Sex ist heute eine Form moderner Selbstdarstellung – und Bedürfnisbefriedigung eine Sache der Massenproduktion. Und zwar im doppelten Sinne: Einerseits werden massenhaft Güter und Bilder produziert, andererseits formieren sich um diese Produkte und Präsentationen massenweise Menschen. Jeder Einzelne von ihnen will ein Individuum sein, aber gerade diejenigen, die sich am heftigsten an dem orientieren, was die Medien »individuell« nennen, sind es am wenigsten. Eine prominente Spezies stellen zum Beispiel die so genannten Swinger dar: Paare, die sich mit anderen Paaren paaren und damit eine eigenartige Mixtur aus Zweierbeziehung und freier Beziehung praktizieren. Swinger scheinen es gewissermaßen mit Oscar Wilde zu halten, der meinte: »In ehelichen Beziehungen fängt erst zu dritt die Geselligkeit an.« Erstaunlicherweise fühlen sie sich gerade durch den Sex im Rudel, bei dem nicht zuletzt einstudierte Pornomuster nachgespielt werden, besonders individuell. In sexuell befreiten Zeiten kann solch ein Paarungsverhalten jedoch eher spießig als sexy wirken.

Das Swingerphänomen verweist auch auf eine generelle Relativierung von Treue. Heute gibt es mehr Scheidungen als früher, und obwohl das Ideal der ewigen Treue höher hängt denn je, nimmt die Bereitschaft zum Seitensprung zu. Dass die Ansprüche an Sex auch in festen Beziehungen steigen, hängt nicht zuletzt mit der gestiegenen Lebenserwartung zusammen. Damit ist nämlich auch die Dauer einer lebenslänglichen Beziehung enorm gestiegen. Hatten Eheleute im 18. Jahrhundert vielleicht zwei gemeinsame Jahrzehnte vor sich, sind es heute eher fünf. Im Zeitalter der Rundumsexualisierung wird Abwechslung damit immer attraktiver und dauerhafte Monogamie immer schwieriger.

Wie begehrt und wertvoll die Naturressource Sex heute ist, zeigt auch die Kunst. Die ausgelieferten Figuren in den Theaterinszenierungen Michael Thalheimers etwa suchen verzweifelt nach Wärme und Halt – in ihren Körpern. Hier wird Sex ebenso heftig wie gleichgültig vollzogen und erscheint als eine Art Konsumreflex aufs Einsamsein, ein schnelles Narkotikum gegen das Gefühl der Isolation. Ähnlich geht es zu in den Romanen von Michel Houellebecq. Der französische Schriftsteller zeigt, wie die Logik des liberalen Marktes auch die sexuellen Beziehungen zur »Kampfzone« werden lässt.[78] Auch hier wird um Marktanteile gekämpft, auch hier herrscht ein Survival of the Fittest: »Manche haben täglich Geschlechtsverkehr; andere fünf- oder sechsmal in ihrem Leben oder überhaupt nie … Das nennt man das ›Marktgesetz‹«, heißt es in dem Roman »Ausweitung der Kampfzone«. In Houellebecqs Horrorvisionen erscheint die Liebe in der westlichen Welt als Teufelskreis aus unerreichbaren Liebesidealen und einer zerstörerischen Inflation des Sexuellen. Steckt hinter der heutigen Sexualisierung also der Dämon der kapitalistischen Konsumgesellschaft, die aus den Liebesutopien ebenso Profit zieht wie aus der Tatsache, dass diese Utopien gar nicht mehr umsetzbar sind?

Vom Kampf um sexuelle Marktanteile scheint jedenfalls die Prostitution zu profitieren. Mit dem Melbourner »Daily Planet« ging im Mai 2003 sogar das erste Bordell an die Börse. Die fortwährende Popularität der Prostitution beruht sicherlich auch darauf, dass heute keine klaren Liebesrichtlinien mehr vorgegeben sind. Statt fester Vorschriften herrscht in heutigen Beziehungen eine Verhandlungsmoral. Das macht das Zusammenspiel von Liebe und Sex komplizierter und den puren, unkomplizierten Sex attraktiver. Auch unter dieser Perspektive können kurze käufliche Sexualkontakte eine Lösung für Beziehungsunwillige oder -unfähige bieten.

Sexuelle Schnäppchenjäger können dabei durchaus auf niedrige Kosten kommen. Die hiesige Prostitutionsbranche bietet bereits Discountpreise, Sex auf Bonuskarte und Rammeln mit Rabatt. Geiz macht aber auch in der Ferne geil. Überforderte Männer können in Dritte-Welt-Ländern willige und unterwürfige Frauen finden, bei denen sie mit der Macht der Moneten die Spielregeln selbst bestimmen können. Allerdings bilden sich hierbei auch neuartige sextouristische Modelle, etwa eine Art Teilzeitmonogamie, die die gesamte Urlaubsdauer umfasst: Für die Frau sind alle Spesen inklusive, und beide Teilnehmer des Pseudopaares müssen ihr Verhältnis nicht als »Prostitution« betrachten.[79]

Für die Liebe hat die neue Unabhängigkeit des Sex zahlreiche Konsequenzen. Eine entscheidende Veränderung dabei ist, wie beschrieben, die radikale Umgestaltung der Liebesdramaturgie. Sex ist heute nicht mehr das Happy End einer Liebesgeschichte, sondern steht eher am Anfang einer Beziehung. Früher musste ein Paar zunächst gemeinsam eine Reihe von Hindernissen überstehen, um »sextauglich« zu sein. Das schweißte die Partner bereits aneinander, bevor die Beziehung überhaupt begonnen hatte. Und es war zugleich ein Test, ob sich eine Beziehung lohnt oder nicht. Heute ist es eher umgekehrt: Man geht zusammen ins Bett und guckt, ob das körperliche Zusammenspiel so zufriedenstellend ist, dass aus der Bettgeschichte eine Beziehung werden kann. Zwar scheint sich dieser Trend im Internet, wie beschrieben, wieder umzukehren. Dennoch ist das Aufgeben einer Beziehung heute leichter geworden und das Eingehen und Aufrechterhalten einer Langzeitliebe schwieriger. Noch schwieriger wird dann der Entschluss zum gemeinsamen Kinderkriegen (mehr dazu im folgenden Kapitel). Zu den Folgen dieser Umstellung können dann auch geringere Geburtenraten zählen, und das wiederum bedeutet härtere Konkurrenz im Babybusiness.

Das multioptionale Baby-Business

Das Geschäft mit der Liebe beschränkt sich nicht nur auf den Konsum von Körpern und Romantik. Es umfasst heute auch immer mehr die Folgen von Flirt und Leidenschaft: Babys sind ein bedeutsamer Businessfaktor geworden. Allerdings sorgen rückgängige

Geburtenzahlen auch für eine Konjunkturflaute auf dem Säuglingssektor. So verzeichnete etwa die Babybrei-Branche im Jahre 2002 einen Umsatzrückgang um fast drei Prozent gegenüber dem Vorjahr.[80] Auch bei Knirpsbekleidungs-Designern, Kinderwagen-Konstrukteuren und Co. ist deshalb mehr denn je Erfindungsreichtum gefragt, um die Produkte an die Eltern zu bringen. Innovative Nischenprodukte wie »Feedy«, eine Armbanduhr, die anzeigt, wann zuletzt mit welcher Brust gesäugt wurde, sind dabei ebenso im Kommen wie plakative Baby-Trendwear. Kinder-Shirts mit ironischen Aufdrucken wie »Terrorist«, »Master of Desaster« oder »Mother's Nightmare« ermöglichen es den Eltern, sich auch über ihre Kinder zu individualisieren, und sind ebenso trendig wie teuer.

Auch in Sachen Erziehung wird die Zielgruppe Eltern immer interessanter. Im Zeitalter der Patchworkfamilie sind Mama und Papa scheinbar so aufgeschmissen, dass sie sich das Erziehen anerziehen lassen müssen. Die Erziehungsziele sind zwar unstrittig: Der Nachwuchs soll lernen, selbständig, selbstbewusst und leistungsfähig zu sein. Doch an der Umsetzung scheint es bei vielen Eltern zu hapern. Das hat eine neue Branche ins Leben gerufen, die pädagogisch korrekte Kompetenzen zu vermitteln verspricht. In Rollenspielen üben die Eltern-Azubis dann kooperatives Verhalten gegenüber dem Kind oder erlernen die Kunst des »richtigen Zuhörens«, Übungsbücher und Hausaufgaben inklusive. Der britische Soziologe Frank Furedi spricht von einer regelrechten »Elternparanoia«[81]: Elternschaft sei heute eine hochkomplexe Sonderqualifikation geworden.

Die bedeutendste Boombranche in Sachen Baby-Business scheint aber die Reproduktionsmedizin zu sein. Das rapide wachsende Geschäft mit der Babyproduktion könnte in Zukunft sogar das Business mit den Babyprodukten überrunden und zugleich entscheidenden Einfluss auf die Liebe nehmen. Schon heute können unfruchtbare Männer zu stolzen Papas werden. Dank Mikroinjektion genügt ein einziges Spermium zur Befruchtung, und selbst unreife Samenvorstufen lassen sich aus den Hoden herausoperieren und in die entsprechende Eizelle injizieren. Die Hauptklientel der Babymacher ist jedoch weiblich. Bei Frauen ab 35 Jahren schrumpft die Eizellenqualität rapide, ab 40 Jahren erleidet jede dritte Schwangere eine Fehlgeburt. Über die künstliche Befruchtung fremder junger Eizellen mit dem Sperma des Partners kann dann sogar in fortgeschrittenem Alter ein Wunschkind zur Welt gebracht werden. Diese Möglichkeit scheint so attraktiv zu sein, dass in den Befruchtungskliniken chronischer Eizellenmangel herrscht.

Die weltweit wachsende Nachfrage für frische Eizellen macht die Kinderproduktion zu einem kostspieligen Unterfangen und zu einer neuartigen Erwerbsquelle für Eizellenträgerinnen. So finanzieren sich Absolventinnen amerikanischer Elite-Universitäten ihr teures Studium, indem sie ihre Eizellen an die Laboratorien verkaufen. Für gute Gene werden bis zu 25 000 Dollar pro Zelle geboten. Am Londoner Fertility Centre kann frau den Preis für eine künstliche Befruchtung sogar herunterhandeln, wenn sie im Gegenzug eine Eizelle spendet. Auch die Reisebranche profitiert von der Zellenzucht. So locken spezielle Labors Fortpflanzungsfreudige mit Dumpingpreisen und lassen einen Eizellentourismus entstehen. Besonderer Beliebtheit erfreut sich diese Form der Fortpflanzungsplanung in den USA, wo es sogar Eizellenauktionen gibt. So lassen sich auf der Internetseite ronsangels.com die Eizellen schöner, intelligenter, gesunder Frauen online ersteigern.

Mittlerweile stellt die Wissenschaft aber ganz neue Möglichkeiten der Eizellengewinnung in Aussicht. So gelang der israelischen Frauenärztin Tal Biron-Shental die Eizellengewinnung aus fünf Monate alten, abgetriebenen Föten.[82] Und dem deutschen Entwicklungsbiologen Hans Schöler glückte 2003 erstmals ein künstlicher Eisprung in einem künstlichen Eierstock: Schöler und sein Team züchteten Follikel mit den Eiern aus embryonalen Stammzellen von Mäusen heran.[83]

Welche Auswirkungen werden die neuen Möglichkeiten der Babyproduktion auf die Liebe haben? Für Paare, die bislang ungewollt auf Nachwuchs verzichten mussten, dürften die Glückschancen steigen. Doch vielleicht werden im Zeitalter der Genanalyse auch fortpflanzungsfähige Paare verstärkt auf fremde, »perfektere« Ressourcen zurückgreifen, um das Biomaterial ihrer Kinder zu optimieren, was wiederum der Totalakzeptanz der Liebe zuwiderlaufen könnte (mehr dazu in Kapitel 10: »Ausblick: Die Romantik des Cybersex«). So scheint auch die Reproduktionsmedizin, wie jeder gesellschaftliche Fortschritt, positive wie negative Effekte zu vermehren. Vor allem aber werden die Möglichkeiten maximiert, was in diesem Fall heißt: Die Vervielfältigung wird erleichtert. Damit wird zugleich eine Entwicklung fortgeführt, die bereits voll im Gange ist: der Trend zur flexiblen Familie.

7. Die flexible Familie

Nachwuchs macht Sinn

Noch vor gar nicht allzu langer Zeit galt die Familie als eine geheiligte Institution. Philosophen wie Hegel sahen in ihr die Grundform des bürgerlichen Lebens und den Kern der bürgerlichen Gesellschaft, und der Sozialist Friedrich Engels betrachtete sie als Keimzelle des Staates. Jahrhundertelang bildete die Familie ein solides Fundament der Gesellschaft. So solide, dass Scheidungen bis vor wenigen Jahrzehnten noch Ausnahmeerscheinungen waren und Frauen meist mehr als zwei Kinder bekamen. Doch mit Pille, 68er-Revolte, Frauenbewegung und Globalisierung wurde alles anders. Heute haben immer mehr Paare Skrupel, überhaupt Nachwuchs zu zeugen. Zwar lebt laut Statistischem Bundesamt immer noch mehr als die Hälfte der Bevölkerung in einer Familie mit Kindern, aber vor rund drei Jahrzehnten waren es noch ganze 65 Prozent. In ganz Europa herrscht heute eine Familienrezession.

In den Zeiten der Individualisierung legen solche Befunde den Pauschalverdacht nahe, dass die Familie zum Auslaufmodell wird: je stärker die Ich-Fixierung, umso schwächer die Bedeutung der Familie für die Entwicklung des Einzelnen. Einer solchen These hätte wohl auch der Ur-Romantiker Jean-Jaques Rousseau (1712–1778) zugestimmt: Familien betrachtete er als evolutionäres Unglück und als eine Art Selbsteinkerkerung des Menschen. In Zeiten zunehmender Individualisierung fragt sich damit auch, wie gut die romantische Liebe mit der Familienliebe vereinbar ist: Wie familientauglich ist die romantische Liebe, und wie romantiktauglich ist das Familienleben und -lieben? Ist die Familie heute eher hinderlich in Sachen Leidenschaft, oder kann sie die Passion sogar stützen?

Um diese Fragen zu beantworten, lohnt sich zunächst ein Blick auf die Historie der Familie. So wie die moderne Liebe eine Erfindung der Neuzeit ist, erblickte auch die moderne Familie erst relativ spät das Licht der Welt. So kam das Wort »Familie« erst im 16. Jahrhundert aus dem Lateinischen ins Deutsche und bezeichnete zunächst weniger Verwandtschaftsbeziehungen als eine ökonomische, hierarchisch gestaffelte Zweckgemeinschaft. Gemäß dem lateinischen Wortstamm »famulus« (Diener) zählte damals auch das Hausgesinde zur Familie. Verkürzt gesagt, setzten die Geburtswehen der modernen Familie dann erst im 18. Jahrhundert ein, im Zuge der bürgerlichen und industriellen Revolution. Das private Leben begann sich vom öffentlichen zu trennen, die auf ewige Dauer angelegten Sippenverbände lösten sich auf, und familienpolitische Verheiratungen wurden immer seltener. Stattdessen musste die Familie in jeder Generation neu gegründet werden. Damit wandelte sich die gesellschaftliche Funktion der Familie grundlegend. Sie hatte nun keine politischen oder produktiven Aufgaben mehr zu erfüllen, es ging nicht mehr vorrangig um wirtschaftliche Absicherung, Fortpflanzung oder Erziehung. Stattdessen wurde die Familie zum Reich des Privaten. Sie sollte eine haltbare Lebensgemeinschaft bilden, die auf einer Liebesheirat gründete und dem Menschen Verständnis und Unterstützung garantierte. Im Gegensatz zur traditionellen Familie ist die moderne Familie also eine intime Angelegenheit, weil sie auf der romantischen Liebe aufbaut.

Dieses Bündnis mit der Liebe hat die Familie auch anpassungsfähig gemacht an die individualisierte Gesellschaft. Ähnlich wie die Liebe bietet die Familie dem modernen Individuum heute einen exklusiven Ort der Intimität. Familiäre Liebe ist zwar weniger identitätsstärkend als romantische Liebe, aber dafür wesentlich beständiger. Und sie ist ebenso offen für die steigenden persönlichen Ansprüche. Heutige Familienverhältnisse sind deshalb weniger starr als es etwa Sigmund Freud noch vermutet hatte. Das familiäre Miteinander ist eher partnerschaftlich als autoritär, und die Spielräume für intensive, aufrichtige und liebevolle Beziehungen sind größer denn je. Damit ist die Familie grundsätzlich auf einem Nenner mit der Liebe. Wie in Liebesbeziehungen herrscht auch in der Familie das Gebot der wechselseitigen Berücksichtigung, das die gesamte Person umfasst. Auch die Familienliebe scheint demnach dem Code »persönlich/unpersönlich« zu folgen.[84]

Allerdings ist dieses familiäre Berücksichtigungsgebot, anders als das romantische, nicht freiwillig, sondern geradezu zwanghaft. Die Familienliebe umschließt jedes Familienmitglied, ob es will oder nicht. In Familien herrscht eine Art Liebespflicht, ein Zwang zum Lieben, dem jedes Familienmitglied unterworfen ist und bleibt. Schließlich sind Familienbeziehungen die einzigen Beziehungen, die wir nicht kündigen können. Im familiären Alltag wird diese Nötigung zum Lieben unter anderem dadurch geregelt, dass jeder immer ein Recht darauf hat zu wissen, was die anderen gerade tun. Weil alle Familienmitglieder gleichgeschaltet sind in Bezug auf ihre wechselseitigen Erwartungen, ist jedes Familienmitglied auskunftspflichtig. Jeder weiß, was die anderen gerade tun, und auch, was sie nicht tun sollten. Zum Beispiel, dass die Tochter bei einer Freundin übernachtet und nicht heimlich in die Disco geht, oder dass der Vater auf einem Geschäftsmeeting weilt und nicht bei einer Geliebten. Der Schriftsteller und Satiriker Karl Kraus nannte das Familienleben daher treffend einen »Eingriff ins Privatleben«.

Weil das Familienleben Privatsache ist, kennt die Familienkommunikation kaum Tabus. Vieles, was selbst in guten Freundschaften verschwiegen wird, kann innerhalb der Familie thematisiert werden, von Hautunreinheitsproblemen bis zu einer kriminellen Vergangenheit. Nur über eine Sache wird in der Familie der Mantel des Schweigens gehüllt: die Sexualität. Dieses Thema beschränkt sich auf die Eltern, also sozusagen auf den romantischen Kern der Familie. Schließlich bildet die Beziehung der Eltern eine eigene Liebesgeschichte, die der Familiengeschichte vorausging. Und so wie die Sexualität der Eltern ausgeklammert ist, sondert sich auch die Körperlichkeit der Kinder ab von den Eltern. Zwar sind Eltern heute verständnisvoller und »offener« denn je, was das Sexleben ihrer Zöglinge betrifft. Doch statt sich ihren Erzeugern zu offenbaren, suchen die Kinder eher das Gespräch mit ihresgleichen.

Durch den Bezug auf die Privatwelt bildet die Familie ein abgeschlossenes, extrem solides System. Jede Familie ist eine verschworene Gemeinschaft, die auf Persönliches und Privates programmiert ist und sich damit von der Umwelt abgrenzt. Das zeigt sich nicht zuletzt daran, dass Außenstehende nur sehr begrenzten Zugang haben zu dem verworrenen Dickicht der Familiengeheimnisse und -mythen. Dieser intime familiäre Zusammenhalt ist so mächtig, dass auch in heutigen individualisierten Zeiten nicht von einer Krise der Familie gesprochen werden kann. Im Gegenteil: Gerade in einer Gesellschaft, die immer älter und komplexer wird, werden intensivere Kontakte zwischen den Generationen bedeutsamer. Empirische Untersuchungen zeigen nicht nur, dass der Zusammenhalt zwischen Eltern und Kindern ungebrochen ist, sondern auch, dass es heute sogar einen neuen Trend zur Großfamilie zu geben scheint. Je großmaschiger die staatlichen Sozialnetze werden, umso attraktiver wird das private Unterstützungsnetzwerk Familie. Das Verwandtschaftsnetz beruht auf unauflöslichen Blutsbanden und bietet Hilfe in jeder Lebenslage, von Kinderbetreuung über Haushaltsführung bis hin zur Invalidenversorgung. Heute umfassen diese familiären Dienstleistungen zunehmend auch die Pflege und Betreuung alter Menschen. Und umgekehrt sind die Großeltern auch wichtiger geworden für das funktionierende Familienleben doppelt verdienender oder alleinerziehender Eltern.

Doch nicht nur unter dieser praxisorientierten Perspektive wird die Familie wieder attraktiver. Kinder machen vor allem unter ideellen Gesichtspunkten Sinn. Die Familie bildet heute einen Fels der Gewissheit in einer Brandung der Ungewissheit, eine emotionale Basis in einer immer unüberschaubarer werdenden Welt. Damit bietet die Gründung einer eigenen Familie die Chance auf etwas, was sonst eigentlich nur die Liebe bieten kann: die Garantie auf individuelle Selbstverwurzelung. So können eigene Kinder sogar vieles kompensieren, was im Leben schief läuft, von Verlustgefühlen bis zu gescheiterten Lebensentwürfen, und damit dem

Ego Halt geben. Diese Ich-Stärkung ist heute die Hauptmotivation zum Kinderkriegen: Fast alle Eltern erhoffen sich von ihrem Nachwuchs Erfüllung im Alltag.

So feiern die Familienwerte heute eine Renaissance. Diese Trendwende setzte bereits Ende der 80er Jahre ein, als Magazine wie »Tempo« die neuen Lifestyle-Familien propagierten. Dementsprechend lässt sich das Zeugen und Großziehen von Kindern heute als ein planbares Megaevent betrachten, das einen ebenso hohen wie dauerhaften Erlebniswert verspricht. »Das letzte gesellschaftliche Abenteuer, das man heute noch erleben kann, ist es, eine Familie zu gründen«, befand auch Promi-Mutter Madonna. Als Sinn- und Erlebnisgarant kann sich die moderne Familie deshalb über steigende Attraktivitätswerte freuen. Rund 90 Prozent der jungen Erwachsenen in Deutschland, mehr als je zuvor, streben eine Partnerschaft und Nachwuchs an. Und zwei Drittel der Deutschen sind der Meinung, der Mensch brauche eine Familie zum Glücklichsein.[85]

Wenn die Familie heute aber bedeutungsvoller denn je ist, warum sinken dann zugleich die Geburtenraten oder verharren zumindest auf einem Niedriglevel? Vor allem wohl aus dem offensichtlichen Grund, dass die Familie mit der Karriere konkurriert. Kinder gehören zwar für die meisten zu einem perfekten Lebensentwurf dazu, aber ebenso wichtig sind ein ausfüllender Job, ein hoher Lebensstandard und eine aufregende Freizeitgestaltung. So wird der Kinderwunsch auf immer spätere Lebensphasen verschoben, mit prominenten Oldie-Müttern als Vorbildern und dem Resultat, dass die biologische Zeugungszeit knapp wird (mehr dazu unter dem Punkt »Mit Kindern in die Karriere«). Auch das dürfte dazu beitragen, dass das familiäre Glücksversprechen heute zugleich attraktiv und angsteinflößend ist. Die Familie verheißt eine exklusive Geborgenheit, wie sie sonst nur Liebesbeziehungen bieten können. Aber sie fordert und verpflichtet auch sehr viel intensiver und andauernder.

Das intime Verhältnis von romantischer und familiärer Liebe hat also seine Tücken. Sie beginnen bei der Tatsache, dass die eine

Liebe nicht ohne die andere kann, die andere aber ohne die eine: Romantische Gefühle sind eine notwendige Voraussetzung zur Familiengründung, aber die Familienliebe dauert auch ohne Romantik an. Eine leidenschaftliche Liebe, die man sich auf Lebenszeit schwört, kann schon beim ersten großen Krach vorbei sein. Die Liebe zum Nachwuchs dagegen hält tatsächlich lebenslang. So gesellt sich mit einem Kind eine neue Liebesform hinzu, die wesentlich haltbarer ist als die Liebesbeziehung selbst. Als »Erweiterung« der romantischen Liebe kann die Familie damit sowohl eine Stütze bilden, die die Beziehung stabilisiert, als auch eine Belastung, unter der die Leidenschaft leidet.

Die konkreten Folgen für die Liebe sind je nach Beziehung und Familie individuell unterschiedlich. Eines steht aber fest: Weil das Projekt Familie heute eine ganz und gar freiwillige Angelegenheit ist, macht es auf eine ganz besondere Weise Sinn. Eine Familiengründung kann das eigene Leben mit Verbindlichkeit versorgen, als ganz bewusst vorgenommene Einschränkung der eigenen Freiräume. Wie gesagt: Familienliebe ist eine obligatorische Liebe, eine hochgradig intime Liebe, gegen die sich sozusagen keiner wehren kann. Wer also eine Familie gründet, versorgt sich selbst und andere mit lebenslanger Liebe. Insofern ist das Zeugen von Kindern heute vor allem ein Lebenssinnprojekt. Das schicksalhafte Füreinander-Bestimmtsein, das in der romantischen Liebe nur imaginiert wird, ist in Sachen Familie real: Wer ein Kind zeugt, ruft eine unauflösliche Liebe ins Leben und lenkt damit eigenmächtig das Schicksal. Eltern spielen also immer auch ein bisschen Gott. Und welche Ego-Erfahrung könnte exklusiver sein?

Mit Kindern in die Krise

»Kinder: 10 Sekunden Vergnügen – 30 Jahre Ärger.« Dieser Befund von Arnold Schwarzenegger aus dem Film »True Lies« bringt die Horrorvorstellungen vieler auf den Punkt: die Befürchtung, Kinder könnten ein Beziehungsrisiko sein. In der Tat scheinen sich

Elternschaft und Leidenschaft manchmal gegenseitig zu behindern. So werden die meisten Ehen nach der Geburt des zweiten Kindes geschieden.[86] Nachwuchs scheint zu besonderem Beziehungsstress zu führen, und das hat nicht zuletzt kommunikative Ursachen. Die Art und Weise, in der sich familiäre und romantische Liebe auf Persönliches spezialisieren, ist nämlich geradezu gegensätzlich.

So nehmen individuelle Ansprüche in der Familie eine ganz andere Form an als im Rest der Gesellschaft. Während Individuen ansonsten Ansprüche auf Anderssein erheben, herrscht in der Familie der Anspruch auf Gleichheit. Das zeigt sich schon darin, dass Geschwister gleich viel Liebe und Aufmerksamkeit von den Eltern einfordern. Genauso gerät die Liebesbeziehung der Eltern unter Gleichheitsdruck, wenn es um die Aufteilung außerfamiliärer Freiheiten und Freizeiten geht. Wer öfter auf die Kinder aufpassen muss und damit weniger Spielräume zur individuellen Selbstentfaltung hat als der Partner, kann einen Anspruch auf Gleichstellung erheben. Studien zufolge beschert schon das erste Kind seinen Eltern einen Mehraufwand von 25 Stunden pro Woche – von denen 20 auf das Konto der Mutter gehen.[87] Besonders schwierig wird es dann, wenn diese Gleichberechtigung zwar gewollt wird, aber aus äußeren Gründen nicht praktikabel ist (mehr dazu unter dem Punkt »Das (Un-)Glück der Gleichberechtigten«).

In der Familie kommen sich also zwei verschiedene Arten von intimer Kommunikation in die Quere. Während es in einer Liebesbeziehung vor allem darum geht, *wie* etwas mitgeteilt wird, drehen sich die familiären Gleichheitsverhandlungen eher um das *Was*. Dieses Aufeinandertreffen von Wie- und Was-Kommunikation eignet sich, ähnlich wie die Sprachdifferenzen der Geschlechter, besonders gut für Missverständnisse und Beschuldigungen und kann damit auch eine Beziehung in Schwierigkeiten bringen. Gesteigert wird diese generelle Krisenanfälligkeit durch den Zeitdruck, den die Familie auf die Liebesbeziehung ausübt. Eltern mit Kindern müssen oft lange auf intime Zweiermomente warten. Hinzu kommt die Tatsache, dass die Anforderungen, die heutige Eltern an sich selbst stellen, oft so hoch sind, dass sie von vornherein zum Scheitern verurteilt sind. Wer eine Super-Mami oder ein Super-Papi sein will und darüber hinaus noch top im Job, brillant im Bett und cool in der Küche, nimmt sich vielleicht etwas zu viel vor.

Studien belegen, dass die Qualität einer Partnerschaft generell abnimmt, wenn ein Baby hinzukommt. Paare mit Kindern streiten demnach öfter und heftiger, tauschen seltener Zärtlichkeiten miteinander aus und haben weniger Sex. Vor allem, weil sie weniger Zeit füreinander haben. So ergab eine Langzeituntersuchung des Familienforschers Wassilios Fthenakis, dass das erste Kind in vier von fünf Fällen die Beziehung verschlechtert.[88] Weitere Krisenphasen sind vorprogrammiert, wenn aus den niedlichen Kleinkindern plötzlich pubertierende Persönlichkeiten werden. Oder wenn die Kinder schließlich gar nicht mehr da sind. Dann droht das »Empty nest syndrome«, eine Depression, die vor allem die Mütter trifft und die erneut mit der gestiegenen Lebenserwartung zu tun hat. Während Eltern früher nur selten so alt wurden, dass sie noch den Auszug des jüngsten Kindes erlebten, folgt heute eine ganze weitere Lebensphase, in der die Eltern auf ihre Paarbeziehung zurückgeworfen sind.

Diese neuen Zeitverhältnisse haben auch wirtschaftliche Auswirkungen auf die Eltern. Endete ihre finanzielle Verantwortung vor hundert Jahren etwa mit dem 14. Lebensjahr des Kindes, wird der Nachwuchs heute nicht selten bis zu 30 Jahre und länger gefördert. Wenn man bedenkt, dass ein Kind allein in den ersten 18 Jahren ungefähr so viel kostet wie eine nette Eigentumswohnung,[89] wird auch verständlicher, warum sich Paare am liebsten über die Finanzen streiten und warum heute die Meinung herrscht, Kinder seien ein »Armutsrisiko«. In Deutschland gibt es zwar, anders als etwa in den USA, nur wenig tatsächliche Kinderarmut und zudem eine Vielzahl staatlicher Finanzspritzen für Familien. So geht das Kieler Weltwirtschaftsinstitut davon aus, dass der Staat etwa ein Drittel der Kinderkosten finanziert. Dennoch scheint Nachwuchs eher arm als reich zu machen. Im Jahr 2000 lag das Pro-Kopf-Einkommen von Paaren mit einem Kind bei 64 Prozent des Einkommens von Kinderlosen, bei Paaren mit zwei Kindern waren es sogar nur 54 Prozent.[90] Unter solchen Umständen können Kinder sogar zu einem neuartigen Statussymbol avancieren. Waren früher meist die kinderreichsten Familien die ärmsten, zählen heute jene zur Oberschicht, die mehrere Kinder und einen gutbürgerlichen Lebensstandard vorweisen können.

Auch deshalb finden lokale Familienboom-Phänomene wohl vor allem in angesagten Metropolenbezirken statt, also dort, wo man es sich leisten kann. Während die Geburtenzahl generell niedrig bleibt, nimmt sie in den wohlhabenden Gegenden Deutschlands zu. In den Hamburger Nobelvierteln Blankenese und Harvestehude etwa stieg die Zahl der Geburten von 1997 bis 2001 um mehr als 25 Prozent; ähnlich familienfreudig geht es zu in den Münchner Bezirken Au und Haidhausen oder im Prenzlauer Berg in Berlin, wo sich die Kleinkindpopulation ebenfalls um rund ein Viertel vergrößert hat.[91] Allerdings ist Prenzlauer Berg kein klassischer Wohlhabenden-Bezirk und zeigt damit auch, dass Kinderkriegen nicht zwangsläufig gebunden sein muss an finanzielle Mittel, die etwa zum Kauf von kinderrelevanten Dienstleistungen ermächtigen. Im Prenzlauer Berg setzen die Eltern verstärkt auf Selbstorganisation, zum Beispiel in Form von eigenständig finanzierten Kindertagesstätten.

Gerade das Berliner Beispiel zeigt aber auch, welche Funktionen das Kinderkriegen heute neben der reinen Fortpflanzung erfüllen kann. So ist das Elterndasein im Szenebezirk Prenzlauer Berg zu einem regelrechten Pop-Phänomen geworden, zu einer Möglichkeit, die eigene Individualität zu inszenieren. Trendig gewandete Jungeltern schlürfen in den Cafés rund um die Kastanienallee ihren Latte macchiato, während sie ihrem Nachwuchs lässig die Nuckelflasche geben. Dass ein Kind sich als besonders stylisches Accessoire der eigenen Selbstdarstellung anbietet, hat auch die Kinderindustrie längst erkannt. Babykleidchen mit der Aufschrift »Statt Karriere«, »Baby inside«-Aufkleber im Intel-Look oder besonders exklusive Kindermarken bieten Eltern eine optimale Möglichkeit, das eigene Ich indirekt zur Schau zu stellen. So kann ein

Baby zur ultimativen Anschaffung für Fashion-Victims avancieren, zu einer einzigartigen, kopiergeschützten Ego-Erweiterung.

Vorangetrieben wird dieser Trend durch Buchtitel wie »Wilde Mütter. Das neue weibliche Selbstbewustsein«, die die frohe Botschaft verkünden: »Kinder zu bekommen ist wieder angesagt.« Die werdende Mutter trägt dann stolz T-Shirts des Labels Funky-Mama mit der Aufschrift »No, I am not fat«. Und auch die modernen Papis dürfen sich über Imagegewinne freuen, nicht zuletzt dank prominenter Vorreiter wie David Beckham. In Großbritannien gibt es mit der Zeitschrift »Fathers Quarterly« sogar ein eigenes Zentralorgan für die Pop-Papis: Das »Magazine for modern Dads« verkündet offiziell, wie hip die neuen Väter sind. Zwei Drittel aller Väter ziehen ihr Selbstverständnis heute weniger aus Job und Karriere als aus der Erziehung ihrer Kinder.[92] Dieser neue Vaterstolz zeigt sich schon beim Vaterwerden: Drei Viertel aller Väter sind heute bei der Geburt ihres Kindes anwesend.

Auch die Werbung hat erkannt, dass der Trend zum Kind konsumträchtig ist. Kein Wunder: 2004 fanden US-Neurologen heraus, dass der Anblick eines Babygesichts bei fast allen Menschen jene Gehirnregion aktiviert, die die Herzen höher schlagen lässt.[93] Bekam man Kinder in der Werbung früher nur dann zu sehen, wenn sie für Überraschungseier & Co. warben, werden sie heute universell eingesetzt. Telekom-Plakate zeigten ein schlafendes Baby und das Wort »Stolz«, die Mastercard-Werbung behauptet, dass Kinder der Luxus sind, der eigentlich zähle, Gucci-Models tragen Säuglinge statt Handtaschen. Babybäuche zieren heute ganz selbstverständlich Produktkampagnen und Fashion-Magazine. Auch die VIP-Mamis sind heute omnipräsent, von Heidi Klum über Gwyneth Paltrow bis zu Claudia Schiffer, die ihren Geschlechtsgenossinnen in der »Vogue« aufmunternd zurief: »Ihr solltet euch unbedingt ein Baby anschaffen!« Damit führen die Promi-Mütter zugleich vor, wie problemlos Karriere und Muttertum scheinbar zu vereinen sind – zumindest für diejenigen, die im Rampenlicht stehen. Die Fernsehmoderatorin Gabi Bauer etwa setzte trotz Zwillingszuwachs ihre Karriere fort, Nena feierte trotz vierköpfiger Kinderschar ein Comeback, und auch Madonna, die ihr erstes Kind im Alter von 38 Jahren bekam, denkt nicht daran, sich zur Ruhe zu setzen. Für Normalsterbliche ist der Spagat zwischen Kind und Karriere allerdings wesentlich komplizierter und kostspieliger – und damit auch liebesbelastender (mehr dazu im folgenden Unterkapitel).

Ökonomisch betrachtet, ist die Familie eine Art Wir-AG. Und so erfüllend die familiäre Geschäftsführung sein kann, so bedeutet sie auch Verzichte. Kinder sind heute eine Kapitalinvestition, die einiges an finanzieller Aufopferung verlangt – und mit der man lohnende Prestigepunkte sammeln kann. Die eigenen Kinder als Investment fürs Leben: Dieses eigentlich längst überholte Konzept scheint ein Revival zu feiern, allerdings unter neuen Vorzeichen. Galten die eigenen Kinder früher als Rentenversicherung, als eine Garantie für handfeste Einnahmen, etwa als Hilfe bei der Ernteeinfuhr, versprechen sie ihren Eltern heute Vergütungen ideeller Natur. So sieht es auch der Wirtschaftswissenschaftler und Nobelpreisträger Gary S. Becker. Seiner Meinung nach investieren Eltern Zeit, Energie und Geld und werden dafür von den aufwachsenden Kindern mit »psychischen Einkünften« belohnt.[94]

Allerdings scheinen diese psychischen Einkünfte, so wertvoll sie sind, oft keinen hinreichenden Anreiz zum Kinderkriegen zu bieten. Seit Mitte der 70er Jahre liegt die Geburtenrate etwa um ein Drittel unter dem Stand, der notwendig wäre, um die Bevölkerungszahl stabil zu halten. Dafür müssten Frauen im Durchschnitt mehr als zwei Kinder bekommen. Laut Statistischem Bundesamt liegt die Geburtenziffer in Deutschland aber seit mehr als 25 Jahren bei ungefähr 1,35 Kindern pro Frau. 2003 ging die Zahl der Geburten sogar um 1,3 Prozent zurück – was allerdings fast schon eine gute Meldung ist, wenn man den dramatischen Geburtenrückgang bedenkt, der in den 70er Jahren, in der Generation der heutigen Mütter, herrschte. Würde man dementsprechend die faktischen Geburten pro Geburtsjahrgang ermitteln, wäre das Bevölkerungsbild zwar etwas weniger trist. Dennoch scheinen die Deutschen ziemlich fortpflanzungsmüde zu sein. Heute bleiben bereits mehr als dreißig Prozent aller Frauen kinderlos, dreimal so viel wie in der ersten Hälfte des 20. Jahrhunderts.[95] Diese Bevölkerungsimplosion vollzieht sich in ganz Europa. Die durchschnittliche europäische Geburtenrate liegt bei 1,5. Schlusslicht in Westeuropa ist Italien mit 1,2 Kindern pro Frau. Kein Wunder, dass die Angst vor einer kinderlosen Gesellschaft umgeht und Eltern schon als künftige Randgruppe gelten.

So herrscht heute auch in Sachen Kinderkriegen eine grundsätzliche Ambivalenz: Einerseits ist der Wunsch nach eigenen Kindern stabil geblieben. Junge Deutsche wünschen sich im Schnitt mehr als zwei Kinder, doch an der Umsetzung scheint es zu hapern. Dem Wunsch nach Familie und Kindern steht der Wunsch nach Karriere und Selbstentfaltung entgegen. So führt die Suche nach den Ursachen für die Kluft zwischen Wunsch und Wirklichkeit zur Schlüsselfrage: Wie sind Kinder, Karriere und Liebe heute unter einen Hut zu bekommen?

Mit Kindern in die Karriere

Nach drei Jahrzehnten Feminismus und Frauenpower haben Frauen heute wesentlich mehr Chancen auf Selbstbestimmung und Karriere, und die weibliche Joblust nimmt stetig zu. Strebten 1970 erst knapp die Hälfte aller Frauen zwischen 25 und 55 auf den Arbeitsmarkt, sind es heute bereits 79 Prozent. Der weibliche Einfluss wächst gesellschaftsweit. In Deutschland sind heute 60 Prozent der Abiturienten weiblich, mit besseren Zeugnissen als ihre männlichen Mitstreiter, im vergangenen Jahrzehnt verdoppelte sich der Anteil der Parlamentarierinnen in Europa, der Frauenanteil im Management steigt rapide, und in den USA sind bereits 60 Prozent des Privatvermögens in weiblicher Hand.[96] Doch die weibliche Karrierelust hat ihre familiäre Kehrseite, denn Kinder und Karriere sind hierzulande schwer auf einen Nenner zu bringen. Und das beeinflusst auch das Verhältnis der Geschlechter und die Liebe.

Eine direkte Folge der weiblichen Lust auf individuelle Selbstverwirklichung in Job und Karriere scheint der Trend zur späten Geburt zu sein. Frauen bekommen ihr erstes Kind heute statistisch mit rund 30 Jahren. Im Jahr 2000 waren bereits 16 Prozent der Erstgebärenden über 35 Jahre alt, zehn Jahre zuvor betrug ihr Anteil nur fünf Prozent. Die Gründe für diese Verzögerung sind vielfältig. Schon ausgedehnte Ausbildungs- und Studienzeiten lassen das Alter der Mütter ansteigen. Die Faustregel scheint zu lauten: je gebildeter, desto kinderloser. Angeblich sind rund 42 Prozent der deutschen Akademikerinnen ohne Nachwuchs. Über diesen Zusammenhang von Gebildetsein und Gebärunfreudigkeit gibt es zwar noch immer keine gesicherten Daten, aber es gibt Indizien, etwa die Tatsache, dass besonders viele Frauen, die einen Hochschulabschluss haben, zugleich in einem Haushalt ohne Kinder leben. Hinzu kommen stressige Jobbedingungen. 60-Stunden-Wochen, Mobilitätszwänge, fließende Übergänge zwischen Heim- und Büroarbeit machen den Arbeitsalltag wenig familienfreundlich. Bisweilen scheitert das Nachwuchsprojekt aber auch schlicht und ergreifend an einem Mangel an männlicher Zeugungs- und Bindungslust. Statistiken zufolge bleiben immer mehr Männer kinderlos als Frauen.[97] Die vermeintlichen »Herren der Schöpfung« scheinen also weniger nachwuchsfreudig zu sein als Frauen.

So verschieben viele Frauen das Projekt Nachwuchs von Jahr zu Jahr immer weiter. Während 20-Jährige ihr erstes Kind noch im Durchschnitt mit 26 Jahren bekommen wollen, setzen 21- bis 30-Jährige das ideale Gebäralter bereits bei 29 Jahren an, und Frauen zwischen 31 und 40 Jahren finden, 36 Jahre sei das perfekte Alter zum Kinderkriegen.[98] Das Wunschkind wird also von langer Hand geplant, aber ebenso lange hinausgezögert. Meistens, weil die berufliche Laufbahn Vorrang hat. Ist die Zeit schließlich gekommen, muss das Kind nicht selten als ultimativer Sinnstifter herhalten: entweder als i-Tüpfelchen an der Spitze der bereits erklommenen Karriereleiter oder als Lückenbüßer, wenn der Erfolg im Job ausblieb oder weniger erfüllend war als erhofft. Vom Mythos Karriere kann dann zum Mythos Kind übergewechselt werden.

Männer haben in Sachen Kinder und Karriere bessere Karten. Mehr als die Hälfte der männlichen Führungskräfte hat Kinder, ihre weiblichen Mitstreiterinnen kommen dagegen gerade mal auf 24 Prozent.[99] Dieses Ungleichgewicht folgt auch aus der biologischen Tatsache, dass Männer weitaus länger zur Nachwuchsproduktion fähig sind als Frauen. Zwar verringert sich auch die männliche Zeugungskraft ab einem Alter von rund 30 Jahren, aber sie bleibt bis ins hohe Alter vorhanden. So können Promi-Papas wie Franz Beckenbauer, Anthony Quinn oder Jean-Paul Belmondo ihre späte Vaterschaft stolz als Zeichen standhafter Virilität vorweisen. Mutterwerden ist dagegen nicht bis ins Greisenalter möglich, auch wenn in einer kalifornischen Klinik sogar schon eine 63-Jährige späte Mutterfreuden erleben durfte. Und je später ein Kind zur Welt kommt, umso unwahrscheinlicher ist es, dass weitere folgen. In Deutschland geht der Trend daher weg vom Zweitkind. 2000 wuchs bereits jedes dritte Kind unter 18 Jahren als Einzelkind auf. Und obwohl heute jede vierte Frau in jungen Jahren davon träumt, dreifache Mutter zu werden, gelingt dieser Nachwuchs-Hattrick nur jeder Zehnten.[100]

Wer das Abenteuer »Kinder und Karriere« dennoch wagt, hat, zumindest in Deutschland, mit schlechten Rahmenbedingungen zu kämpfen. Bis heute gibt es hierzulande wenig ganztägige Kinderbetreuungsplätze, deren Öffnungszeiten den Arbeitszeiten angepasst sind. Viele Mütter sind schon deswegen genötigt, Teilzeitjobs anzunehmen. Powerfrauen, die Beruf und Familie vereinen, gehören daher tendenziell zur Schicht der Privilegierten, die sich einen Ganztagsbabysitter leisten können. Wer dagegen den Berufsausstieg auf Zeit wagt, begibt sich oft auf einen Weg ohne Wiederkehr. Von den 400000 Frauen, die jährlich in Elternzeit gehen, kehrt nur die Hälfte in den Beruf zurück.[101]

Zumindest schrittweise bewegen sich die europäischen Länder aber in Richtung des »skandinavischen Modells«, das Doppelverdienerschaft und Teilzeitarbeit für beide Geschlechter fördert. In Ländern wie Schweden oder Frankreich, die eine umfassende Kinderbetreuung für erwerbstätige Mütter bieten, sind die Geburtenraten bereits deutlich angestiegen. Studien zufolge ist der Ausbau der Kinderbetreuung sogar ökonomisch korrekt: Jeden Euro, den der Staat für Kindergärten, Krippen und Horte investiert, bekommt er demnach über zusätzliche Steuereinnahmen und Sozialabgaben drei- bis vierfach zurückgezahlt.[102]

Doch nicht nur staatliche Erschwernisse und karrieristische Wunschvisionen hemmen die Lust auf Nachwuchs. Auch der Liebesalltag selbst scheint immer weniger kinderkompatibel zu werden. In den Zeiten der Individualisierung sind neue, flexible Beziehungsmuster angesagt. Statt der Liebe fürs Leben geht der Trend zur Lebensabschnittsliebe, bei der Kinder nur noch eine Option unter vielen sind. Viele Paare zählen heute zu den »Dinks«, den »Double income, no kids«-Pärchen, die ihr Leben ohne Kindergeschrei, aber mit doppelten Einkünften genießen. Wer dagegen das Glück der gleichberechtigten Eltern anstrebt, hat nicht nur mit halbierten Gehältern zu kämpfen, sondern auch mit gesteigertem Beziehungsstress. Denn im familiären Alltag zieht meist einer der Partner den Kürzeren.

Das (Un-)Glück der Gleichberechtigten

Das Abenteuer Kind ist ebenso erlebnis- wie entbehrungsreich. Besonders schwierig wird es, wenn die Eltern die Entbehrungen zu ungleichen Teilen auf sich nehmen müssen. Das ist klassischerweise dann der Fall, wenn der Vater sich im Job austoben kann, während die Mutter auf Heim und Herd beschränkt ist. Schon die familiären Gleichheitsansprüche sorgen hier schnell für Verstimmungen. Die beste Liebeslösung in Sachen Kinder und Karriere scheint deshalb in der doppelten Gleichberechtigung zu liegen: Beide Partner nehmen abwechselnd Karriereeinschränkungen hin und kümmern sich zu gleichen Teilen um Beruf, Haushalt und Kinderbetreuung.

Zwar ist die Spezies dieser »Dual-career-couples«, die Doppelkarriere und Familie vereinbaren, rar gesät: In Deutschland spielen nur rund zwei Prozent aller Paare diese familiäre Vorreiterrolle. Allerdings scheint es dieser Minderheit ausgesprochen gut zu gehen. Einer Studie zufolge sind Paare, die sich die Erziehung teilen, nicht nur glücklicher als ihre ungleichen Mitstreiter, sondern empfinden sich sogar als privilegiert, weil sie mehr »Quality Time« miteinander verbringen können.[103] Nicht nur hinsichtlich der Partnerwahl, sondern auch in Sachen Familie scheint also zu gelten: Gleich und gleich gesellt sich gern. Besonderer Beliebtheit erfreut sich diese gleichberechtigte Form von Familienmanagement unter Akademikern. Entscheidend scheint das Bildungsniveau der Frau zu sein: je höher, desto größer der Wunsch, die eigene Karriere trotz Kind fortzuführen.

Allerdings hat auch dieses egalitäre Modell seine Risiken und Nebenwirkungen. Das beginnt bei einem erhöhten Bedarf an familienexterner Unterstützung für Haushalt und Kinderbetreuung, der das Familienkonto belastet. Ebenso problematisch sind wegfallende Einnahmen. So haben Teilzeittätige im allgemeinen geringere Karrierechancen als ihre Vollzeitkollegen. Insbesondere hochqualifizierte Besserverdiener haben viel zu verlieren, wenn sie zeitweise den Erziehungsjob annehmen.

Diese Umstände scheinen vor allem Männer abzuschrecken. Während rund neun von zehn Vätern erwerbstätig sind, liegt die Mütter-Quote mit 65 Prozent wesentlich niedriger, und der Anteil der Teilzeitbeschäftigten ist bei den Müttern zwölfmal so hoch wie bei den Vätern.[104] Obwohl der moderne Mann durchaus an der Idee einer »aktiven Vaterschaft« Gefallen findet, fällt ihm die tatsächliche Neudefinition als Teilzeitarbeits-Vater schwer. Die Gründe dafür mögen nicht zuletzt genetischer Natur sein, schließlich bestand die Vaterrolle seit Urzeiten im heldenhaften Part des Ernährers und Versorgers. Männer, die beruflich erfolgreich sind, sehen sich damit schon automatisch als attraktive Ehemänner und gute Väter. Auch das trägt dazu bei, die Rolle des Hausmanns so unsexy erscheinen zu lassen, dass nur ein Bruchteil aller Väter Erziehungsurlaub beantragt.

Dennoch scheitern die gleichberechtigten Wunschvisionen

vor allem an finanziellen Hindernissen. Weil der Hauptverdiener in den meisten Fällen der Mann ist, verzichtet die Frau zumeist mehr oder weniger freiwillig auf ihre Karriereambitionen und legt eine mütterliche Berufspause ein. Untersuchungen belegen, dass die ökonomischen Umstände selbst solche Beziehungen, die eigentlich einen modernen Lebensentwurf verfolgen, zum Umdenken zwingen.[105] Nur jedes zehnte Paar, das sich gleichberechtigte Verhältnisse vorgenommen hat, kann sie auch umsetzen. In der Praxis dauert es nämlich meist nicht lange, bis Mama sämtliche Basisarbeiten allein erledigt. So bringt ein Baby schnell den antiemanzipatorischen Backlash in modernen Beziehungen, und die gleichberechtigte Partnerschaft rudert zurück zur traditionellen Rollenverteilung.

Allerdings haben Nur-Hausfrauen ebenfalls ein Imageproblem. Das einstmals »schwache« Geschlecht steht heute verstärkt unter dem Druck, Stärke zu zeigen und sich »auszuleben«. Lifestyle-Ratgeber vom Schlage »Brave Mädchen kommen in den Himmel, böse überall hin« oder »Und jeden Tag ein bisschen böser« erheben die weibliche Ego-Aufwertung mit Parolen wie »Sei egoistisch, was sonst!« oder dem lyrischen »Wer sich nicht wehrt, endet am Herd« zum Nonplusultra.

In der elterlichen Praxis führt das oft zu einer Rollenverteilung, die wenigstens den Anschein der Gleichberechtigung zu wahren versucht: Der Mann spielt dann zwar den Haupternährer, und die Frau kümmert sich um Haushalt und Familie, aber zusätzlich arbeitet sie nebenher, solange es die familiäre Situation erlaubt. Die hausfrauliche Nebenbeschäftigung wird dann zur Alibi-Arbeit, zu einer Art Selbstverwirklichung light. Auch deshalb dürfte die Quote der teilzeittätigen Mütter seit 1996 um sechs Prozent auf 61 Prozent angestiegen sein. Weil das »gemeinsame« Geld der Familie aber vor allem »sein« Geld ist, führt auch dieses Modell dazu, dass traditionelle Rollen verfestigt werden. Drei Jahre nach der Geburt des ersten Kindes ist jede zweite Frau ohne eigenes Einkommen – und der Mann engagiert sich als Alleinfinanzierer stärker als zuvor.

Dass derartige Verhältnisse die Beziehung bedrohen, liegt auf der Hand. Frauen, die ihren Beruf für die Familie aufgeben, fühlen sich isoliert, vermissen die gewohnte Bestätigung und leiden unter Psychostress. Dem Schweizer Sozialforscher Christof Arn zufolge sind Nur-Mütter besonders anfällig für Depressionen, Schlaf- und Essstörungen sowie Suchtverhalten.[106] Mit der Zeit werden sie immer entscheidungsunlustiger und abhängiger von der Bestätigung ihres Partners. Der Politologe Peter Döge warnt aber auch die Männer vor der »Retraditionalisierungsfalle«: Ist der Mann Alleinverdiener, sei die tägliche Arbeitszeit, die er für Beruf und Haushalt aufwendet, um 70 Minuten länger als die seiner Frau, sodass er letztlich draufzahle.[107] Darunter kann dann die Leidenschaft leiden – und auch die Kinder. Positiv auf den Nachwuchs wirkt sich nämlich vor allem die Zufriedenheit der Eltern aus. Untersuchungen zufolge wachsen Kinder am glücklichsten in Familien auf, in denen die Mutter gern zu Hause ist.[108] An zweiter Stelle kommen die Kinder, deren Mütter zufrieden im Job sind. Arm dran sind dagegen die Sprösslinge der unzufriedenen Mütter. Dabei scheint es immer noch besser zu sein, wenn die Mutter erwerbstätig ist – das Schlusslicht im Kinderglück-Ranking bilden nämlich jene Kinder, deren Mütter unzufrieden zu Hause bleiben.

Patchwork & Co.

In der Gesellschaft der Individuen ist auch die Familie individuell formbar geworden. Zwar bleibt die traditionelle »Kernfamilie« aus Vater, Mutter und zwei Kindern laut Statistischem Bundesamt trotz steigender Scheidungsraten die häufigste Lebensform in Deutschland: Im Jahr 2003 bestanden die 12,6 Mio. Eltern-Kind-Gemeinschaften in Deutschland zu 75 Prozent aus Ehepaaren mit Kindern. Aber diese klassische Familienstruktur bricht immer mehr auf. So betrug der Ehepaar-Anteil 1996 noch 79 Prozent. Die neue intime Funktion der Familie schafft auch mehr Toleranz gegenüber familiären Formen, die früher als abweichend angesehen worden wären. So wie das Beziehungsspektrum heute von »nicht-ehelichen Lebensgemeinschaften« bis zu »Living apart Together«-Partnerschaften reicht, haben sich auch die Familienformen verviel-facht. Das familiensoziologische Spezialvokabular reicht von Bezeichnungen wie »Fortsetzungsfamilien«, »Werkstattfamilien vor Ort« und »Sukzessivehen« bis hin zu »paralleler Elternschaft«, »fraktalen Puzzle-Familien« und »Anti-Familien-Familien«.

Im Zeitalter der pluralisierten Familienformen bildet bereits etwa jedes zehnte Paar mit Kindern eine Patchworkfamilie, also eine Lebensgemeinschaft, in die einer oder beide Partner Kinder aus früheren Beziehungen mitbringen.[109] Ein prominenter Patch-worker ist etwa Gerhard Schröder, der in vier Ehen Stiefvater ge-wesen ist. Heute ist die Patchworkfamilie sogar königshauskom-patibel. So war Prinzessin Mette-Marit bereits Mutter eines Sohnes, als sie den norwegischen Kronprinzen Haakon heiratete. Das klassische Bild der intakten Vater-Mutter-Kind-Familie, das ohnehin nur in den 50er und 60er Jahren verbindlich war, ist heute zu einer Möglichkeit unter vielen geworden. Steigen damit auch die Chancen für familiäres und romantisches Liebesglück?

Nach Ansicht von Psychologen und Pädagogen bieten die neuen Familienformen zumindest erzieherische Vorteile. So wer-den Kindern aus Patchwork- oder Fortsetzungsfamilien größere soziale Kompetenzen attestiert. Von ihren »neuen« Eltern, die beide eine Trennung durchgemacht haben, könnten sie zum Bei-spiel lernen, wie man leichter Kompromisse schließt. Das mag nicht zuletzt damit zu tun haben, dass es hier, anders als in Fami-lien herkömmlicher Bauart, eher um das »Wie« als um das »Was« geht: Die Verhältnisse sind nicht klar geordnet über das Prinzip der Blutsverwandtschaft, sondern offener für Verhandlungen und »Selbstverwirklichung«.

Wahrscheinlich sind Patchworkfamilien deshalb aber auch noch krisenanfälliger als klassische Familienkonstruktionen. Hin-zu kommt die hinderliche Tatsache, dass die neuen Familienfor-men auch von der Politik noch immer stiefmütterlich behandelt werden. Gegenüber der Kernfamilie ist die Patchworkfamilie eindeutig benachteiligt. Das spiegelt sich bereits in der Tatsache, dass die amtliche Statistik nur die lebenslange Ideal-Ehe adäquat erfasst. In Sachen Familienstand wird die Gesellschaft unter dem Schema »verheiratet/nicht verheiratet« durchsucht. Lebensformen jenseits der Normalfamilie fallen damit durch das staatsstatistische Raster. Das trifft übrigens auch auf den Spezialfall der homosexuellen Eltern zu. Laut Statistischem Bundesamt zogen 2003 rund 16 Prozent aller gleichgeschlechtlichen Lebensgemeinschaften in Deutschland Kinder auf. Hier scheint die staatliche Anerkennung vor allem daran zu hapern, dass die biologisch-reproduktive Komponente fehlt. Weil die homosexuelle Liebe fortpflanzungsfrei ist, erscheint sie gegenüber der klassischen Hetero-Ehe als »zwecklos«. Was wiederum ein Argument dafür sein könnte, in der Gleichgeschlechtlichkeit eine eigentliche, »wahre« Form von Liebe zu sehen, die keinen Vorgaben und Funktionen folgt.[110] Die homosexuelle Liebe zeigt, dass Lustgewinne auch dann möglich sind, wenn sie keinen gesellschaftlichen Nutzwert abwerfen.

Einen weiteren, besonders verbreiteten Familiensonderfall bilden heute alleinerziehende Mütter und Väter. 2003 machte diese Spezies in Deutschland bereits 19 Prozent aller Familien aus. Dabei handelt es sich um ein weibliches Phänomen: Fünf von sechs Alleinerziehenden sind Mütter, und nur drei Prozent aller Väter leben als Alleinerziehende mit ihren Kindern zusammen. Die so genannten »Einelternfamilien« boomen vor allem mit der zunehmenden Individualisierung. Seit 1970 hat sich ihre Zahl verdreifacht. Zwar ist der Begriff »Alleinerziehende« schon an sich fragwürdig, weil er die partnerschaftliche Dimension ausblendet – nicht jeder Alleinerziehende ist ja zugleich partnerlos. Fest steht jedoch, dass Alleinerziehende besonders schnell in finanzielle Bedrängnis geraten. Neben Migranten und kinderreichen Familien sind sie am stärksten dem Armutsrisiko ausgesetzt. Dieser generelle Stress hat konkrete psychische Folgen. Untersuchungen zufolge leiden alleinerziehende Eltern verstärkt unter psychosomatischen Beschwerden, haben eine niedrigere Lebenserwartung als andere Eltern – und das wiederum färbt auf die Kinder ab: So sind die Kinder von Alleinerziehenden auffällig aggressiv und sogar selbstmordgefährdet und haben zwei- bis viermal so häufig Probleme mit Drogen wie Kinder mit »doppelten« Eltern.[111]

Gerade das Beispiel der Alleinerziehenden zeigt, wie schwierig das familiäre Miteinander in den Zeiten maximaler Möglichkeiten geworden ist. Dennoch – oder auch deswegen – ist die Familie keineswegs auf dem absteigenden Ast. Im Gegenteil: Es herrscht ein regelrechtes Revival der Familienwerte. Studien zufolge verbringen wir heute mehr Zeit mit der Familie als noch vor zehn Jahren.[112] Angesichts wirtschaftlicher Krisenphasen und sozialer Kürzungen bildet das Althergebrachte eine attraktive Alternative, sodass die Familie ein Comeback als Notgemeinschaft feiert. Gerade weil sie sozusagen trendresistent ist, liegt die Familie im Trend: Die unauflöslichen Blutsbande bilden ein besonders sicheres soziales Netz. Dieses familiäre Sozialkapital kann sogar fehlendes Geldkapital ausgleichen. Fragt man heute nach der wichtigsten Form der Altersvorsorge, stehen Familie und Freunde ganz oben. Und natürlich fließen auch innerhalb des Familiennetzwerkes die Geldströme. Auch das mag dazu beitragen, dass die meisten Befragten die »soziale Lebensversicherung« der Familie die »stabilste und zuverlässigste Zukunftsinvestition« nennen. So scheint ein längst überholtes Kinderkonzept wieder aufzuerstehen: der Nachwuchs als private Pflegeversicherung.

Vor allem großfamiliäre Verwandtschaftsbeziehungen werden heute wieder wichtiger. Untersuchungen belegen, dass die Sozialisation zunehmend in der »multilokalen Mehrgenerationenfamilie« stattfindet.[113] In der mobilen Gesellschaft ist die Großfamilie nicht mehr an einen einzigen Haushalt gebunden, um zu funktionieren, stattdessen kann der innerfamiliäre Austausch auch auf Distanz erfolgen. Für die meisten Großeltern sind Enkel die wichtigsten Bezugspersonen, und bei sinkenden Kinderzahlen pro Familie haben Omas und Opas heute wesentlich mehr Zeit für ihre Enkelkinder. Hinzu kommt die gestiegene Lebenserwartung, die sich ebenfalls kontaktverlängernd und -intensivierend auswirkt. Eltern und Kinder haben heute eine durchschnittliche gemeinsame

Lebenszeit von 50 bis 60 Jahren, und Großeltern erleben nicht selten sogar die Heirat ihrer Enkel.

Insgesamt scheint sich damit ein familiäres Back to the Roots zu vollziehen, ein neuer Familientraditionalismus – allerdings unter modernen, pragmatischen Vorzeichen. So wie die romantische Liebe eine pragmatische Rückkehr feiert, setzt auch die moderne Familie wieder auf alte Werte, die neue Zwecke erfüllen. Insofern kann man Hegel und Engels fast schon wieder Recht geben: Auch heute bildet die Familie eine Keimzelle der Gesellschaft. Aber dieser Keim ist heute wesentlich formbarer zum persönlichen Vorteil des Einzelnen. Von einer Verabschiedung der Familie kann also keine Rede sein. Die Familie hat lediglich ihre Form und Funktion verändert und damit die familiären Chancen und Schwierigkeiten gleichermaßen gesteigert. Sie ist heute eine Option unter vielen. Aber sie erfüllt auch eine umso bedeutsamere Funktion, denn sie garantiert etwas, das in keinem anderen Teilbereich der Gesellschaft zu bekommen ist, außer in der Liebe: Vertrautheit, Geborgenheit und die Möglichkeit, die individuelle Persönlichkeit einzubringen, auszubilden und bestätigt zu finden.

Das kommt der romantischen Liebe ebenso zugute, wie es ihr zuwiderlaufen kann. Denn das moderne Individuum interessiert sich auch in seiner familienfreundlichen Form vor allem für eines: sich selbst. Und in den Zeiten maximaler Möglichkeiten geht es auch sehr gut ohne Kinder. Dass Kindersegen nicht zwangsläufig zum Lebensglück dazugehören muss, ist sogar wissenschaftlich belegt. Studien zufolge fühlen sich Eltern im Alter genauso oft einsam wie Kinderlose.[114] Nachwuchs zu haben ist keine Garantie für ein glückliches Alter, lautet das Fazit der Forscher. Kinderlose Paare können also genauso glücklich und genauso fest sozial eingebunden sein wie kinderreiche Paare. Allerdings sind diejenigen, die sich im Verzicht auf Kinder üben, zugleich genötigt, alternative Lebenskonzepte zu entwickeln und symbolische Kindersurrogate ins Leben zu rufen, um auf ihre persönlichen Erfüllungskosten zu kommen. Und dafür bietet sich ein weiteres Be(s)tätigungsfeld an, das wiederum der Liebe in die Quere kommen kann: der Job.

8. Gestresste Herzen: Liebe in der Ich-AG

Erst die Arbeit, und dann ...

Karriere, beruflicher Erfolg und Geldverdienen können heute etwas bieten, das für moderne Individuen fast so essenziell ist wie die Liebe: die Stärkung des Selbstbewusstseins. Galt Arbeit früher vor allem als eine Pflichterfüllung, um Geld zu verdienen, ist sie heute zu einem Mittel der Selbstverwirklichung avanciert. Der Job ist ein bedeutsamer Bestandteil des individuellen Lebensstils, eine Möglichkeit, sich selbst als Individuum zu definieren. Im Trend liegen daher flexible und kreative Jobs mit maximaler Eigenverantwortung und hohen Identifikationspotenzialen. Diese Kombination aus Selbstverantwortung und Anerkennung kann Arbeit zur Obsession werden lassen. Und damit auch zu einer attraktiven Alternative zur Liebe.

Die Tätigkeiten, die insbesondere Kreativberufler wie Medienleute, Kulturschaffende, Webdesigner oder Werber sowie Verantwortungsträger wie Manager und Computerspezialisten ausüben, werden immer reizvoller und haben mit traditioneller Arbeit nicht mehr viel zu tun. Die New Economy hat eine Kultur des Gleichzeitigen geschaffen, in der viele Arbeitsschritte simultan passieren, so wie auch am Computer mit einer Vielzahl von Fenstern gearbeitet wird. Diese Parallelität eröffnet ein Mehr an Möglichkeiten, aber sie sorgt auch für mehr Entscheidungsstress und eine stetige Auflösung traditioneller Arbeitsstrukturen. Nur ein Drittel aller Beschäftigten ist heute noch mehr als fünf Jahre lang durchgehend vollzeitbeschäftigt. Seit 1991 sank die Zahl der Vollzeitjobs in Deutschland um 15 Prozent, die Teilzeittätigen legten dagegen um 51 Prozent zu.[115] Moderne Jobverhältnisse sind oft nur begrenzt haltbar, aber dafür umso elastischer. So sind Arbeitsanfang und -ende nur noch selten fest definiert, und Wochenend-, Nacht- und Schichtarbeit gehören bereits für gut die Hälfte aller Werktätigen zum Arbeitsalltag.

Das Erfordernis der zeitlichen Flexibilität ist zugleich eine große Verlockung. Fließende, spontan veränderbare Arbeitszeiten können als aufregende Nichtalltäglichkeit geradezu Eventcharakter annehmen. Damit hat die Erlebnisgesellschaft auch die Arbeitswelt erreicht. Der Produktionsstress garantiert eine fortwährende Hormonausschüttung. Und Telearbeit, Home Offices und mobile Büros lassen Lebens- und Arbeitsräume immer mehr miteinander verschmelzen. In der Ich-AG spielt der moderne Mensch sogar eine 2-in-1-Rolle: Er ist Arbeitgeber und -nehmer in einem und wird zum 24-Stunden-Manager seiner selbst.

Arbeit ist heute zur Passion geworden, zu einer Leidenschaft, die in Zeiten zunehmenden ökonomischen Drucks auch immer mehr aus dem Leidensdruck entsteht, einen Job überhaupt zu behalten. Wer sich also im Beruf als innovativ und individuell erfahren kann oder seinen Arbeitsplatz sichern will, ist mehr denn je bereit, Opfer dafür zu bringen: von einem festen Wohnort über feste Freundschaften bis hin zur eigenen Beziehung. Schließlich kann auch Teamwork eine Art Ersatz für Familie und Freundschaft bieten. Auch der nächtliche Lieferpizza-Konsum im Kollegenkreis schweißt ja zusammen und vermittelt ein Gefühl von Gemeinschaft und Geborgenheit. Das Sprichwort vom »Mit-dem-Job-verheiratet-Sein« erscheint da in einem ganz neuen Licht, denn die moderne Arbeitswelt schafft optimale Bedingungen, um den Arbeitsplatz zum Zuhause werden zu lassen. Im Gegenzug droht die Familie dann zum eigentlichen Arbeitsplatz zu werden. Wer immer mehr Zeit im Büro verbringt, setzt sein Beziehungs- oder Familienleben unter Zeitdruck. Forscher der Universität Chicago entdeckten 2004 sogar die Spezies der »Dins«, die »Double income, no sex«-Paare. Ein Viertel der 3500 befragten Männer und Frauen gab an, aufgrund von Stress im Job oder allzu starker Ich-Fixierung bereits seit einem Jahr keinen Sex gehabt zu haben.[116] Erscheint die Arbeit so attraktiv, dass man sich komplett mit ihr identifiziert, kann die Karriere zur Passion werden – und die Liebe zur Frustration.

Die moderne Arbeit ist dagegen relativ resistent gegen Enttäuschungen. Unter arbeitsteiligen Bedingungen ist sie repetitiv angelegt. Ähnliches wird in kleinen Intervallen immer wieder wiederholt, jeder ist ein Spezialist in seinem Teilbereich und trägt seinen Teil zum Ganzen bei, auch in den so genannten »kreativen« Berufen. Und auch das Ganze besteht in einer Wiederkehr des Fast-Gleichen: Ein Projekt wird durch das folgende abgelöst, eine Magazin-Ausgabe oder eine aktualisierte Homepage ist nur der Ausgangspunkt für die folgende, spannendere, bessere Version. Diese Zirkularität macht die Arbeit relativ immun gegenüber Unzufriedenheiten. Was jetzt schlecht läuft, kann beim nächsten Mal optimiert werden.

Die Liebe hingegen trägt stets das Prädikat »besonders frustanfällig«: Es geht immer ums Ganze, um die ganze Person und die ganze Zweisamkeit, sodass selbst kleinste Zweifel katastrophale Auswirkungen haben können. Wenn der Partner zum x-ten Mal hört: »Schatz, ich muss noch ein paar Stunden in der Redaktion bleiben«, mag er sich fragen, wie viel das noch mit romantischer Liebe zu tun hat und wie dabei seine eigene Individualität bestätigt wird. Zwar suggeriert die Werbung, dass auch in solchen Fällen der Konsum die Romantik heilt, etwa wenn die Geliebte ihrem nächtens schuftenden Mann, gleichsam als Symbol der Passion, per Kurier einen Pudding ins Büro schickt. Doch in Wirklichkeit macht sich die dauerhaft Daheimbleibende vielleicht schon auf die Suche nach Alternativen, um das eigene Ich anderweitig angenommen zu finden. Sei es in der Aufmerksamkeit eines anderen Partners oder im leidenschaftlichen Einsatz für die eigene Karriere, für das eigene Leben.

Die moderne Arbeit kann also entscheidende Merkmale einer Liebesbeziehung abdecken, und das zugleich unter wesentlich stabileren Rahmenbedingungen. Steht in der Liebe immer das ganze

Projekt auf dem Spiel, ist in Sachen Arbeit kein Ende in Sicht – solange man sie hat, weshalb gerade in Krisenzeiten umso mehr Aufopferung angesagt ist. Es ließe sich sogar fragen, inwieweit der Liebescode selbst eine Analogie zu dieser arbeitsmäßigen Schleifenstruktur geschaffen hat: Herrscht nicht auch in Liebesdingen, gemäß dem Prinzip »Beim nächsten Partner wird alles anders«, eine gewisse Trial-and-Error-Mentalität? Es könnte durchaus sein, dass der Trend zur seriellen Monogamie hier seine ökonomische Entsprechung hat. Und dass die Vokabel »Beziehungsarbeit« gerade deshalb so populär werden konnte.

Schöne neue Single-Welt?

In den Zeiten der Individualisierung und Selbstverwirklichung, in denen eine ausfüllende Arbeit das Alleinleben attraktiver machen kann, boomt das Single-Dasein. Zwar machen viele Single-Statistiken die Lage noch dramatischer, als sie es eigentlich ist. So erfasst das Statistische Bundesamt nur die Einpersonenhaushalte, die heute rund 37 Prozent aller Haushalte ausmachen.[117] Paare, die getrennt wohnen, oder Jobpendler, die eine zusätzliche Arbeitswohnung haben, verfälschen da das Bild. Unter solchen Vorzeichen wäre auch Gerhard Schröder Single. Doch selbst wenn die Gesellschaft oft singlelastiger erscheint, als sie es ist, steht fest: Die Spezies Single ist auf dem Vormarsch.

Förderlich für das Single-Dasein ist zunächst eine biologische Tatsache: die zunehmende Langlebigkeit des Menschen. Die »graue Revolution« hat dazu geführt, das die Biographie eines jeden Einzelnen erweitert wurde. War ein Menschenleben noch bis vor einigen Jahrzehnten in drei Phasen unterteilt, von Jugend und Ausbildung über Erwerbs- und Familienleben bis zum Ruhestand, haben sich heute zwei neue Phasen hinzugesellt: zum einen das nachjugendliche Experimentieren mit Partnern, Jobs und Wohnorten im Alter zwischen 20 und 30 Jahren, zum anderen ein zweiter Aufbruch ab etwa 50 Jahren. Insbesondere die schwierigen

Übergänge, etwa von der experimentellen Postadoleszenz zur bodenständigeren Familienphase, führen zu einer generellen Vermehrung der Alleinlebenden.

Die interessanteste Frage beim Single-Boom lautet aber: Sind die Singles freiwillig oder nur notgedrungen allein? Sind sie solo, weil sie ihre Freiheit lieben oder weil sie den Partner, den sie eigentlich suchen, nicht finden können? Haben sie als hochentwickelte Individuen zu hohe Ansprüche? Aufschlussreich ist hierbei ein Blick auf den Wandel des Single-Images. Denn spätestens seit Anfang der 90er Jahre hat sich das Bild des Singles radikal verändert. Noch in den 80ern galt das Single-Dasein als wegweisend und schick. Wer allein lebte, durfte sich geradezu als gesellschaftliche Leitfigur fühlen, als autonom, emanzipiert und arbeitsaktiv. Hier schlug auch die Geburtsstunde des Yuppies, der lange als idealtypischer Single galt. Doch diese positive Perspektive auf die Single-Existenz, die bereits im Anschluss an die revolutionären 60er eingesetzt hatte, scheint sich mittlerweile ins Gegenteil verkehrt zu haben. Singles werden heute eher bedauert als beneidet, eher kritisiert als idealisiert.[118] Aktuellen Umfragen zufolge ist nur jeder zehnte Single glücklich mit seinem Alleinsein. Und laut der Single-Forscherin Beate Küpper plant auch diese Minderheit ihr Solo-Leben nur auf absehbare Zeit, im Durchschnitt für acht Monate.[119]

Der unaufhaltsame Abstieg des Single-Images spiegelt sich, wie jede gesellschaftliche Veränderung, auch in den Massenmedien, etwa im Scheitern spezieller Single-Magazine. »Solos«, das »Magazin für Power-Singles«, erblickte im Jahre 2000 das Licht der Welt – und verschwand kurz darauf und kaum bemerkt wieder in der Versenkung. Auch in der Werbung sind die Zeiten vorbei, in denen die Single-Spezies als attraktive Zielgruppe galt. Geradezu nostalgisch wirken heute Werbeclips, in denen Single-Nachbarn einander mit Kaffee & Co. versorgten und damit zeigten: Auch Alleinsein verbindet. Heute setzt die Werbung, wie im Kapitel »Die Liebesrealität der Massenmedien« beschrieben, eher auf Familienglück und große Liebe.

Generell scheint die Zielgruppe Singles für die Wirtschaft weit weniger interessant zu sein als einst angenommen. Schon deshalb, weil die werberelevanten, gut verdienenden Yuppies deutlich in der Minderheit sind. Überwiegend zählen Singles nämlich zu den Geringverdienern. Hinzu kommt die Schwierigkeit, die Solisten zielgerichtet anzusprechen. In Bezug auf Alter, Interessen und Einkommen bilden sie eine extrem heterogene, individualisierte Gruppe. Und jene Produkte, die Singles ganz direkt ansprechen, sind mitunter eher freudloser Natur. So bietet etwa das Computerspiel »Singles – Flirt up your Life« die Möglichkeit, in der Virtualität am Ende des Alleinseins zu arbeiten, CDs zaubern Geräusche menschlichen Miteinanders in vereinsamte Single-Haushalte, und Partner-Kissen in Form von Oberkörpern bieten daunengefüllte Schultern zum Solo-Kuscheln.

Die Reaktionen der Singles auf ihren Ansehensverlust reichen von der Einigelung bis zum Protest. So propagiert die US-Bewegung »Quirkyalones« (»Eigenartige Alleinstehende«) ein neues Wir-Gefühl für Singles und rebelliert gegen einen vermeintlichen Zwang zur Zweisamkeit. Die aufrührerischen Alleinlebenden haben bereits den Valentinstag annektiert und zum »International Quirkyalone Day« umgetauft. Zu ihren prominenten Kronzeugen zählen Quasi-Quirkyalones von Jesus bis Oscar Wilde. Anführerin ist die Publizistin Sasha Cagen, deren Buch »Quirkyalone: A Manifesto for Uncompromising Romantics« zur Bibel der Schrulligen avancierte. Der Buchtitel verrät es bereits: Die Religion der selbstbewussten Singles ist erstaunlicherweise die Romantik. Die Quirkyalones sehen sich als »reine Romantiker«, weil sie an unverhoffte Liebeswunder glauben und die stressige Partnersuche ablehnen. Auch die Protestbewegung der Quirkyalones belegt: Singles haben in der heutigen Gesellschaft einen schweren Stand.

Die große Entzauberung des Single-Mythos hängt nicht zuletzt mit dem Untergang der New Economy zusammen, durch den die Yuppies ihre wirtschaftliche Grundlage verloren. Junge Rechtsanwälte, Journalisten, Mediadesigner, Betriebswirte oder

Informatiker jobben heute nebenbei in Callcentern oder Kneipen, um über die Runden zu kommen. Die Zahl der arbeitslosen Jungakademiker stieg allein im Jahr 2003 um 24 Prozent.[120] Galten vermögende Solisten einst als frei und fröhlich, sind mit dem Wegfall der ökonomischen Vorteile auch die Schattenseiten des Single-Daseins ins Blickfeld gerückt. Alleinlebende wurden zunehmend als einsam, sexuell frustriert und nur bedingt sozialkompetent stigmatisiert. Heute trifft es die Singles noch härter. Im Zuge der demographischen Zeitenwende und umkippender Bevölkerungspyramiden geraten sie mehr und mehr unter Verdacht, ein parasitäres Dasein zu fristen. In einer Gesellschaft, die den Gürtel enger schnallen muss und Geburten fördern will, erscheinen selbstgenügsame Solisten wenig zeitgemäß.

Besonders deutlich zeigt sich dieser Imagewechsel der Single-Kultur in der Fernsehunterhaltung. Schon die prototypische Single-Soap »Ally McBeal« verwies, wenngleich humoristisch, auf die anstrengende Ambivalenz des Single-Lebens. Hauptprotagonistin Ally war zwar finanziell unabhängig, aber als hoffnungslose Romantikerin zugleich dauerhaft unglücklich über die eigene Partnerlosigkeit und stets auf der Suche nach Mr. Right. Die Absetzung der Serie im Oktober 2002 war geradezu symptomatisch für den Abschied vom unbeschwerten Single-Lebensgefühl.

Auch »Sex and the City«, die zweite Single-Supersoap, zeigte den grundsätzlichen Widerspruch des Single-Daseins: das Zugleich von erlebnisreichem Ungebundensein und eigentlichem Gebundensein-Wollen. Einerseits genossen die Protagonistinnen ihre sexuelle Freiheit, und eine humoristische Dauerpräsenz von Sexthemen suggerierte geradezu, dass Frauen Männer vor allem zur körperlichen Bedürfnisbefriedigung brauchen. »Sex and the City« zeigte, dass die Frauen ein Terrain erobert haben, das zuvor ausschließlich in männlicher Hand war: Auch sie können heute Sex ohne Liebe genießen und alles Mögliche ausprobieren, ohne dadurch unter Flittchenverdacht zu geraten. Allerdings entspricht dieses sinnenfreudige Dasein nicht unbedingt der Realität des Single-Lebens. Studien zufolge gehen nur fünf Prozent aller Geschlechtsverkehre auf das Konto von Singles.[121] Vermutlich erlangte »Sex and the City« also auch deshalb Kultstatus unter Singles, weil die Serie ein Idealbild des Single-Daseins bot, das im wirklichen Leben Seltenheitswert hatte.

Doch auch wenn bei Carrie & Co. auf ultimative Erlösungsutopien à la Ally verzichtet wurde und, abgesehen vom Sex, nur wenig schöner erschien, als es im wirklichen Single-Alltag ist, so waren die »Sex and the City«-Damen doch zugleich hin- und hergerissen zwischen individueller Selbstverwirklichung und der Sehnsucht nach Romantik. So erfolgreich und unabhängig sie ihr Single-Leben lebten, so fahndeten auch sie nach Mr. Right, der hier bezeichnenderweise »Mr. Big« hieß. Beide Single-Serien zeigen also, dass die Liebe in den Zeiten der Individualisierung zu einem aufreibenden Kräftemessen zwischen Ich-AG und romantischer Sehnsucht geworden ist. Je größer die persönlichen Freiräume, desto größer der Wille zur Zweisamkeit. Nur an der Beziehungsfähigkeit scheint es zu hapern. Wie der optimale Liebescode für das moderne Individuum aussehen könnte, haben weder Ally McBeal noch die »Sex and the City«-Clique herausgefunden. So bieten die Soaps den Singles zwar Identifikationsmuster für ihr Solo-Dasein. In Sachen Langzeitliebe lassen sie die Zuschauer jedoch notgedrungen ratlos zurück. Und Zuschauer heißt hier insbesondere: Zuschauerinnen.

Warum zeigen die populärsten Single-Soaps stets Frauen an der Single-Front? Wahrscheinlich, weil man ihnen ein aufregenderes Alleinleben als ihren männlichen Mitstreitern attestieren kann. Ansonsten hätte auch ein »Alfred McBeal« nicht lange auf sich warten lassen. Dieser Umstand verweist auch auf einen grundlegenden Themenwandel in der Single-Debatte: Konzentrierte sie sich in den 90er Jahren noch auf das Miteinander von Singles und Nicht-Singles, ist die Spezies Single mittlerweile gesellschaftlich so weit etabliert, dass nun verstärkt die Unterschiede zwischen weiblichen und männlichen Singles in den Fokus rücken. Und da schneiden die Frauen schon finanziell besser ab: Im Durchschnitt verdienen sie besser als ihre männlichen Mitstreiter.

Die Wurzeln dieses Trends zur starken Solo-Frau reichen bis in die 70er Jahre zurück. So lautet eine Kernthese des Feminismus, dass Männer von der Ehe, Frauen dagegen vom Single-Dasein profitieren: Karrieremänner sind Ehegatten, Karrierefrauen sind solo. Seitdem versuchen Single-Forscherinnen zu beweisen, dass weibliche Singles nicht nur beruflich erfolgreicher sind als männliche, sondern auch psychisch und sozial besser mit ihrem Solo-Dasein klarkommen. Galt eine allein lebende Mittdreißigerin einst als besonders schwer vermittelbar, so scheint es ihren heutigen Altersgenossinnen geradezu blendend zu gehen. Sie gelten als selbstbewusst, selbständig und beruflich emanzipiert. Und sie müssen auch ohne männlichen Support nicht um ihre Existenz bangen.

Doch ganz so heil ist die weibliche Single-Welt vielleicht doch nicht. Der französische Soziologe Jean-Claude Kaufmann behauptet sogar, die Single-Frau sei heute geprägt vom »Paradox des schönen Scheins«: Fernab vom traditionellen Familienmodell, aber umgeben von Idealbildern des Paares und der Familie, verspüre sie auch dort, wo sie beruflich erfolgreich ist und äußerlich glücklich scheint, einen existenziellen Mangel.[122] Die Makellosigkeit ihrer Scheinwelt isoliere sie immer mehr von den wenigen Männern, die noch als potenzielle Partner infrage kämen, und zwinge sie dazu, ihre »Flugbahn der Autonomie« weiterzuverfolgen.

Die Einsamkeit kinderloser Karrierefrauen ist heute ein beliebtes Medienthema. Das lässt den Druck auf die Single-Frauen wachsen und ruft ein Heer von Beratern auf den Plan, die bisweilen abenteuerliche Vorschläge unterbreiten. Die amerikanische Autorin Rachel Greenwald etwa wendet in ihrem Bestseller »Find a Husband after 35« ökonomische Marketingprinzipien auf den Heiratsmarkt an: Single-Frauen sollten auf Markenidentität setzen und ihr Produktimage optimieren. Greenwald empfiehlt unter anderem das Verschicken von Foto-Grußkarten mit der Bitte um Verkuppelung sowie »Guerilla-Marketing« mittels auffälliger Accessoires, die als »Konversations-Zünder« fungieren. Das Liebes-Marketingbudget veranschlagt die Autorin bei zehn bis zwanzig Prozent des Jahreseinkommens.

Die Single-Rechnung »Je älter, desto frustrierter« trifft aber nicht nur auf Frauen zu. Umfragen zufolge gilt das Single-Leben ab 40 Jahren heute generell als uncool.[123] Werden Singles zwischen 25 und 35 Jahren noch als eigenständig, flexibel und aufgeschlossen beurteilt, gelten über 40-jährige Exemplare tendenziell als familiendefizitär. Brisant wird der Altersfaktor für Single-Frauen vor allem dann, wenn die biologische Uhr zu ticken beginnt und der Wunsch nach einem Baby wach wird. Dann muss verstärkt nach einem optimalen Erzeuger gefahndet werden. Erschwerend hinzukommen kann dann die Tatsache, dass ein Wunschkind oftmals die Karrierewünsche zerplatzen lässt. Ebenso verheerend kann es allerdings sein, wenn der Nachwuchs unerwünscht kommt und die Euphorie der Solo-Existenz stört. So trifft Single-Frauen in besonderem Maße die Widersprüchlichkeit des modernen Individualismus: die Diskrepanz zwischen der Hoffnung auf die Lebensliebe und den realen Möglichkeiten, die umso ernüchternder wirken, je utopischer die Ideale sind. Trendforscher haben Single-Frauen zwischen 30 und 40 Jahren daher das Etikett »Panik-Singles« verliehen.[124]

Und wie meistern die Männer den Single-Spagat zwischen Ego-Existenz und Liebessehnsucht? Während Frauen vom Alleinleben immerhin insofern profitieren, als sie das Selbstverwirklichungsterrain der eigenen Karriere erobern können, sind Single-Männer erst einmal verstärkt auf sich selbst zurückgeworfen. Job und Karriere sind für sie keine neuartigen Experimentierfelder fürs eigene Ego, sondern altbekannte Ingredienzien männlicher Selbstdefinition. Umso mehr müssen sie hier nun um gelingende Individualisierung kämpfen, in verstärkter Konkurrenz zu ihren weiblichen Mitstreiterinnen. Bleibt der berufliche Erfolg aus und finden sich keine anderen Selbsterfahrungs-Alternativen, steht Frust ins Haus. Vor allem ältere Single-Männer scheinen in Sachen Partnersuche schlechte Karten zu haben, denn im mittleren Alter ist das Alleinleben eher männlich und kann zudem in einen Teufelskreis aus Armut und Einsamkeit führen. Laut Statistischem Bundesamt führten die rund 640000 Arbeitsplätze, die in Deutschland zwischen 2001 und 2004 abgebaut wurden, fast ausschließlich Männer in die Arbeitslosigkeit.

Wie bereits im Kapitel »Sex sells – Love too!« erwähnt, hat der französische Schriftsteller Michel Houellebecq einige Schreckensszenarien männlicher Single-Existenzen gezeichnet. In seinen Romanen produziert der gnadenlose Wettbewerb um sexuelle Marktanteile männliche Verlierer und Versager en masse. In »Ausweitung der Kampfzone« etwa beschreibt Houellebecq die Folgen eines »fortschreitenden Verlöschens menschlicher Beziehungen«: Der Ich-Erzähler, ein Informatiker, zieht sich aus der sexuellen »Kampfzone« zurück, um fortan ein sinnentleertes, haltloses Dasein zu fristen, aus dem schließlich nur der Selbstmord einen Ausweg bietet. Auch in »Elementarteilchen« geht es um den Verlust von »Liebe, Zärtlichkeit und Brüderlichkeit«. Die postmodernen Singles pendeln hoffnungslos zwischen Exzess und Enthaltsamkeit, zwischen Swingerclubs und Askese. Sie fühlen sich in ihren Leben »wie in einem Hotel« und sind unfähig, die spärlichen Möglichkeiten zur Liebe, die sich ihnen bieten, zu nutzen. Als letzter Ausweg aus dem männlichen Single-Frust erscheint die Utopie einer neuen, geschlechtslosen Menschheit aus geklonten Hermaphroditen. In »Plattform« deutet Houellebecq immerhin einen Hoffnungsschimmer an: Erstmals führen hier sexuelle Begegnungen nicht ins Verderben.

Die Schattenseiten der männlichen Single-Existenz sind heute so sichtbar, dass Trendforscher bereits den Trend der »New Spinsters«, der »männlichen Frustsingles«, ausgemacht haben.[125] In unseren Großstädten entstehe eine Schicht aus frustrierten, mindergebildeten Männern zwischen 25 und 45 Jahren, die von den anspruchsvollen neuen Frauen nicht mehr wahrgenommen werden. Es mag also etwas dran sein, dass Single-Männer eher als ihre weiblichen Pendants für ein tristes Dasein zwischen Fastfood, Videos und Computerspielen prädestiniert sind. Single-Frauen dagegen sind schon dadurch vor Vereinsamung geschützt, dass sie – siehe »Sex and the City« – Netzwerke bilden und stärker sozial eingebunden sind.

Generell haben alle Alleinlebenden ein gesteigertes Bedürfnis nach sozialen Kontakten. Vor allem Freundschaften werden wichtiger. Viele Singles schaffen sich regelrecht Ersatzfamilien gegen die Einsamkeit: die Freunde als Verbündete im Kampf ums soziale Überleben. Freundschaften prägen als eine Art Quasi-Langzeitbeziehung die Identität, geben Halt und die Gewissheit, liebenswert zu sein, auch wenn keine Romantik im Spiel ist. Gerade die Tatsache, dass die Verpflichtungen in Freundschaften wesentlich geringer sind als in Beziehungen oder Familien, kann erleichternd sein. Es herrschen keine Absolutheitsansprüche wie in Liebesbeziehungen, es gibt keine Rundumkontrolle, alles passiert auf freiwilliger Basis. Aus diesen Gründen können Freunde mitunter sogar besseren seelischen Support leisten als Familienmitglieder oder Partner.

Psychologen zufolge pflegen Singles ihren Freundeskreis intensiver als Liierte und verstehen es auch besser, Freundschaften so aufzuteilen, dass sie für jede Gelegenheit die optimale Begleitung finden. Mit dem einen Freund quatscht man über den Job, mit dem anderen geht man ins Kino, mit dem dritten wird gejoggt. Dieses Selektieren macht Sinn, denn wie Liebesbeziehungen sind auch Freundschaften schnell überfordert, wenn sämtliche Facetten eines Charakters abgedeckt werden sollen. In der Liebe ist ein solches Aufmerksamkeitssplitting nicht möglich. Hier muss die ganze Person immer und überall mit eingeplant und bestätigt werden. Und weil man nur so als ganzes Individuum angenommen wird, boomt der romantische Liebescode auch und gerade in der Single-Gesellschaft. Denn je unattraktiver das Alleinleben erscheint, umso größer wird die Sehnsucht nach der wahren, großen Liebe.

Endstation Sehnsucht

Die Imagewende des Single-Daseins ist auch symptomatisch für ein generelles Revival der romantischen Liebe. Rund drei Viertel aller Deutschen glauben aktuellen Umfragen zufolge an die Liebe fürs Leben, Treue ist für neun von zehn Paaren ein hoher Wert.[126]

So schwierig die Liebe heute geworden ist, so sehnsüchtig wird sie gesucht und erwartet. Zwar wurde die romantische Liebe erst vor wenigen Jahrhunderten erfunden, dennoch scheint sie mittlerweile ein Basisbedürfnis des modernen Individuums zu sein. Vielleicht sind wir heute, nach hinreichender Erfahrung mit dem romantischen Liebescode, bereits süchtig geworden nach leidenschaftlicher Liebe und prickelnder Verliebtheit. Die Anthropologin Helen Fisher behauptet, wir könnten nur vier Jahre wirklich treu sein und müssten uns spätestens dann nach einem neuen Partner umschauen, um den Verliebtheits-Rausch zu erneuern.[127] Diese Zeitspanne ist evolutionsbiologisch plausibel: Nach rund vier Jahren ist die härteste Phase der Nachwuchsaufzucht überstanden, sodass die Eltern wieder stärker ihre Eigeninteressen wahrnehmen und sich nach neuen Partnern umsehen können.

Ist die Monogamie also nichts als ein Mythos, der vom romantischen Liebescode propagiert und in westlichen Zivilisationen gegen die tierischen Triebe des Menschen aufrechterhalten wird? Vielleicht ist das Konzept der seriellen Monogamie auch deshalb so populär: Unter den aktuellen Umständen bietet es eine angemessene Möglichkeit, um romantische und genetische Bedürfnisse auf einen Nenner zu bringen. Evolutionsbiologisch betrachtet, ist der Mensch ein Träger egoistischer Gene, der die eigene Art durch optimale Fortpflanzung erhalten will – das Immer-wieder-neu-Anfangen garantiert damit sowohl eine gewisse genetische Streuung als auch eine phasenweise Auffrischung romantischer Gefühle. Während in einer Langzeitbeziehung die Potenziale zur individuellen Bewunderung nach einiger Zeit ausgereizt scheinen mögen, verspricht die Liebe in Serie immer neue Möglichkeiten und Chancen, um sich auf eine neue Weise in einem anderen Menschen gespiegelt zu sehen.

Doch auch ganz generell verheißt ein Beziehungsende heute immer auch die Chance, andere Partner kennen zu lernen und damit auch andere Facetten der eigenen Persönlichkeit zu verwirklichen. Liebte der vorige Lover vor allem den schrägen Humor, schwärmt der Nächste vielleicht von den süßen Füßen, ein anderer vergöttert die niedliche Schüchternheit, ein weiterer huldigt dem Hintern. Wenn jeder neue Partner auch eine neue und vor allem neuartige Bestätigung des eigenen Ichs bedeutet, sind die Motive zum Seitensprung besonders verlockend. Der Schriftsteller Alain de Botton hat diesen Zustand »romantische Nostalgie« genannt: »Die Möglichkeit eines anderen Liebeslebens erinnert uns daran, dass das Leben, das wir führen, nur *eines* von einer Myriade möglicher Leben ist.«

Sosehr also das Konzept der lebenslangen Monogamie und das Ideal der Treue im Trend liegen, so schwierig scheint die praktische Umsetzung. In den Zeiten maximaler Möglichkeiten geraten Langzeitbeziehungen unter verstärkten Erwartungsdruck. Das Verlangen nach zügelloser Leidenschaft und völliger Hingabe passt schlecht zum Beziehungsalltag: Arbeitsstress und eine allzu große Vertrautheit lassen wenig Platz für heißblütige Abenteuerlust und schwärmerische Romantik. In solchen Situationen kann das Scheitern schnell als Chance erscheinen, als eine Möglichkeit, neue Ego-Erlebnisse zu sammeln.

Um es noch einmal zu betonen: All das macht die Liebe im Zeichen des Individualismus zu einer ambivalenten Angelegenheit. Der romantische Liebescode ist präsenter denn je, aber immer stärker steht das eigene Ego einer dauerhaften Bindung im Weg. Diese Zwiespältigkeit der modernen Zweisamkeit prägt bereits die heutige Jugend. Studien zufolge setzen Jugendliche in Sachen Sex und Liebe auf einen »sozial orientierten Egoismus«: Für 85 Prozent der Teenager ist »das eigene Wohlbefinden das Wichtigste im Leben«.[128] Zugleich nennen 80 Prozent der Jugendlichen Treue »das Wichtigste« in einer Partnerschaft.[129] Laut einer aktuellen Umfrage halten sogar 98 Prozent der 20- bis 29-Jährigen Treue für »wichtig« bzw. »sehr wichtig«.[130] Die große Liebe wird also mehr denn je gesucht, aber zugleich scheinen die meisten Menschen heute wesentlich schneller als früher bereit zu sein, eine Beziehung zu beenden, wenn sie dem eigenen Ego nicht voll und ganz entspricht. Damit könnte die serielle Monogamie noch attraktiver werden. Aber auch der Bund fürs Leben?

Wie sexy ist die Ehe?

Wie kompatibel ist die Ehe mit dem modernen Liebescode? Droht diese Form von Langzeitliebe im Zeitalter des Ego-Zentrismus zum Auslaufmodell zu werden? Zwar sind laut Statistischem Bundesamt noch immer fast neun von zehn deutschen Paaren verheiratet. Doch die Ehe ist immer unbeliebter geworden. 2003 fiel die Zahl der Heiraten auf den tiefsten Stand seit 1949. Insbesondere bei Jüngeren sinkt der Ehestern. So heirateten 2003 rund 12 Prozent weniger 25- bis 44-Jährige als 1991. Vielleicht heiraten die Deutschen auch deshalb immer später: Männer im Schnitt mit 31,6 Jahren, Frauen mit 28,8 Jahren.[131] Nichteheliche Lebensgemeinschaften sind dagegen stark im Kommen: Zwischen 1996 und 2003 legten sie um rund 30 Prozent zu, Lebensgemeinschaften mit Kindern sogar um 66 Prozent. Und parallel zur Unpopularität der Ehe steigt die Zahl der Scheidungen. Ließen sich 1991 rund 100 000 Ehepaare scheiden, waren es 2003 bereits 214 000 – ein historischer Höchststand. Heute werden in Deutschland mehr als ein Drittel, in Großstädten sogar rund die Hälfte aller Ehen geschieden.

Ein Blick auf die Historie der Heirat zeigt, dass das Verhältnis von Liebe und Ehe schon von jeher problematisch ist. Wie bereits im Kapitel »Liebesgeschichte(n)« beschrieben, passten Passion und Ehe über viele Jahrhunderte nicht zusammen: Die christliche Kirche des Mittelalters etwa verdammte die passionierte Liebe und duldete die Ehe später vor allem als eine Art Erziehungsinstitution für Kinder, die vorschriftsmäßig im christlichen Glauben gezeugt wurden. Große Gesellschaftsgruppen hatten lange Zeit keine Chance zu heiraten, weil das Recht auf Ehe an den Besitz von Vermögen gekoppelt war. Der Bund fürs Leben war dem Adel vorbehalten, der die Allianz von Heirat und Politik zur Sicherung der eigenen Herrschaft nutzte. Bis zur Erfindung der Liebesheirat im 19. Jahrhundert war die Ehe von gesellschaftlichen und familiären Vorgaben bestimmt. Und auch die »freie« Liebesehe diente zunächst dazu, verschiedene Sicherheitsfunktionen zu erfüllen: Als

Sexual- und Solidargemeinschaft, Erziehungsanstalt und wirtschaftliche Sicherungsstelle bildete sie eine Art Zukunftsmanagement im Zweierformat.

Mit den 68ern kam dann der Umschwung: Plötzlich sah man in der formalen Lebensgemeinschaft ein Relikt der bürgerlichen Repression und des Patriarchats. Die freie Liebe sollte die ehelichen Anpassungen und Abhängigkeiten ablösen. So galt die Ehe in den 70er Jahren regelrecht als Auslaufmodell. Heute hat sie zwar ihre Überlebensfähigkeit bewiesen, aber sie hat ihr Monopol auf monogame Zweierbeziehungen verloren. Feste Partnerschaften werden heute schon früh begonnen, man lebt zunächst alleine, in WGs oder mit dem Partner zusammen und sammelt Erfahrungen in verschiedenen Beziehungen und Beziehungsformen. Die Ehe kommt, wenn überhaupt, später. Betrug die Wahrscheinlichkeit, dass ein junger Deutscher heiratet, in den 60er Jahren noch 90 Prozent, ist sie heute auf 60 Prozent abgefallen.[132] Im Jahr 2000 waren nur 15 Prozent aller 30-Jährigen verheiratet – unter ihren Altersgenossen des Jahrgangs 1940 betrug die Quote noch stolze 70 Prozent.[133] Und auch die verlängerte Lebenserwartung wirkt sich hinderlich in Sachen Eheschließung aus. Dauerte eine lebenslange Ehe im 19. Jahrhundert knapp ein Jahrzehnt, umfasst sie heute statistisch mehr als 40 Jahre. Da zögert man vielleicht etwas länger, bevor man den lebenslangen Bund wirklich wagt.

Trotzdem orientiert sich die Familienpolitik in Deutschland noch immer am bürgerlichen Ehekonzept, das Verheiratete bevorteilt, vom Ehegattensplitting bis zur beitragsfreien Mitversicherung in der gesetzlichen Krankenkasse. Zwar sind die Zeiten passé, in denen Frauen nicht ohne Einwilligung ihres Gatten arbeiten oder über das eigene Geld entscheiden durften, und auch das Scheidungsrecht wurde entmottet. Früher bekamen Frauen zum Beispiel keinen Unterhalt, wenn sie für eine Scheidung schuldig gesprochen wurden. Eine Angleichung neuerer Bauart ist auch das Urteil des Bundesverfassungsgerichts zur Homo-Ehe, das ein »Abstandsgebot« zwischen ehelichen und nichtehelichen Beziehungen abschaffte. Und seit 2002 haben auch ledige Liebende vom ersten

Tag an Anspruch auf Arbeitslosengeld, wenn sie ihrem Partner zuliebe in eine andere Stadt ziehen. Trotz allem aber trägt das staatliche Beziehungsideal weiterhin eheliche Züge.

Die Frau von heute braucht jedoch keinen Ernährer mehr, von dem sie abhängig ist, sondern einen rundum kompatiblen Partner, der bereit ist, über seine Gefühle zu sprechen, anstatt lediglich die Grundversorgung zu sichern. Weil diese Anpassung den Männern schwer zu fallen scheint, werden rund 70 Prozent aller Scheidungen von Frauen eingereicht. Frauen sind heute schneller zur Trennung bereit, weil sie eine bessere Bildung und damit auch bessere wirtschaftliche Basisbedingungen haben, um sich die Scheidungsfolgen leisten zu können. Auch die allgemein gesunkene Kinderzahl erleichtert den Schritt zur Scheidung. Zumal sie häufig auch der Anfang einer neuen Beziehung ist. So sind fünf Jahre nach der Trennung 55 Prozent der Männer und 60 Prozent der Frauen wieder verheiratet, und jeder fünfte Bräutigam, der heute »Ja« sagt, ist Wiederholungstäter.[134] Die kulturellen Barrieren gegenüber der Scheidung sind verschwunden. War eine Scheidung einst eine Schande, ist sie heute ein ganz normaler Bestandteil moderner Biographien.

Was für eine Befreiung diese Entwicklung insbesondere für Frauen bedeutet, wird deutlich, wenn man die jüngere Vergangenheit der Institution Ehe betrachtet. So verkündete das Eherecht noch im 19. Jahrhundert, dass in der Ehe »nicht das Prinzip der individuellen Freiheit herrschen darf, sondern die Ehe als eine vom Willen der Gatten unabhängige sittliche und rechtliche Ordnung anzusehen ist«. Über diese »Ordnung« wurde die Ehe dauerhaft stabilisiert. Noch 1960 wurden nur 3,5 von 1000 Ehen geschieden. Eingeschränkt wurde dabei aber für lange Zeit die individuelle Freiheit der Frau. In der Nachkriegszeit und bis in die 60er Jahre orientierte sich in Sachen Ehe alles an der Arbeit des Mannes. Die weibliche Individualität konnte allenfalls in Haus und Heim ausgelebt werden, und das auch nur, solange sie den häuslichen Pflichten nicht in die Quere kam. Angesagt war also Anpassung an den Ehemann.

Welche bizarren Ausmaße das annahm, lassen frühere Eheratgeber erahnen, etwa Gertrud Oheims Braut-Bestseller »Die gute Ehe« aus dem Jahre 1959. Oheim impfte jungen Ehefrauen ein, »alles zu vermeiden, was der Wesensart oder dem Geschmack des Partners zuwiderläuft, auch wenn man dabei persönliche Opfer bringen muss«. Die »Einordnung in das Ganze« erfordere »Geduld, Toleranz und Selbstbeherrschung«. Die Ehe sei »grau vor Pflichten und Aufgaben«, die man unter »Aufgeben seines Egoismus« zu erfüllen habe, »ob sie einem passen oder nicht – der Mann in seinem Beruf, die Hausfrau in dem ihrigen: im Haushalt«. Eine gute Ehefrau verstehe es, »dem Mann ein Heim zu schaffen«, in das er »nach des Tages Arbeit gern zurückkehrt«. »Damit es keine Szenen gibt«, solle sie sich »hübsch und gepflegt zurechtmachen« und keine »Allerweltsgerichte auf den Tisch stellen«. Denn merke: »Die liebevolle Nachsicht junger Ehemänner verbrannten Kuchen oder ungestopften Socken gegenüber pflegt nie lange anzuhalten.« Auch beim Sex kam das weibliche Geschlecht nicht zum Zuge, denn auch hier war der Mann »selbstverständlich der führende und aktive Teil«: Kurzum: »In der Ehe ist nichts selbstverständlich, am allerwenigsten das Glück.« Liebe bedeutete also alles andere als persönliche Selbstentfaltung, sondern vielmehr »Verzicht und Opferbereitschaft, Schmerzen und Trauer«.

Unter derartig freudlosen Vorzeichen kann man mit Oscar Wilde die Ehe durchaus als Versuch betrachten, »zu zweit wenigstens halb so glücklich zu werden, wie man allein gewesen ist«. Zumal noch in den 50er Jahren eine Scheidung erst dann gestattet wurde, wenn ein Ehebruch oder ähnliche Vergehen nachweisbar waren. Ansonsten war eine Scheidung nur möglich bei ansteckenden Krankheiten, psychischer Störung oder Geisteskrankheit eines Ehepartners. Dagegen erscheint das heutige Zeitalter der individualisierten Ehe und institutionalisierten Scheidung geradezu paradiesisch.

Die steigenden Scheidungszahlen hängen aber vor allem mit den gestiegenen Ansprüchen an lebenslange Bindungen zusammen. Was generell für Beziehungen gilt, gilt für die Ehe ganz besonders. Sie bedeutet nicht mehr Verzicht auf individuelles Glück, sondern soll eher das Gegenteil leisten: eine Garantie für persönliches Glück. Die Ehe soll Romantik, Liebe, Partnerschaft, Sex und Nachwuchs unter einen Hut bringen und zudem noch das Bedürfnis nach Selbstverwirklichung erfüllen. Alle Sehnsüchte werden auf eine Person, den Partner, projiziert: Geborgenheit, Verständnis, Nähe, gemeinsame Interessen, guter Sex. Zumindest quantitativ sind Verheiratete jedoch sexuell im Hintertreffen. Während Nichtverheiratete durchschnittlich 145-mal pro Jahr Sex haben, kommen Verheiratete nur auf 100 Treffer.[135]

Am Beispiel der Ehe zeigt sich das Grundparadox der modernen Liebe besonders deutlich: Der moderne Individualismus macht den romantischen Liebescode ebenso unentbehrlich wie unwahrscheinlich. Heute scheitern Ehen weniger an den allgemeinen Schwierigkeiten des Zusammenlebens als an überzogenen Glücksansprüchen und dem Verschwinden romantischer Illusionen. In den Zeiten flexibler Arbeit und variabler Rollenvorstellungen kann die Sehnsucht nach Romantik damit geradezu zum Ehe-Killer werden. Der Psychologe Ted Huston fand in einer Langzeitstudie heraus, dass sich in den ersten zwei Jahren entscheidet, ob eine Ehe funktioniert oder nicht.[136] Paare, die einander am Anfang ihrer Beziehung romantisch verklären, sind dabei laut Huston besonders scheidungsanfällig: Je intensiver die anfängliche Verliebtheit und Leidenschaft ist, umso schwieriger wird es, diesen Level dauerhaft aufrecht zu halten. Hoffnungslose Romantiker sind demnach wahrscheinlichere Scheidungskandidaten als nüchterne Zeitgenossen, die ihre Liebe nicht zur Hollywood-Romanze hochstilisieren.

Dennoch kann sich das Wagnis Ehe durchaus auszahlen. So fand der britische Ökonom Andrew Oswald heraus, dass menschliche Glücksgefühle allesamt kurzfristiger Natur sind – einzige Ausnahme: Ein Lebenspartner hebt den persönlichen Wohlfühlpegel dauerhaft an.[137] Auch der Glücksforscher Ed Diener und der Psychologe Richard Lucas, die über einen Zeitraum von 15 Jahren das Verhältnis von Ehe und Lebenszufriedenheit in 42 Nationen untersuchten, kamen zu dem Ergebnis: Verheiratete fühlen sich besser als Singles.[138] Zu diesem Schluss kommen auch alle anderen Ehe-Studien. Allerdings stellt sich dabei die klassische Henne-oder-Ei-Frage: Sind die Verheirateten glücklich, weil sie verheiratet sind? Oder sind Menschen, die ohnehin schon glücklich sind, einfach heiratsfreudiger? Aufschlussreiche Antworten brachte hierbei Dieners Langzeitbeobachtung von Singles, die später heirateten. Die Studie zeigte zum einen, dass die Ehe zumindest einen kurzfristigen Glückskick gibt – der allerdings eher schwach ist: Auf einer Skala von 0 bis 10 bewirkte die Heirat lediglich einen durchschnittlichen Anstieg des Glücksgefühls von gerade mal 0,115 Punkten. Zudem ist diese Euphorie schnell vergänglich, denn schon nach durchschnittlich zwei Ehejahren ist wieder alles beim Alten. Diese Erkenntnis scheint die Annahme zu bestätigen, dass jeder Mensch eine Art Glücks-Eigenwert hat, zu dem er immer wieder zurückkehrt. Studien mit Lottogewinnern zeigen ähnliche Effekte: Auch hier weicht die anfängliche Euphorie bald wieder dem alltäglichen Zufriedenheitsgefühl. Entscheidend ist aber die anfängliche Einstellung zur Ehe: Menschen, die schon vor der Hochzeit zufrieden mit ihrem Leben waren, sind eher unbeeindruckt von der Ehe. Wer sich aber tendenziell schlecht und einsam fühlt, kann durch eine Heirat geradezu therapiert werden.

Was aber macht eine Ehe dauerhaft erfolgreich? Laut Beziehungsforschern vor allem ein starkes »Framing«: gemeinsame soziokulturelle Rahmenbedingungen, die eine solide Beziehungsbasis schaffen. Zum Beispiel eine gewisse Religiosität, die durch eine kirchliche Heirat demonstriert wird. Oder eine Vielzahl von Freunden und Verwandten, die die Partner als Paar immer wieder neu stabilisieren. Oder der beidseitige Wunsch, mehrere Kinder zu haben. Hilfreich soll auch ein frühes Kennenlernen sein sowie eine dörfliche Lebensweise, die gegen großstädtische Versuchungen immunisiert. All das vermittele ein Gefühl der Zusammengehörigkeit und verringere das Risiko von Krisen, Affären und Scheidungen. Wer also in Sachen Ehe auf Nummer Sicher gehen will, hält schon im Kindergarten Ausschau nach einem geeigneten Partner, besucht später regelmäßig Eltern, Großeltern, Onkel und Tanten, lebt auf dem Lande, heiratet mit Gottes Segen in der Dorfkirche und gründet schließlich eine Großfamilie. Oder er nimmt eine lange Ausbildung auf sich: Weiterführende Schulen und Unis sind nämlich der zuverlässigste Heiratsmarkt der modernen Gesellschaft.[139]

Familiensoziologen haben noch eine andere Ehe-Rechnung aufgemacht: die Kosten-Nutzen-Analyse, die auf der Bedeutung von Ehe-Hindernissen und -Alternativen beruht. Dabei gilt: Je niedriger die Hindernisse und je verführerischer die Alternativen, umso gefährdeter sind sogar gute Ehen. Andererseits können auch angeknackste Ehen halten, wenn die Umstände dazu zwingen und keine Auswege in Sicht sind. Eine hohe Barriere soll zum Beispiel ein spätes Heiratsalter bilden: Sind die »wilden Zeiten« bereits überstanden, sinkt das Scheidungsrisiko beim Mann angeblich um zwei, bei der Frau sogar um sieben Prozent pro Lebensjahr.[140] Heutzutage sind die Barrieren für moderne, individualisierte Ehepartner jedoch eher niedrig. Getrenntes Eigentum, fehlende religiöse oder moralische Scheidungsbedenken sowie die Tatsache, dass die Ehefrau heute normalerweise berufstätig und unabhängig ist – all das verringere die Ehe-Chancen. Hat die Frau etwa eine höhere Bildung als der Mann, soll das Scheidungsrisiko um saftige 45 Prozent steigen. 51 Prozent höher sei es, wenn einer der Ehepartner die Scheidung der Eltern erlebt hat. Teilen beide Partner dieses Schicksal, erhöhe sich die Wahrscheinlichkeit sogar um 146 Prozent. Scheidung scheint also gewissermaßen erblich zu sein. Noch verheerender wirkt sich der Faktor »bekannt gewordene Untreue« aus. Hier herrscht den Forschern zufolge ein Scheidungsrisikozuwachs von 1102 Prozent, sodass man sich eigentlich gleich scheiden lassen kann. Da bildet auch gemeinsamer Nachwuchs nur eine bescheidene Barriere: Kinder verringern das Scheidungsrisiko angeblich nur um schlappe 40 Prozent – 14 Prozent weniger als »gemeinsames Wohneigentum«.

Auch wenn die Statistik Kindern nur wenig Bindungspotenzial attestiert: Aus systemtheoretischer Sicht ist die Entscheidung für gemeinsame Kinder die wichtigste in einer Beziehung. Sie ist das sichtbare Signal dafür, dass die Zweisamkeit dauerhaft anvisiert wird, so dauerhaft, dass sie, im Gegensatz zur Ehe, wirklich unauflöslich ist. Diese Bedeutung wächst, je freier die Entscheidung für oder gegen die Bildung einer Familie getroffen werden kann, egal, ob im Rahmen einer Ehe oder nicht. Betrachtet man die skandinavischen Länder als Vorreiter in Sachen Familienpolitik, geht der Trend heute eher zum vorehelichen Kinderkriegen. Während Elternschaft und Ehe in Deutschland, Italien, Spanien und den USA noch immer stark verschwistert sind, kommt etwa in Norwegen schon fast die Hälfte aller Neugeborenen unehelich zur Welt. Denn heiraten muss heute tatsächlich keiner mehr. Religiöse Vorgaben sind passé, und ob man verheiratet ist oder ledig, spielt gesellschaftlich gesehen kaum mehr eine Rolle. Allerdings kann die Ehe heute eine neue Funktion erfüllen: Sie schafft eine langfristige Verbindlichkeit und vermittelt damit ein Sicherheitsgefühl, das umso attraktiver ist, je unsicherer die Zukunft erscheint. In unüberschaubaren Zeiten kann die Ehe damit auch strategisch als komplexitätsreduzierende Maßnahme eingesetzt werden (mehr dazu in Kapitel 9: »Die pragmatische Liebe«).

Ähnlich sieht es die Ethnosoziologin Martine Segalen. Wer heute heiratet, so Segalen, tue es nur, um sich und der Welt zu zeigen, dass er es ernst meint mit der Liebe.[141] Daher feiere heute der zeremonielle Charakter von Hochzeiten ein Comeback. Nach dem Vorbild aristokratischer Vermählungen lebt die festliche, luxuriöse Zeremonie vor zahlreichen Zeugen wieder auf, mit Hochzeitsfotos und -videos als symbolischen Trauungstrophäen. Heutige Hochzeiten sollen repräsentieren und gesellschaftliche Potenz demonstrieren. Damit kann die Eheschließung sogar zu einem Statussymbol der Neuen Mitte avancieren, zum individualistisch korrekten Ego-Event. »An und für sich kommt die Heirat heute auch als Rebellion gegen die Rebellion infrage«, schrieb Benjamin von Stuckrad-Barre 1999 in dem popliterarischen Manifest »Tristesse Royale«.

Allerdings ist dieses Event recht kostspielig, und es könnte durchaus sein, dass in Zeiten der Rezession wieder mehr Menschen nein zum Ja sagen. Bevölkerungswissenschaftler prophezeien sogar einen Trend zur »Bindung ohne Verbindlichkeit«.[142] Diese Voraussage hat jedoch einen entscheidenden Haken: Der Liebescode kennt keine Unverbindlichkeit. Er ist auf »persönlich« programmiert, und das heißt: auf Verbindlichkeit pur. Wer sich also unverbindlich bindet, darf zumindest nicht auf die große Liebe hoffen. Aber genau diese romantische Passion ist das wertvolle Gut, nach dem moderne Individuen fieberhaft suchen.

Wanted: Die perfekte Partnerschaft

Verliebt, verlobt, verheiratet, Kinder, Alter, Tod: Dieser strikte biographische Ablauf, der noch bis vor wenigen Jahrzehnten Gültigkeit hatte, ist in der individualisierten Gesellschaft hinfällig geworden. Heute kann sich jeder aussuchen, wann und mit wem er wie und wo leben und lieben will. Die Kehrseite dieser Wahlfreiheit ist ein Entscheidungszwang: Wie im Kapitel »Die Liebesrealität der Massenmedien« beschrieben, steht der Einzelne heute mehr denn je unter dem Druck, die mannigfaltigen Möglichkeiten so zu nutzen, dass sich seine Existenz in eine Kette aufregender Erlebnisse verwandelt. Moderne Individuen sind Existenzbastler, und weil die Liebe heute von existenzieller Bedeutung ist, sind sie auch Beziehungsbastler. So steht Bindungswilligen eine große Vielfalt an Beziehungsmodellen zur Wahl: Ehe und eheähnliche Gemeinschaft, mit oder ohne Kinder, Dreierkonstellationen und »Living apart Together«, Beziehungen und Affären mit oder ohne Sex, Fernbeziehungen – die Angebotspalette ist so reichhaltig, dass eigentlich kein Wunsch unerfüllt bleiben muss. Gleichgeschlechtliche Beziehungen sind heute ebenso gang und gäbe wie größere Altersunterschiede.

Seltsamerweise scheint aber gerade dieses Maximum an Möglichkeiten einen kontraproduktiven Effekt zu haben. In seinem Buch »The Paradox of Choice« beschreibt der Sozialwissenschaftler Barry Schwartz, warum uns gerade ein Maximum an Möglich keiten zu demotivieren scheint: Schon eine Option zu viel könne die Entscheidungsfreudigkeit blockieren, und unbegrenzte Möglichkeiten wären sogar in der Lage, »echtes Leiden« zu veranlassen. Schwartz illustriert diese Qual der Wahl mit einem Versuch, den er mit Supermarkt-Kunden durchführte: Als ihnen eine Auswahl von 24 Marmeladen zum Testen angeboten wurde, beteiligten sich 60 Prozent, doch nur drei Prozent waren danach kauffreudig. Bei einem reduzierten Angebot von sechs Sorten machten zwar nur 40 Prozent den Test mit, aber 30 Prozent von ihnen entschieden sich zum Kauf, die Netto-Kauffreudigkeit war also mehr als 6,5-mal höher. Schwartz plädiert deshalb für eine radikale Erwartungsreduzierung. Auch anhand solcher Befunde ließe sich erklären, warum so viele Beziehungswillige, gerade in den möglichkeitsreichen Metropolen, als Singles enden – und warum die bewusste Begrenzung von Möglichkeiten, etwa im Heiraten und Kinderkriegen, heute einen eigentümlichen Reiz ausübt.

Weil herkömmliche Beziehungsmuster wie die Ehe jedoch verstärkt mit Perfektions- und Selbstverwirklichungsansprüchen belastet sind, florieren innovative Beziehungsmuster. Für Liebesbeziehungen gilt heute Ähnliches wie für den modernen Lohnerwerb: Angesagt ist Flexibilität. Und eine besonders populäre Form flexibler Leidenschaft hängt oft unmittelbar mit dem Job zusammen: die Fernbeziehung. Der Soziologe Norbert Schneider hat die Spezies der Fernliebenden durchleuchtet und herausgefunden: In Deutschland l(i)ebt schon jedes achte Paar auf Distanz, Tendenz steigend.[143] Die meisten Anhänger dieses »Living apart Together« sind jung, kinderlos, gut ausgebildet und karrierebewusst. Drei Viertel der Dauerpendler sagten in der Umfrage, die Fernliebe habe ihre berufliche Entwicklung verbessert. Allerdings klagte die Mehrzahl von ihnen auch über negative Folgen für die Beziehung. Die Aufteilung der Existenz in Single- und Beziehungswelt scheint zwar dem Job zugute zu kommen, aber nicht unbedingt der Liebe.

Besonders leiden die Nomaden des Herzens darunter, dass sie ihre Defizite in Sachen Face-to-Face-Kommunikation via Mail und Handy kompensieren müssen. Ebenfalls spaßbremsend wirkt sich die Tatsache aus, dass Fernbeziehungen unter permanentem Zeitdruck stehen. Der Psychologe und Ökonomie-Nobelpreisträger Daniel Kahneman hat eine Skala der schönen Erlebnisse erstellt, auf der Sex ganz oben steht – und am Ende alles, was unter Zeitdruck passiert.[144] Selbst Sex verliert dann schnell an Qualität, wenn er nach Terminplan erfolgen muss. Kein Wunder, dass es mittlerweile schon Spezialtherapien für Fernbeziehungen gibt – und dass sich die Fernliebenden gerade nach dem sehnen, was anderen Paaren Panik macht: dem ganz normalen Liebesalltag.

Nichtsdestotrotz sehen viele in Fernbeziehungen auch eine optimale Kombination der Vorteile von Single- und Paarleben. Denn das neue Partnerschaftsideal der individuellen Unabhängigkeit und Selbständigkeit macht Lust auf Distanz. Rund 25 Prozent der Long-Distance-Paare entscheiden sich sogar freiwillig zur Fernliebe, darunter auch viele Geschiedene, die eine Wiederholung schlechter Erfahrungen fürchten. Und auch in Sachen »Living apart Together« scheinen die Frauen eine Vorreiterrolle zu übernehmen. So strebt vor allem das weibliche Geschlecht Fernbeziehungen an, während geschiedene Männer unter der Liebe auf Distanz eher leiden.

Die Auflösung traditioneller Rollenmuster und ihre Folgen machen deutlich, dass die Liebe problematischer denn je geworden ist. Weil Liebesbeziehungen Selbstverwirklichung, Individualität und Sinnstiftung leisten sollen, wird der positive Wert des Liebescodes immer unzugänglicher: Je weniger jeder Einzelne bereit ist, eine andere Persönlichkeit komplett zu akzeptieren, umso schwieriger gestaltet sich das Projekt Liebe. Laufen heutige Liebende also Gefahr, in einen Teufelskreis der Selbstliebe zu geraten? Will der moderne Mensch nur noch lieben, um sich selbst zu erleben? Macht diese Erwartung eine komplette Hingabe an den anderen unwahrscheinlicher und lässt die Liebe scheitern?

Dass es darauf keine einfachen Antworten geben kann, ist dem Liebescode bereits eingeschrieben. Wie im Kapitel »Liebesgeschichte(n)« beschrieben, war er bis vor rund zwei Jahrzehnten auf »Problemorientierung« programmiert. Angesichts unvereinbarer

Ansprüche wurde die Liebe zur Verhandlungssache. Auch deshalb ist das Thema »richtig Streiten« im Reich der Beziehungsratgeber längst zu einem zentralen Ansatzpunkt avanciert. »Glückliche Paare lösen ihre Konflikte miteinander auf faire Weise und leben nicht in der Illusion, dass ihr Zusammenleben die Antwort auf die Frage nach dem Sinn des Lebens sei«, schreibt etwa Susanne Stein in ihrem Buch »Damit die Liebe hält«. Mittlerweile ist es Common Sense, dass man auf der Suche nach langlebigen Beziehungsformen experimentieren, für die Liebe arbeiten und auch ein mögliches Scheitern in Kauf nehmen muss. Die Leitvokabeln einer solchen Liebescodierung lauten Kooperation, Teamwork und Verhandlungsgeschick. Wie aber kommt dabei die allseits erträumte Romantik zum Zuge?

Vieles spricht dafür, dass sich heute zwischen der Sucht nach individueller Selbstverwirklichung und der Sehnsucht nach romantischer Verschmelzung eine neue Liebesform abzeichnet, dass der Liebescode ein neues Gewand übergestreift hat. Die klassische Liebe als Passion kann es im Zeitalter des modernen Individuums nicht mehr sein. Aber vielleicht eine Liebe, die sowohl ihre Problempotenziale im Auge behält als auch den Blick auf eine Romantik gerichtet hat, die nicht nur idealisiert, sondern realisierbar ist. Es scheint, als könnte hier die Lösung liegen, die der Liebescode für die modernen Probleme mit der Passion gefunden hat, in einer neuen Form von Leidenschaft, die zwar romantisch, aber auch relaxt ist: die Liebe als pragmatische Passion.

9. Die pragmatische Liebe

Mehr Gefühl – mit Kalkül

Welche Form hat der Liebescode im 21. Jahrhundert angenommen? Welchen Spielregeln folgt die moderne Liebe heute, nach einigen Jahrhunderten Praxiserfahrung? Wie beschrieben, ist die romantische Liebe kein starres Gebilde, sondern eine Form von Kommunikation, die flexibel und wandelbar ist. Ihre Gestalt ändert sich im Laufe der Zeit, indem sie sich den Veränderungen der Gesellschaft anpasst. Nur deshalb erblickte die moderne Liebe überhaupt das Licht der Welt. Weil die Gesellschaft modern wurde, konnte die Liebe sich um etwas kümmern, das zuvor so noch nicht da gewesen war: Individualität und Persönlichkeit. Immer mehr ist die Liebe damit zu einem exklusiven Refugium für das Individuum geworden, von der mittelalterlichen Idealisierung bis hin zur Problematisierung im späten 20. Jahrhundert. Auch heute können wir in der Liebe etwas finden, was es sonst nirgendwo gibt: die totale Bestätigung der ganzen Person. Aber in welcher Form wird dieses Glücksversprechen heute eingelöst?

In seinem Buch »Liebe als Passion« sah Niklas Luhmann in der gegenwärtigen Liebe eine Art Problemlösungsagentur, die auf Verstehen abzielt und mit Romantik nicht mehr viel am Hut hat. In der Tat ging es in der Liebe spätestens seit Ende der 70er Jahre vor allem um wechselseitiges Verständnis. Nachdem die Geschlechter zumindest ideell gleichgestellt waren, wurde das Wissen um die Perspektive des Partners trainiert. Unter Schlagworten wie »Verhandlungsmoral« und »Beziehungsarbeit« mühten sich die Partner um die »Kultivierung der Beziehungsfähigkeit«. Auf die

Ära der Emanzipation war die Ära der Diskussion gefolgt. Das erweiterte das Beziehungsbewusstsein und schuf Freiräume für neue Verbundenheiten. Aber es sorgte auch für neue Konkurrenzen und Konflikte und damit zugleich für eine Rezession der Romantik. Die verständnisvolle, problembewusste Liebe war vollkommen politisch korrekt, aber nur bedingt romantisch korrekt. Schließlich beruht das Konzept der romantischen Liebe weniger auf Absprachen und Agreements als auf der Unberechenbarkeit großer Gefühle. Im Zeichen der Verständigung entfernte sich die Liebe also von ihren romantischen Wurzeln. Aber ist es tatsächlich so, wie Luhmann befürchtete, dass sich der Liebescode damit von der Romantik verabschieden würde?

Das Gegenteil ist der Fall: Die Romantik scheint keineswegs in Rente zu gehen, sondern wieder aktiver geworden zu sein. Sie hat ihren Weg in den Liebescode zurückgefunden. Allerdings weniger als eine überschäumende Woge der Leidenschaft, sondern als eine kontrollierte, aber tonangebende Strömung. Die Romantik feiert ein Comeback in eigenartiger Gestalt: als pragmatische Liebe. Nachdem die Grabenkämpfe der Geschlechter ausgefochten und die Problempotenziale ausdiskutiert sind, scheint der Weg frei zu sein für den Eintritt des Liebescodes in eine neue, gewissermaßen »postproblematische« Phase. Die Liebe auf Verhandlungsbasis ließ das Problematische an der Passion so weit ins kollektive Bewusstsein einsickern, dass jetzt ein Gespann aus Pragmatik und Romantik die Zügel übernommen hat.

Das heißt auch: Die Liebe ist heute so selbstreflexiv geworden, dass die explizite Reflexion wieder in den Hintergrund treten kann. Wir wissen, wie das Spiel mit der Verständigung funktioniert, wir kennen die Spielregeln – und können deshalb darauf verzichten, sie ständig durchzudeklinieren. Das entschärft die Beziehungsfalle des Totdiskutierens. Und es motiviert die Liebenden dazu, wieder mehr Romantik zu wagen. Die Gebote des Verstehens und Verhandelns sind so weit verinnerlicht, dass die Liebe wieder romantischer werden kann – und realistischer. So wissen die heutigen Liebenden, dass allzu hohe Erwartungen schnell zu

Enttäuschungen führen. »Wir lieben, aber wir reflektieren gleichzeitig unsere Erfahrungen und denken all die psychologischen Diskurse über die Liebe mit«, sagt auch die Soziologin Eva Illouz.[145] Die pragmatische Liebe sorgt deshalb dafür, dass die Leidenschaft auch umsetzbar wird. So ebnete die jahrzehntelange Problematisierung den Weg für eine neue, entspanntere und realisierbarere Form von Romantik.

Paradoxerweise macht dabei gerade der Verzicht auf den großen Gefühlsdusel die großen Gefühle wieder wahrscheinlicher. Romantische Utopien und Verschmelzungsphantasien sind heute keine Wunschvisionen mehr, denen es nachzueifern gilt, sondern eher ein Mittel zum Liebeszweck. Der moderne Mensch will sich nicht mehr in seinen Gefühlen verlieren, sondern die Liebesdinge selbst in die Hand nehmen, um sein persönliches Glück ganz bewusst zu maximieren. Die romantischen Traumvisionen bilden heute einen Baukasten voller Zeichen und Symbole, mit deren Hilfe wir an unserem individuellen Liebesglück basteln können. Die Romantik ist flexibel geworden. Wir können sie den eigenen Bedürfnissen anpassen, um den größtmöglichen Nutzen daraus zu ziehen. Und das wiederum heißt: um ein Höchstmaß an Emotionen und Erlebnissen zu erzielen.

Zu diesem Ergebnis kommt auch der französische Soziologe Jean-Claude Kaufmann in seinem Buch »Der Morgen danach«. Am Anfang von heutigen Liebesbeziehungen stehe nicht mehr ein überwältigendes Liebesgefühl, das alle negativen Aspekte des potenziellen Partners überdeckt, sondern »tausend kleine Gefühle«, die die Liebenden zunächst verunsichern und vor die Frage stellen: »Weitermachen oder nicht?« Die große Liebe besteht also nicht mehr aus einem einzigen überschwänglichen Urgefühl, sondern aus einer Vielzahl konkreter Eindrücke, Erfahrungen und Entscheidungen. Laut Kaufmann ist es damit viel weniger wahrscheinlich als früher, dass die erste Liebesnacht zugleich eine Liebesbeziehung einläutet. Am Morgen nach dem ersten Mal reflektieren beide Beteiligten zwischen Kaffee und Toast, zwischen Morgentoilette und Wohnungsinspektion, ob sie zueinander passen oder nicht. Denn in den Zeiten maximaler Möglichkeiten glaubt kein Mensch mehr, dass es nur einen einzigen Menschen geben kann, der zu ihm passt. Einzig der pragmatische Partnertest entscheidet über Sein und Nichtsein der Liebe. »Moderne Romantik geht sehr ironisch mit Gefühlen um«, meint auch Eva Illouz. »Wir glauben eben nicht mehr an die eine große romantische Liebe, die das ganze Leben bestimmt.«[146] Das Erstaunliche daran ist aber, dass diese realistischere Sichtweise keine neue Nüchternheit bedeutet. Im Gegenteil: Weil wir sozusagen weniger liebesblind sind, können wir einander sogar wesentlich näher sein als unter dem Bann träumerischer Idealisierungen.

Diese neuartige Vervielfachung der Liebesgefühle macht die Gestaltung der eigenen Liebesgeschichte sowohl wichtiger als auch komplizierter. Jede Liebe lebt von ihrer eigenen Geschichte, die die Liebenden aneinander bindet. Ist die Liebe aber keine Schicksalsgegebenheit mehr, sondern ein fortwährender Prozess, in dem die Liebenden erst nach und nach eine Identität als Paar entwickeln, wird es auch schwieriger, die einzelnen Episoden zu einer schlüssigen Liebesgeschichte zu verknüpfen. Kaufmann zufolge nutzen Liebespaare für diese private Geschichtsschreibung auch heute noch das traditionelle romantische Modell. Auch unter pragmatischen Bedingungen tun Paare so, als wäre ihre Liebe vom Schicksal vorherbestimmt. Auch das belegt, dass sich der Liebescode entscheidend verändert hat: Die Liebe wird pragmatisch betrieben, aber romantisch ausgeflaggt. Der klassische romantische Liebescode ist also keineswegs verschwunden, sondern eher wieder wichtiger geworden – nicht als Verhaltensvorgabe, sondern als Orientierungshilfe, die die Liebenden individuell nutzen können.

Kaufmann sieht in diesem Recycling des romantischen Liebesmodells jedoch ein Problem für die Liebe: Der Berufung aufs Schicksal fehle sozusagen die Berechtigung, weil die Liebe sich gegen keine gesellschaftlichen Widerstände mehr durchzusetzen habe. Tatsächlich gibt es heute keine äußeren Zwänge oder Vorgaben mehr, gegen die Liebende im Verbund mit dem Schicksal rebellieren müssten. Allerdings scheint Kaufmann zu übersehen, dass genau dieses vermeintliche Fehlen von Zwängen selbst einen neuen Zwang darstellen kann. Wie beschrieben, erzeugen die völligen Freiheiten ja auch den Druck, keine Chance ungenutzt zu lassen, und gerade die Massenmedien neigen dazu, die maximalen Möglichkeiten zur Maxime zu machen. Heute kann es schon ausreichen, eine halbe Stunde lang MTV-Videoclips anzusehen, um unter sexuellen Erwartungsstress zu geraten. Gegen diesen Überschuss an vermeintlichen Chancen bietet das Konzept der romantischen Liebe ein sicheres Gegengift. So wie der Reiz einer Familiengründung heute auch in der selbst gewählten Verpflichtung bestehen kann, bietet auch die pragmatische Nutzung der Romantik eine Möglichkeit, das Zuviel an Eventualitäten einzuschränken. So gesehen, kann man geradezu von einer romantischen Rebellion sprechen. Die Berufung auf das romantische Schicksal befreit von den Schattenseiten der totalen Befreiung.

Heutige Liebende scheinen daher ein Talent dafür entwickelt zu haben, Romantik und Pragmatik auf einen Nenner zu bringen. Sie wissen, dass eine Liebesbeziehung nur dann funktionieren kann, wenn romantische Gefühle im Spiel sind. Und sie wissen, dass dafür eine flexiblere Einstellung erforderlich ist. Die neue Romantik soll realisierbar sein, denn nur dann besteht auch Aussicht auf Ausschüttung der romantischen Ego-Ressourcen. Trotz harter Konkurrenz in den Erlebniswelten Job und Sex ist die Liebe heute mehr denn je die Nummer eins in Sachen Ich-Bestätigung. Sie ist ein lohnenswertes Lebenselixier, das Selbstbestätigung im XXL-Format garantiert. Die Aussicht auf diese Glückspotenziale verführt heutige Liebende zu romantischen und pragmatischen Investitionen. Deshalb sind Verhandlungsgeschick und Liebesdiplomatie, die Top-Features der vorherigen, problemorientierten Liebescodierung, heute weniger aus »politischen« Gründen gefragt, sondern schlicht und einfach deshalb, weil die Liebe wichtiger denn je fürs Ich ist.

Man könnte nun argwöhnen, die pragmatische Liebe sei eine verkappte Selbstliebe, eine Kosten-Nutzen-Kalkulation, die den Partner für die eigenen Zwecke instrumentalisiert. Allerdings würde der Liebescode derartige Unaufrichtigkeiten schnell ausfiltern. Das Gegenteil ist daher der Fall: Die pragmatische Liebe ist romantischer als ihre Vorgänger, gerade *weil* sie bewusst betrieben wird. Gerade das gesteigerte Selbst-Bewusstsein und die erhöhten Ich-Ansprüche machen heute wieder Lust auf Leidenschaft und Hingabe. Denn weil sich die Liebenden ihrer eigenen Interessen bewusster denn je sind, wissen sie auch, dass ihre Wünsche nur dann befriedigt werden können, wenn die Leidenschaft an erster Stelle steht. So findet die neue Liaison von Ratio und Romantik zwar auf einem gemeinsamen Ego-Nenner statt, und der Umgang mit den großen Gefühlen ist taktischer geworden. Doch gerade die Romantik und das Sich-Hingeben gehören zwingend dazu, denn ohne sie wären die Ich-Einkünfte nicht einmal halb so groß. Sie wären nämlich nicht persönlich. Insofern ist die pragmatische Liebe zwar aufgeklärt, aber keineswegs abgeklärt.

Die neue Liebesform profitiert von der Grundparadoxie, dass ein Mehr an Distanzierung zugleich ein Mehr an Nähe bedeuten kann. Wie dieses Wissen praktisch umsetzbar ist, zeigt der heutige Liebesnachwuchs, denn die jungen Liebenden scheinen Spezialisten in Sachen distanzierter Nähe zu sein: Sie leben lange in getrennten Wohnungen, wahren ihre finanzielle Unabhängigkeit und binden sich unter den Vorzeichen der Freiheit. Sie können das Glück der gleichberechtigten Geschlechter genießen, die keine Schlachten mehr um sexuelle, berufliche oder kulturelle Rechte und Chancen ausfechten müssen, sondern sich wieder mehr auf das Eigentliche konzentrieren können, auf die Liebe. Das hat auch den Sex unproblematischer gemacht. Heute ist das Liebesspiel kein Politikum mehr, kein Thema für Geschlechterdebatten, sondern eher eine Art körperliches Qualitätsmanagement. Sex ist nicht mehr an die Liebe gebunden, und gerade das könnte ihn wieder fruchtbar machen für die Liebe. So übersteigert die Erwartungen sein mögen, die die Massenmedien erzeugen: Ist die Liebe im Spiel, kann Sex heute freier, spielerischer und damit auch beziehungsfreundlicher ausgelebt werden. Auch das mag dazu beitragen, dass heutige Liebende weniger Angst haben vor Intimität und

Nähe. Sie setzen auf eine flexible Form von Liebe, die Leidenschaft sucht, aber Abstand wahren kann. Wenn es also den Trend zur Fernliebe tatsächlich gibt, dürfte er auch damit zusammenhängen, dass die flexible Romantik raumübergreifend wirkt.

Doch nicht nur in räumlicher, auch in zeitlicher Hinsicht ist die Liebe flexibel geworden. So wächst heute der Mut zur »ewigen« Liebe auch dann, wenn diese Ewigkeit nur eine Phase lang dauert. Auch die Liebe in Serie ist heute romantischer denn je. Der Sexualwissenschaftler Gunter Schmidt sieht daher in der seriellen Monogamie eine zeitgemäße Suche nach der optimalen Beziehung.[147] Die Liebenden begeben sich sozusagen auf beziehungsmäßige Bildungsreise. Jede Partnerschaft vermittelt ihnen neues Liebeswissen und macht sie damit beziehungsfähiger. Ging man früher vergleichsweise naiv in die Ehe, geht man heute zunächst auf die Suche nach Liebeserfahrungen. Denn je fitter man für die Langzeitliebe ist, umso wahrscheinlicher wird auch eine dauerhafte Bestätigung der eigenen Person. Insofern scheint tatsächlich jede Beziehungserfahrung eine Form von Ego-Kapital zu sein. So wie verschiedene berufliche Erfahrungen die eigene Professionalität optimieren und neue Fähigkeiten zutage fördern, erweitert jede Liebesbeziehung die eigene Persönlichkeit. Damit scheint die Monogamie in Serie dem neuen pragmatischen Liebesideal zu entsprechen: Sie ist sowohl romantisch also auch realistisch, sie lässt sowohl Raum für große Gefühle als auch für Rückzüge. Und sie ist, wenn es gut geht, ausbaufähig für die Ewigkeit.

Das Konzept der pragmatischen Passion hat die Phase der Problematisierung abgelöst. Es scheint das optimale romantische Rüstzeug zu liefern, um Liebe, Sex, Ehe und Familie auch in unübersichtlichen Zeiten unter einen Hut zu bringen. Heutige Liebende wissen sowohl um die besondere Anfälligkeit der Liebe als auch um ihre besondere Bedeutung für die Selbstbestätigung. Sie haben gelernt, dass die Idee des romantischen Dauerrausches ebenso verführerisch wie fatal sein kann. Dieses Liebeswissen macht die Liebe pragmatischer und damit auch alltagstauglicher. Wer um die Relativität der Liebe weiß und sich bewusst ist, dass die Liebe eine formbare Angelegenheit ist, der kann das romantische Liebeskonzept pragmatisch praktizieren und bewusst im Alltag nutzen – und die Romantik in die Realität holen.

Die Realität der Romantik

Die Vorstellung, dass Romantik und Leidenschaft vom Aussterben bedroht seien, erfreut sich einer dauerhaften Popularität. Schon die Tatsache, dass Sex heute mehr denn je auch ohne Liebe möglich ist, scheint zunächst dafür zu sprechen. Die Sexualität hat sich nicht nur von der Fortpflanzung, sondern auch von den Gefühlen emanzipiert. Das lässt einen »postmodernen« Umschwung im emotionalen Haushalt vermuten: weg vom Gefühl, hin zur Coolness und Beliebigkeit. Auch der Soziologe Niklas Luhmann ging davon aus, dass es in der Liebe immer weniger um Romantik als um Sex gehe. Und er fürchtete, dass diese neue Bedeutung der Sexualität die Liebe orientierungslos machen könne: Je mehr sich die Liebe von den idealisierenden Richtlinien der Romantik verabschiede, desto »formloser« werde der Liebescode und desto unwahrscheinlicher eine funktionierende Liebesbeziehung.

In der Tat scheint das klassische romantische Liebesmodell auf den ersten Blick ziemlich überholt zu sein. Übersteigerte, affektgeladene Amouren und ein Leiden an der Liebe, wie es noch Goethes Werther empfand, wird man heute nur schwerlich antreffen. In Filmen wie »Titanic« oder Herzschmerz-Romanen ist dieser alte Liebescode zwar weiterhin präsent. Aber er hat immer weniger zu tun mit der Art und Weise, in der heutige Individuen lieben. Die gute alte rauschhafte Romantik passt nicht mehr in die heutige Realität des Liebesalltags. Aber bedeutet dieser Zwiespalt wirklich, wie es auch Niklas Luhmann befürchtete, dass die Überlebenschancen der romantischen Liebe sinken? Herrscht heute wirklich eine »Krise der Liebesimagination«, wie es der Soziologe Jean-Claude Kaufmann vermutet, weil der Traum vom Märchenprinzen noch immer das oberste Ideal sei, an dem sich die Liebe messen müsse? Oder hat die Liebe sich bereits auf eine neue, flexiblere Romanze mit der Romantik eingelassen, eine Liaison, die die Romantik so pragmatisch angehen kann, dass sie wieder realisierbar wird?

Für eine solche Renaissance der Romantik unter pragmatischen Vorzeichen spricht schon die Tatsache, dass Beziehungen »freier« und damit zugleich gefühlsbetonter sind denn je. Weil die Liebe nicht mehr an gesellschaftliche Rahmenvorgaben oder finanzielle Verhältnisse gebunden ist, sind die emotionalen Bande wieder wichtiger geworden. Heutige Liebesbeziehungen sind deshalb hochgradig emotionalisiert und psychologisiert. Intimität und Vertrautheit spielen seit rund zwei Jahrzehnten wieder eine größere Rolle in der Liebe. Diese Rückkehr des Gefühls zeigt sich auch in einem Boom romantischer Werte. Drei Viertel der Deutschen glauben an die ewige Liebe, die Werbung setzt auf Herz und Emotionen, die US-Modebibel »W« titelte 2004 »Romance is back«, romantisch inszenierte Bebilderungen sind en vogue, und auch das Heiraten ist wieder gesellschaftsfähig geworden. Dieses neuartige Romantik-Revival könnte eine Art emotionaler Backlash sein, ein Protest der Passion gegen ihre vorherige Versachlichung. Die Geschlechterdebatten sind passé, jetzt können wieder Gefühle gezeigt werden.

Auch der Sex ist heute wieder »liebevoller« geworden. So hat der Sexualwissenschaftler Volkmar Sigusch beobachtet, dass die heutige Jugend Sexualität viel stärker an feste, monogame Liebesbeziehungen bindet als ihre Vorgängergeneration.[148] Der pure Sex sei keine große Glücks- und Lust-Metapher mehr, die Rausch und Ekstase verheißt. Vielmehr werde Sexualität heute auch negativ wahrgenommen und assoziiert mit unschönen Dingen wie Unfreiheit, Ungleichheit, Gewalt, Missbrauch und Infektion. Kein Wunder also, dass heutige Jugendliche laut Statistik weniger Geschlechtsverkehr haben als frühere Vergleichsgruppen. Der Trend scheint also zurück zu den romantischen Liebeswerten zu gehen. Dem Sexualtherapeuten Ulrich Clement zufolge stehen wir damit sogar an der Schwelle zu einer neuen Ära der Lust: Die jahrzehntelange Jagd nach multiplen Orgasmen habe zu einer neuen Sehnsucht nach sexueller Gelassenheit geführt. Erstmalig sei der Mensch nun in der Lage, »maximal selbstbestimmt« zu handeln und Sex authentisch und entspannt zugleich zu genießen.[149] Den Wunsch nach Nähe und Geborgenheit und eine tendenzielle Abkehr vom Sex ohne Liebe erkennt auch der Sexualwissenschaftler Gunter Schmidt. Angesagt sei Qualität statt Quantität und, last, not least, eine Romantik, die auch verwirklicht werden kann. Denn als qualitativ hochwertig gelte nicht mehr nur die Idee einer lebenslangen Liebesbeziehung, sondern vor allem ein generelles Mehr an Intensität, Nähe, Austausch und Intimität. Auch diese Befunde zeigen, dass die pragmatische Liebe auf dem Vormarsch ist.

Wie realistisch die Romantik heute betrieben werden kann, zeigt sich auch am Beispiel moderner Hochzeiten. Angesichts des Konsumcharakters von Hochzeitsmessen oder Supermarkt-Hochzeitsschnäppchen könnte man zwar argwöhnen, die wahre Liebe werde mittlerweile im Zeichen des schnöden Mammons entfremdet. In Wirklichkeit zeigen solche Phänomene aber vor allem, wie alltagstauglich die Liebe geworden ist. Gerade die Käuflichkeit der Romantik verdeutlicht, wie weit ihr Inszenierungscharakter bereits ins kollektive Bewusstsein vorgedrungen ist. So ist die Hochzeit ein klassisches Statussymbol: Die Wahl der Location, die individuelle Auswahl von Bühnenbild und Ausschmückung zeigen auch, wie »groß« die Liebe ist. Zudem bildet die Heirat einen verbindlichen Rahmen, der die große Liebe nicht nur symbolisieren, sondern auch immunisieren soll: Eine Heirat dient auch als Formverstärker für das generell zerbrechliche Liebesglück, ähnlich wie eine Familiengründung heute die Möglichkeit zur Minimierung der maximalen Möglichkeiten bietet. Sie verwandelt die moderne Wahlfreiheit in Schicksal und sorgt für Sicherheitsgefühle. Ähnliches hat der Familiensoziologe Beat Fux beobachtet: Die herkömmliche Ehe-Idee der lebenslangen, stabilen Treuebeziehung erhalte immer stärkere Konkurrenz von einem Modell, das die Ehe als Vertrag sieht.[150] Die Ehe werde dann zu einer Abmachung, die eine Partnerschaft elegant regelt – und damit zugleich Raum für Romantik lässt.

Vor allem aber ist eine heutige Hochzeit immer eine Aufführung mit einem steuerbaren Plot: Die Liebenden setzen sich als romantisches Paar in Szene. So wird die moderne Hochzeit zu einem ebenso romantischen wie kalkulierbaren Event. Diese Lust am Inszenieren verkörpert auch den romantischen Wunsch nach einer Verzauberung des Alltags. Man könnte geradezu von einer »postpostmodernen« Sehnsucht nach der großen Erzählung sprechen, bei der die Romantik Regie führt. Dabei zeigen sich auch deutliche Parallelen zur historischen Romantik: So wie die Ur-Romantiker des späten 18. und frühen 19. Jahrhunderts gegen den Rationalismus der Spätaufklärung und den Formalismus der Klassik rebellierten, herrscht auch heute eine Sehnsucht nach Wahrhaftigkeit und »Echtheit«. Die Globalisierungs- und New-Economy-Träume sind geplatzt, der Sozialstaat bröckelt, die Angst um den eigenen Arbeitsplatz ist alltäglich geworden. Unter diesen unsicheren Umständen wächst, ähnlich wie vor zwei Jahrhunderten, der Wunsch nach einer Wiederverzauberung einer entzauberten Welt.

Hinzu kommt eine weitere, pragmatische Parallele mit der Historie. Das romantische Liebeskonzept ist nämlich schon grundsätzlich potenziell pragmatisch angelegt. Seine Grundparadoxie besteht darin, dass das Ich in der Selbsthingabe zugleich gesteigert und bewahrt wird. So musste die Liebe zwar ekstatisch, mit Haut und Haar gelebt werden. Aber um diese Ekstase vollkommen auskosten zu können, musste sie zugleich reflektiert werden, also distanziert sein. Mit anderen Worten: Erst die Distanz kann die Intensität des Liebens und Genießens ins Unermessliche steigern. Dieses paradoxe Konzept, das Selbstreflexion und Engagement auf einen Nenner bringt, scheint heute in einer pragmatischen Variante zurückzukehren, und zwar nicht nur in Fernbeziehungen und »Living apart Together«-Projekten, sondern im ganz normalen Liebesalltag.

Heutige Liebende glauben zwar nicht mehr daran, dass die romantischen Ideale und Utopien tatsächlich verwirklicht werden könnten. Aber diese realistischere Sicht der Liebesdinge bedeutet nicht, wie es Luhmann noch in seinem Buch »Liebe als Passion«

annahm, dass das Raffinement der Romantik auf dem absteigenden Ast wäre. Im Gegenteil: Die romantischen Muster sind heute so vielfältig und individuell verwendbar, dass sie umso genauer eingesetzt und beobachtet werden können und müssen. Heute kann Romantik schon das Ans-Bett-Bringen eines Bechers Kaffee bedeuten oder einfach nur das schlichte Sich-füreinander-Zeit-Nehmen im stressigen Alltag. Die neue, realistische Romantik mag sich damit weniger offensichtlich und demonstrativ zu erkennen geben. Aber sie kann erkannt werden. Das ist das, was zählt, um die Liebe funktionieren zu lassen, sei es als herkömmliche Romantik oder als pragmatische Passion.

Liebe lieber strategisch

Die Rückkehr der Romantik als pragmatische Liebe profitiert von einem generellen gesellschaftlichen Wandel. Alte bürgerliche Werte und Konventionen feiern heute ein Comeback unter modernen, strategischen Vorzeichen. Traditionelle Tugenden wie Zuverlässigkeit, Disziplin, Verbindlichkeit und Höflichkeit liegen ebenso im Trend wie Familienstolz und Gemeinsinn. Diese Back-to-the-Roots-Bewegung könnte den Titel »Zurück in die Zukunft« tragen. Denn sie findet im Zeichen eines neuen Pragmatismus statt. Sie baut auf die Erkenntnis, dass die eigene Selbstentfaltung bessere Chancen hat, wenn gewisse Grundgebote beachtet werden. Und der Rückgriff auf Traditionen scheint eine besonders aussichtsreiche Taktik zu sein, um die eigenen Interessen erfolgreich zu verwirklichen.

Besonders deutlich zeigt sich dieser Wertewandel am Imagegewinn der Familie. Wie im Kapitel »Die flexible Familie« beschrieben, wird die Familie heute pragmatisch geschätzt als zuverlässiges Unterstützungsnetzwerk. Sie garantiert Geborgenheitsgefühle und sichert Vorteile in der Organisation des Alltags. Diese beiden modernen Familienfunktionen spiegeln sich auch in einer Rückkehr der Rituale in den Familienalltag. Psychologen zufolge werden heute kleine und große Traditionen wieder stärker gepflegt, von gemeinsamen Mahlzeiten bis zum Vorlesen von Gutenachtge-schichten.[151] Diese bewusst eingesetzten Inszenierungen des All-tags erfüllen einen konkreten Zweck: Sie ordnen das unüber-schaubare Leben, beschränken die Beliebigkeit und sichern damit einen persönlichen Profit. Denn Rituale ermöglichen ein intensi-veres Genießen von Gemeinschaft und damit auch einen emotio-nalen Ego-Gewinn. So kann das familiär eingebundene Individu-um nicht nur auf ein geordnetes Sozialgeflecht in einer scheinbar ungeordneten Gesellschaft bauen, sondern auch Erlebnisein-künfte erzielen.

Diese neue strategische Sicht der Dinge wird in diversen Unter-suchungen bestätigt. So kam etwa die Shell-Jugendstudie 2002 zu dem Ergebnis, dass unter Jugendlichen eine ausgesprochen prag-matische Haltung herrsche.[152] Es habe ein regelrechter Wertewan-del stattgefunden: von der reinen Selbstverwirklichung und dem ideologischen Engagement hin zu einem betont positiven Denken, das auf Leistung, Anpassung und »Umweltmonitoring« setze. Heu-tige Jugendliche scannen ihre soziale Umwelt demnach ganz be-wusst auf Chancen und Risiken. Die Leitfrage laute: Wie komme ich vorwärts, wer unterstützt mich dabei? Insbesondere Mädchen und Frauen seien heute ehrgeiziger und sicherheitsbewusster, wobei sie sich teilweise sogar männlichen Stereotypen annähern, was etwa Macht, Einfluss und Selbständigkeit betrifft. Die Studie kommt zu dem Schluss, dass die heutige Jugend auf eine neuartige Kombination von alten und modernen Werten setze: Ordnung, Si-cherheit und Fleiß seien ebenso wichtig wie Kreativität, Toleranz und Genussfreudigkeit. Und beide Pole würden strategisch kombi-niert, um den eigenen Erfolg zu maximieren und die Chancen auf ein interessantes, erlebnisreiches und sinnvolles Leben zu erhöhen.

Auch der Jugendforscher Bernhard Heinzlmaier sieht eine »Ego-Generation« heranwachsen, die ihre modernen Interessen mit traditionellen Mitteln durchsetzt.[153] Die heutige Jugend sei an-passungsfähig, wertkonservativ und schätze alles, was solide ist und Stabilität vermittelt, bis hin zu guten Manieren. Was zähle, seien nicht mehr revolutionäre Ideologien, sondern intelligente

Strategien. So ausgeflippt das Outfit sein mag – darunter verberge sich heute eine grundsätzlich pragmatische Haltung. Nicht zuletzt deshalb können heute sogar Bausparverträge einen Sexappeal auf Jugendliche ausüben. Der neue Boom der Bürgerlichkeit ist also eine Wiederkehr alter Werte im neuen Gewand. Die alten Tugenden sind nicht mehr normativ, sondern narzisstisch, nicht mehr dogmatisch, sondern ego- und erlebnisorientiert.

Damit scheinen die neuen alten Werte wie geschaffen zu sein für die modernen Existenzbastler. Zu dieser weit verbreiteten Spezies zählt heute nicht nur die Jugend, sondern auch die ins Straucheln geratene »Generation Golf«, die durch eine lange Rezession und ungewisse Zukunftsaussichten verunsichert ist. Das private und berufliche Scheitern ist heute zu einer kollektiven Erfahrung geworden, die ganz besonders die 30- bis 40-Jährigen betrifft. Deshalb kalkulieren sie Enttäuschungspotenziale ganz bewusst mit ein. So wie sie nach den passenden Jobs für die jeweilige Lebensphase suchen, fahnden sie auch nach dem passenden Partner. Diese strategisch ausgerichtete Beziehungsbastelei zielt sowohl auf romantische Erlebnisse als auch auf soziale Sicherheit.

Unter diesen Vorzeichen könnte man fast von einem weiteren Wandel sprechen: weg von der Ich-AG, hin zur Du- oder Wir-AG. Die Frage »Geld oder Liebe?« wird dabei hinfällig, denn Finanzen und Gefühle bilden heute keinen Widerspruch mehr. Im Gegenteil, emotionales Kapital kann heute sogar fehlendes finanzielles Kapital ausgleichen. Das zeigt schon die neue Sicherheitsfunktion der Familie: Je mehr die staatliche Absicherung reduziert wird, umso attraktiver wird die Familienbildung. Auch die Partnerwahl findet verstärkt unter diesem Aspekt der gefühlten Sicherheit statt. Ebenso scheinen Liebesbeziehungen heute auch offen dafür zu sein, sich finanziell anfeuern zu lassen. So sieht der Soziologe Ulrich Beck in Beziehungen einen Trend zur »privaten Zusatzversicherung« und hält sogar ein Comeback der traditionellen »guten Partie« für möglich.[154] Ökonomisch betrachtet, würde die Liebe dann auch auf den Prinzipien Leistung und Gegenleistung beruhen. Sie wäre eine emotionale Investition, die eine bestimmte Rendite verspricht. Eine Art Egoismus zu zweit.

Dennoch bildet die Liebe kein Projekt, bei dem das Vertrauen lediglich im Dienste eines rationalen Vorteilsstrebens steht. Liebe kann schon deshalb keine Konsumentscheidung sein, die aufgrund festgelegter Kriterien getroffen wird, weil sie nur dann Liebe sein kann, wenn sie keine Wahl lässt. So strategisch der Liebesbetrieb heute organisiert sein mag, er ist doch immer noch abhängig von der emotionalen Initialzündung. Springt der Funke nicht über, kann auch keine romantische Rendite erwartet werden. Eine Geben-und-Nehmen-Angelegenheit könnte die Liebe höchstens insofern sein, als beide Liebenden sich wechselseitig etwas geben durch ihre jeweilige Individualität. Es geht ja nicht um Leistungen, sondern um die Persönlichkeit des jeweils anderen. Und diese individuelle Komplexität kann das eigene Leben in der Tat bereichern.

Die heutige Liebe ist also keine rationale Angelegenheit, aber sie ist ein Projekt, das hohe Gewinne verspricht und deshalb strategischer denn je angegangen werden kann. Dieser Wandel spiegelt sich auch in der Liebesratgeber-Literatur. Klassische Ich-Inspektionen à la »Wenn Frauen zu sehr lieben« waren vor allem in den 90er Jahren populär. Heute sind neue, strategische Qualitäten gefragt. Zum Beispiel das pragmatische Recycling traditioneller Liebes-Anbahnungstechniken. Ein frühes Beispiel dafür ist der Bestseller »Die Kunst, den Mann fürs Leben zu finden« von Ellen Fein und Sherrie Schneider aus dem Jahre 1995, in dem die Effizienz des weiblichen Sich-Rarmachens und Nachgebens angepriesen wird. Jüngerer Bauart sind überpragmatische Varianten, die die Liebe nach den Regeln von Management-Training und Unternehmensberatung erklären wollen. Dazu zählt etwa das bereits erwähnte Buch »Find a Husband After 35«, in dem Rachel Greenwald ihren Leserinnen PR-Strategien für den Kampf um Liebesmarktanteile ans Herz legt. Ein anderes Beispiel ist Chérie Carter-Scotts Ratgeber »Wenn die Liebe ein Spiel ist, sind dies die Regeln«, in dem die Autorin unter anderem empfiehlt, bei der Partnersuche wie beim Autokauf vorzugehen.

So überzogen diese Ansätze sein mögen, sie belegen, dass die Liebesanbahnung heute taktischer denn je betrieben werden kann. In Sachen Partnerfahndung sind heute Effizienz und Flexibilität gefragt. Psychologen und Single-Berater empfehlen ihren Kunden, keine Zeit zu verschwenden mit ungeeigneten Kandidaten und bei Partys bereits im Vorfeld zu klären, wer ebenfalls solo ist. Die strategische Liebe nimmt Streuverluste nur ungern in Kauf. Flirtportale, Partnervermittlungsagenturen und Kontaktanzeigen sind mit nichts anderem beschäftigt, als die eigene Liebeszielgruppe möglichst überschussfrei anzusprechen. Der Zufall der Begegnung, eigentlich eine unabdingbare Voraussetzung für die Entstehung von Liebe, wird also systematisch minimiert. Wie aber kann aus einem »unzufällig« vermittelten Kontakt »zufällig« Liebe entstehen? Verabschiedet sich die Liebe vielleicht doch schon vom romantischen Zufallsprinzip?

Von einer solchen Verabschiedung kann schon deshalb keine Rede sein, weil der Zufall der Begegnung unverzichtbar zur Liebe dazugehört. Ein Fünkchen Zufallsschicksal ist notwendig für die romantische Liebe, denn nur so kann sichergestellt werden, dass keine äußeren Beweggründe im Spiel sind. Deshalb kann auch die heutige strategische Liebesanbahnung das Schicksal nicht ausschließen – aber sie kann es optimieren. Besonders deutlich zu beobachten ist das im Internet, wo die Suchprofile der Dating-Portale den Zufall strategisch reduzieren, um den Kreis potenzieller Partner möglichst exakt zu ermitteln. Für die Kontakte, die dann tatsächlich zustande kommen, gilt jedoch die gleiche Ungewissheit und damit auch das gleiche Zufallsprinzip wie für alle anderen Begegnungen. So kann die Vorauswahl zwar aussichtslose Kandidaten aussieben, aber diejenigen, die in die engere Wahl kommen, begegnen sich noch immer unter den gleichen Startbedingungen, als wenn sie sich im Supermarkt oder in der Kneipe kennen lernen würden. Sie sind füreinander nicht weniger unergründlich und undurchschaubar als alle anderen, und ob aus ihnen ein Liebespaar wird, ist ungewiss. Aber die vorherige Anbahnungsphase in Mails und Telefonaten macht ein Gelingen vielleicht etwas weniger unwahrscheinlich als im »wirklichen« Leben.

Mit dieser Zufallsoptimierung bietet das Internet beste Bedingungen für strategische Liebesanbahnungsmanöver. Zugleich kann im Schutze der virtuellen Anonymität eine wichtige Liebesstartbedingung erfüllt werden, die im Alltag Seltenheitswert hat: die Möglichkeit, höchstpersönlich über sich selbst zu reden. So gewohnheitsmäßig und »alltäglich« die Chat-Kommunikation mitunter sein mag, so einzigartig ist sie im jeweiligen Einzelfall. Jede Mail wird dann zu einer ambivalenten Angelegenheit, bei der feinste Nuancen Auskunft geben, ob Romantik im Spiel ist oder nicht. Und schon hier herrscht das Gebot der romantischen Exklusivität: Parallelchats mit anderen Usern sind verpönt, und wer es nicht versteht, diese Ausschließlichkeit zu suggerieren, ist schnell aus dem Spiel. Damit scheint das Internet ein besonders fruchtbares Biotop zu sein für eine strategische, aber dennoch romantische Kontaktanbahnung.

Gefühl und Kalkül bilden heute eine amouröse Allianz, die die Ära der Problematisierung und Authentizitätsfixierung beerbt. Das ist nur möglich, weil die Liebe schon grundsätzlich strategisch veranlagt ist. So stellte der französische Soziologe Pierre Bourdieu fest, dass wir uns trotz vollkommener Wahlfreiheit meist für Partner entscheiden, die über ein ähnliches kulturelles Kapital und ähnliche Erfolgschancen wie wir selbst verfügen. Und schon die irrationalen Romantiker wussten, dass der Liebesrausch auch rational betrachtet werden kann. Die Worte des Dichters Clemens von Brentano könnten glatt einem heutigen Liebesstrategie-Ratgeber entstammen: »Die Liebe allein versteht das Geheimnis, andere zu beschenken und dabei selbst reich zu werden.«

Der neue Liebescode

Die Evolution des Liebescodes hat eine neue Stufe erreicht. Nach der Epoche der Verständigung ist die Liebe in die pragmatische Phase eingetreten, die Problemorientierung ist der Praxisorientierung gewichen. Die Liebe hat eine weitere Haut abgeworfen und eine neue, zeitgemäße Gestalt angenommen. Auf dem gemeinsamen Nenner der pragmatischen Liebe haben Gefühl und Kalkül, Romantik und Realismus, Leidenschaft und Laisser-faire zu einer neuen Einheit zusammengefunden.

Allen Unkenrufen – und auch den Befürchtungen Niklas Luhmanns – zum Trotz steckt die Liebe also keineswegs in einer Krise. Sie ist auch nicht zu einem unverbindlichen »Anything goes« verkommen, wie oft voreilig angenommen wird. Denn auch in den Zeiten maximaler Möglichkeiten geht es noch immer um das »Special thing« Liebe, und dabei zählt nach wie vor nur eines: die leidenschaftliche Orientierung am Erleben des anderen. Der Liebescode folgt also weiterhin klaren Kriterien. Allerdings ist die Umsetzung dieser Kriterien undurchsichtiger und widersprüchlicher geworden, denn der Liebescode ist heute wesentlich freier verfügbar und individueller programmierbar als früher. Er liegt mehr denn je in der Hand eines jeden Einzelnen, und im Grunde kann jeder mit ihm machen, was er oder sie will, sei es nun pragmatisch oder nicht. Aber gerade diese Wahlfreiheit macht die neue, pragmatische Programmierung so attraktiv. Sie liefert keine verbindliche Liebesanleitung, sondern bietet den modernen Beziehungsbastlern Strategien, um das Maximum an Liebesmöglichkeiten effektiv auszuschöpfen. Wer pragmatisch liebt, versteht es, die romantischen Liebesbausteine so zu kombinieren, dass gelingende Liebe wahrscheinlicher wird. Damit ist die flexible Romantik sogar romantischer als ihre Vorgänger.

Zugleich scheint die pragmatische Passion das einzulösen, was Niklas Luhmann in seinem Buch »Liebe als Passion« als einzige Möglichkeit für einen neuen Verhaltenscode der Liebe betrachtete. Auch wenn er es für unwahrscheinlich hielt, sah Luhmann die einzige Chance für eine leidenschaftlichere Weiterentwicklung des Liebescodes in einer neuen Paradoxie: Die Liebe müsse wieder eine glaubwürdige Lebensgrundlage bilden, indem sie Illusion und Realität auf eine neue Art und Weise zusammenbringe. Diesen Anforderungen wird die pragmatische Liebe gerecht: Liebe ist heute im Leben eines jeden Einzelnen wichtiger denn je, nicht nur als ultimative Ego-Bestätigung, sondern auch als Sicherheit verheißendes Bindemittel. In dieser pragmatischen Form vereint die Liebe traditionelle romantische Wunschvorstellungen mit modernen realistischen Sichtweisen. Die romantischen Liebeskonzepte erleben eine neue Blüte vor dem Hintergrund einer unsicheren Zukunft, und die pragmatische Liebe sorgt dafür, dass die Verwirklichung der leidenschaftlichen Visionen wieder wahrscheinlicher wird.

Wie bereits beschrieben, könnten dabei gerade die maximierten Möglichkeiten jene modernen Widerstände sein, gegenüber denen sich die heutige pragmatische Passion profiliert. Auch wenn die Liebe heute vollkommen autonom ist, passt sich ihre jeweilige Form weiterhin den gesellschaftlichen Gegebenheiten an. Das Revival der Romantik könnte demnach eine Reaktion auf den heutigen Overkill an Erwartungen sein, eine romantische Rückwirkung, die zu einem Schulterschluss mit dem Schicksal motiviert. Es zählt jedoch zu den Paradoxien der pragmatischen Liebe, dass diese romantische Rebellion sich nicht auf den ersten Blick zu erkennen gibt. Das neue »Dagegen« ist nicht mehr heftig und rauschhaft wie noch im 18. Jahrhundert, sondern taktisch klug und durchdacht.

Dieser neue Pragmatismus bedeutet auch ein neues, entspannteres Verhältnis zur Aufrichtigkeit. Sie ist zwar weiterhin unabdinglich, aber kann zugleich relaxter denn je gemanagt werden. Wer »unecht« liebt, also zum Beispiel Leidenschaft nur vortäuscht, um sich romantisch zu bereichern, hat auch heute schlechte Liebeschancen, zumal ihm der Zugang zu den romantischen Ego-Ressourcen schon prinzipiell versperrt ist. Aber erstmals seit langem scheint Authentizität heute nicht mehr das Liebesthema Nummer eins zu sein. Seit dem 18. Jahrhundert war die Unmöglichkeit, die eigene Aufrichtigkeit mitzuteilen, ein ebenso zentrales wie unlösbares Liebesproblem. In der Phase der Problematisierung lebte diese Arbeit an der Authentizität noch einmal auf: »Echte« Liebe musste sich in ein partnerschaftlich korrektes Gewand hüllen. Und wer Diskussionsdefizite an den Tag legte und in Sachen Beziehungsarbeit schwächelte, stand unter dringendem Tatverdacht, unaufrichtig zu lieben.

Mittlerweile scheint das Problem aber gar keines mehr zu sein. Wir wissen, dass die Aufrichtigkeitsfrage in einen Teufelskreis führt: Je außergewöhnlicher eine Liebesbekundung erscheinen will, umso verdächtiger macht sie sich. Wir kennen die vergeblichen Versuche, diesen Kreis zu durchbrechen – und können deshalb immer mehr darauf verzichten. Diese gesunde Skepsis gegenüber der Authentizität bedeutet nicht, dass Aufrichtigkeit an Bedeutung verlieren würde. Gerade ihr Seltenheitswert macht sie wieder besonders attraktiv. Aber zugleich kann sie heute pragmatischer angegangen werden: Die Unmöglichkeit der »totalen Verständigung« muss heute kein Dilemma mehr sein, sondern kann als unabänderliche Tatsache akzeptiert werden. Auch das spricht dafür, dass die Liebe in eine neue Phase eingetreten ist und dabei vielleicht sogar en passant ein uraltes Liebesproblem löst.

Für die Liebenden könnte ein Weniger in Sachen verbalisierter Gefühle auch ein Zurück zur Körpersprache bedeuten. Oder eine verstärkte Hinwendung zur Sprache des Konsums. Schließlich sagen nicht nur Blicke und Berührungen, sondern auch Blumen oder Brillanten mehr als tausend Worte. So kann das Mitbringen einer Rose sowohl eine grundromantische Handlung als auch ein bewusst eingesetztes Symbol sein, das einen romantischen »Zweck« erfüllt: Es kommt der Liebesbeziehung zugute – und damit auch dem eigenen Ich. Das romantische Wissen kann im heutigen Liebesalltag situativ abgerufen und eingesetzt werden, ohne dass dieser Nutzwert »unaufrichtig« erscheinen muss.

Nun man mag sich fragen, wie massenkompatibel diese vergleichsweise komplizierte Form des Liebescodes sein kann. Wie im Kapitel »Sex sells – Love too!« beschrieben, ist die Soziologin Eva Illouz der Ansicht, dass die Mittel- und Oberschichten romantisch privilegiert sind: Sie verfügen nicht nur über die nötigen finanziellen Mittel, um den grauen Beziehungsalltag mit rauschhaften Momenten zu verschönern, etwa in Form von Urlauben oder Geschenken, sondern sind auch bevorzugt, was den romantischen Bildungsreichtum betrifft. Nicht jeder scheint über so viel kulturelle Kompetenz zu verfügen, um Ich- und Wir-Gefühle auseinander halten und neu kombinieren zu können. Auch Niklas Luhmann meinte: »Mit ›romantischer Ironie‹ zu lieben, das ist nicht für Arbeiter oder Dienstmädchen gedacht.« Für diese Sicht scheinen zunächst auch die Ergebnisse einer aktuellen internationalen Studie zu sprechen: Die Forscher fanden heraus, dass die heutigen Brautpaare mehr denn je auf einem ähnlichen Bildungslevel sind.[155] Man heiratet sozusagen wieder mehr seinesgleichen, und das könnte auch heißen: einen Menschen, der über ein ähnliches Liebeswissen verfügt. Es ließe sich also auch vermuten, dass nicht jeder so »liebesgebildet« ist, um eine pragmatische, aber dennoch romantische Partnerschaft zu führen. Zumal das massenmediale Lehrmaterial in Sachen Liebe weniger an komplexen und paradoxen Phänomenen interessiert ist als an den spektakulären Seiten des Zusammenseins.

Andererseits geben auch die Massenmedien Nachhilfe in Sachen pragmatischer Liebe, allen voran die neuen Medien. So schult die strategische Liebesanbahnung im Internet auch eine realistischere Romantik und verbreitet das neue Liebeswissen vielleicht sogar von »unten nach oben«: Mit dem Internet hat der Liebescode ein demokratisches Medium gefunden, um seine massenhafte Verbreitung voranzutreiben. Im Netz wird die neue Liebe zugänglich für jedermann und -frau, es herrschen gleiche Startbedingungen für alle, und in der virtuellen Anonymität erlebt die persönliche Kommunikation eine neue Blüte. So zeigt das Internet, dass die pragmatische Liebe kein elitäres Geheimwissen für Auserwählte ist, sondern eine Denkweise, die dem modernen Menschen angemessen ist und ihm im alltäglichen Leben begegnet.

Wie populär diese pragmatische Sicht der Liebesdinge schon heute ist, offenbart auch der Bereich der Liebesfachliteratur. Wie im Kapitel »Problematische Passion« beschrieben, sind die gleichmacherischen »Gender Studies« abgelöst worden von der neodarwinistischen Soziobiologie, und die Unterschiede zwischen den Geschlechtern werden wieder hervorgehoben. Das hat neue Spannungen um das alte Thema Liebe geschaffen und dazu geführt, dass die Liebenden das Liebesspiel heute unter realistischeren Vorzeichen spielen können. Diese neue, direktere Perspektive auf die Passion zeigt sich auch in der Kunst[156]. Eine neue Generation junger Maler, von Kaye Donachie, Shannon Bool und David Thorpe bis zu den Deutschen Matthias Bitzer, Kerstin Kartscher oder Dirk Beil, verbindet romantische, auch kitschige Motive mit einer Lust am Abstrakten und Rationalen: Die alte Romantik wird heiß ersehnt – und kühl dekonstruiert, sodass eine Art strategische Emotionalität entsteht, bei der sich Pathos und Pragmatik die Hand reichen. Im Rückgriff auf romantische Motive werden so die heutigen Sehnsüchte der Gesellschaft reflektiert. In der Literatur versuchen Autoren wie Benjamin von Stuckrad-Barre oder Maxim Biller eine neue, privatistische Authentizität. Auch der Brite Adam Thirlwell, der in seinem vielbeachteten Debütroman »Strategie« eine Vielzahl von Sexmissgeschicken und -missverständnissen beschreibt, feiert am Ende die romantische Liebe. So unterschiedlich und ausschnitthaft diese Beispiele sind: Sie zeigen, dass die Liebe heute als ebenso widersprüchlich wie wertvoll wahrgenommen und ebenso romantisch wie realistisch dargestellt wird.

Denn die pragmatische Liebe ist eine grundsätzlich ambivalente Angelegenheit: Wer heute liebt, hat den romantischen Rausch im Visier und weiß doch, dass er die Kontrolle behalten muss, um das Liebesglück gelingen zu lassen. Das kann auch bedeuten, dass eine Beziehung zunächst zögerlicher und vorsichtiger begonnen wird, weil man um die Gefährdung der großen Gefühle weiß. Diese Gefühlskontrolle bedeutet aber nicht, dass heute weniger gefühlsecht geliebt würde. Im Gegenteil: Die gezügelte Gefechtseröffnung kann auch eine bewusste Strategie sein, um die persönlichen Glücks- und Erlebnischancen zu erhöhen. Unter pragmatischen Vorzeichen ist die Liebe weniger idealisierend und dafür lebensnäher. Sie ist keine schicksalhafte Bestimmung mehr, sondern eher das Projekt »Gemeinsam glücklich werden«, und dieses Projekt kann und muss, wie jedes Projekt, selbstbestimmt angegangen werden. Damit ist die Liebe ego- und erlebnisorientierter denn je – aber zugleich auch leidenschaftlicher und romantischer.

Dieses bewusstere und zugleich leidenschaftlichere Liebeshandeln lässt sich sogar als Anzeichen für das Voranschreiten des Zivilisationsprozesses deuten. Betrachtet man den Prozess der Zivilisation mit Norbert Elias als stetige Zunahme der Affektkontrolle, besteht eine besonders raffinierte Weiterentwicklung im kontrollierten Wiederzulassen von Affekten. Einen solchen Fortschritt scheint auch die pragmatische Liebe darzustellen. Heutige Individuen sind flexible, anpassungsfähige Persönlichkeiten, die ein neuartiges Gefühlsmanagement entwickelt haben. Ihre hochentwickelte Beobachtungsgabe, insbesondere ihre ausgeprägte Fähigkeit zur Selbstbeobachtung, ermöglicht einen kontrollierten Abbau der emotionalen Kontrollen. Der moderne Mensch kann wieder mehr Gefühl wagen, und er kann diese Gefühle ebenso aufrichtig wie kalkuliert verwirklichen.

Diese Gratwanderung zwischen Passion und Pragmatik verlangt den Liebenden Höchstleistungen in Sachen Selbstbeobachtung ab. Einerseits erfordert die romantische Liebe die bedingungslose Orientierung am Erleben des anderen. In dieser Hinsicht ist alles beim Alten geblieben: Alles muss persönlich genommen werden. Andererseits setzt die pragmatische Passion auf eine sachlichere Sichtweise, bei der die eigenen Interessen stets mitbeobachtet werden. Wer heute liebt, liebt also zugleich leidenschaftlicher und disziplinierter. Einerseits muss er authentische Signale der Leidenschaft senden, um zu zeigen, dass sich sein Handeln am Erleben des anderen orientiert. Andererseits muss er die Eigenheiten des anderen akzeptieren und sich nicht ganz und gar von dessen »Bestätigungsleistung« abhängig machen, um seine Ego-Einkünfte zu sichern.

Man könnte die pragmatische Liebe damit sogar eine Liebe zweiter Ordnung nennen, weil das eigene Liebeshandeln stets von einer höheren Warte aus mitverfolgt und reguliert wird. Diese eingebaute »Über-Ich-Perspektive« erlaubt es, den Liebescode romantisch zu praktizieren, aber dennoch bewusst zu steuern. So ist die Liebe immer noch das alte Spiel, aber die Spielregeln haben sich geändert. Einerseits begründet sich die Liebe immer noch aus sich selbst: Man liebt, weil man liebt. Aber darüber hinaus ist die Liebe auf eine neue Weise offen für Beweggründe »von außen«. Man kann den anderen intuitiv lieben, weil er so ist, wie er ist, aber zugleich auch ganz bewusst, weil er einen durch dieses So-Sein in den Genuss romantischer Erlebnisse kommen lässt.

Damit weist die pragmatische Liebe auch eine Parallele zur Werbung auf: In beiden Fällen liegen die Motive offen, und dennoch funktioniert das Spiel. Die Werbung ködert den Käufer, indem sie ihm schöne Erlebnisse verspricht, obwohl das Verkaufsmotiv ganz offensichtlich ist. Die Liebe lockt die Liebenden, indem sie ihnen romantische Erlebnisse verspricht, und auch dieses Motiv des persönlichen Profits ist den Liebenden heute bewusster denn je. Die Erlebnisproduktion wird durchschaut, aber sie funktioniert – und kann sogar eigenmächtig in die Tat umgesetzt werden.

All diese Befunde deuten darauf hin, dass die problemorientierte, verständnisfixierte Liebe, die Niklas Luhmann in »Liebe als Passion« beschrieben hatte, abgelöst worden ist von der pragmatischen Liebe, die zugleich einen neuartigen Liebestypus bildet: eine Form von Liebeskommunikation, die nicht nur auf die herkömmlichen Muster des Liebescodes zurückgreift, sondern sich zugleich von ihnen emanzipiert. So liefern die romantischen Rahmenvorgaben zwar immer noch den kulturellen Background, vor dem sich alle Liebenden verständigen können. Aber zugleich ist die pragmatische Liebe eine so persönliche Angelegenheit, dass sie gar nicht gesellschaftsweit verkündet werden könnte, weil sie jeder nach seinen eigenen Vorstellungen formen kann. Dieses Fehlen klarer romantischer Vorgaben lässt uns heute sicherlich oft schwieriger lieben als unsere Vorfahren, die sich am Konzept der passionierten Liebe orientieren konnten und mussten. Aber dafür steht uns heute eine enorme Vielfalt an Chancen und Gelegenheiten zur Verfügung, um unseren persönlichen Vorstellungen gemäß zu lieben und glücklich zu werden.

Damit teilt die pragmatische Liebe das Schicksal sämtlicher moderner Entwicklungen: Sowohl die positiven als auch die negativen Aspekte nehmen zu. Aber man darf durchaus einige Hoffnung in diese flexible Form von Romantik setzen. Denn ihre Mixtur aus leidenschaftlichen und strategischen Zutaten ist so widersprüchlich, dass sie dem paradoxen Liebescode entspricht: Sie bildet eine Kombination aus Wunsch und Wirklichkeit, die heute wichtiger denn je ist. Denn auch für die heutigen Liebenden gilt noch immer, was Goethes Werther vor mehr als zwei Jahrhunderten ausrief: *» Was ist unserem Herzen die Welt ohne Liebe! Was eine Zauberlaterne ist ohne Licht! Kaum bringst du das Lämpchen hinein, so scheinen dir die buntesten Bilder an die weiße Wand! Und wenn's nichts wäre als das, als vorübergehende Phantome, so macht's doch immer unser Glück, wenn wir wie frische Jungen davor stehen und uns über die Wundererscheinungen entzücken.«*

10. Ausblick: Die Romantik des Cybersex

Love-Fiction: Die Zukunft der Liebe

Wohin entwickelt sich die Liebe im dritten Jahrtausend? Der aktuelle Stand des Liebescodes lässt keine klaren Zukunftsprognosen zu. Was auf die Phase der pragmatischen Liebe folgen könnte, ist ebenso schwer vorherzusagen, wie die heutige flexible Romantik dingfest zu machen ist. Stattdessen wirft das heutige Liebesleben eine Fülle von Zukunftsfragen auf. Wie wird sich etwa die zunehmende Individualisierung auf den Liebescode auswirken? Werden heutige Beziehungsmuster, vom modernen Klassiker des »Lebensabschnittsgefährten« über »Living Apart Together«-Projekte bis hin zur gleichgeschlechtlichen Ehe, überdauern und auch rechtlich anerkannt werden? Wächst die Popularität der Patchworkfamilie weiter an? Wird die Familie der Zukunft nur den jeweils angesagten Reproduktionsgesinnungen und -techniken folgen?

Alles spricht dafür, dass sich die Bereiche Sexualität und Fortpflanzung immer weiter voneinander entfernen. Nachdem die sexuelle Revolution erfolgreich ausgefochten ist, herrschen schon heute so viele Freiheiten wie nie zuvor, und diese Fülle an Möglichkeiten wird weiter wachsen. Die fortschreitende Befreiung des Sex von moralischen Standards wird die Zahl der Rollen- und Sexspiel-Varianten immer weiter anwachsen lassen. Möglicherweise könnte das sogar zu einer Auflösung der Grenze zwischen »reiner« Romantik und käuflicher Liebe führen. Schon heute ist Sex mehr denn je ein Teil der Dienstleistungsgesellschaft geworden. Diese Konstellation entspricht dem Individualitätsmuster des modernen

Menschen, weshalb mit einer Fortsetzung dieses Trends zu rechnen ist. Wo aber bliebe dann die Liebe?

Sie wird überleben, so viel steht fest. Denn wo immer Individualität im Spiel ist, ist auch die Liebe nicht fern. Aber es könnte sein, dass sie immer schwerer zu erkennen sein wird. Schon deshalb, weil die Romantik noch viel flexibler und mobiler werden wird, als sie es schon heute ist. So wird die Liebe auch immer abhängiger von technischen Errungenschaften. Schon heute ermöglichen miteinander vernetzte PCs und Handys den Informationszugriff immer und überall. Das vermehrt zum einen die Möglichkeiten, einander auch in der Ferne nah zu sein. Aber die mobile Kommunikation erschließt auch neue Streitpotenziale, denn die erhöhte Erreichbarkeit sorgt auch für erhöhte Erwartungen: Sie erzeugt den Druck, ständig erreichbar und reaktionsfähig sein zu müssen. Nicht zuletzt fällt dann vielleicht auch ein Beziehungsabbruch leichter. Einer Umfrage zufolge haben 13 Prozent der 14- bis 24-jährigen Briten mindestens einmal per SMS Schluss gemacht.[157]

Welche Dimensionen diese mobile Romantik noch annehmen wird, lässt sich heute nur erahnen. Experten zufolge lassen sich bald schon Miniprozessoren und -sensoren, die über Funk und Internet miteinander kommunizieren, in alle möglichen Dinge einbauen.[158] Damit könnten sämtliche Gegenstände des Alltags »smart« werden und Radarfunktionen übernehmen. Sie wären in der Lage, ihre Umgebung zu erfassen und damit auch zu wissen, wer sich in der Nähe befindet. In Großbritannien ist das »Toothing« schon heute eine populäre Freizeitbeschäftigung: Unbekannte verabreden sich über Bluetooth-fähige Handys via Funk zu spontanem Sex in Pendlerzügen. Auch Internet-Single-Börsen sehen in dieser technischen Revolution den nächsten großen Wachstumsschub. Schon heute arbeiten sie daran, Liebessuchenden die Fotos und Persönlichkeitsprofile von Singles, die sich gerade in ihrer Umgebung befinden, direkt aufs Handy zu schicken. Damit könnte die Maximierung der mobilen Möglichkeiten die virtuelle Kontaktanbahnung auch wieder verstärkt an die Realität koppeln.

Zugleich wird sich auch die Liebe im Netz weiter fortpflanzen. Dass der Sex der Zukunft allerdings so aussehen wird, dass zwei oder gar mehrere verkabelte Körper vor ihren jeweiligen PCs miteinander virtuell koitieren, darf bezweifelt werden. Bislang zumindest sind noch keine sensorisch ausgestatteten Computeranzüge in Sicht, die eine solche Form von Cybersex körperlich erlebbar machen könnten. Andererseits braucht Cybersex natürlich keinen faktischen Körperkontakt, um reale Gefühle des Begehrens zu erregen. Ähnlich wie beim Telefonsex zählt hier vor allem das, was sich in der Phantasie abspielt, und gerade im anonymen Internet könnte die Phantasie eine noch bedeutendere Rolle spielen. Der Cyberspace wird den Sex also nicht in den Ruin treiben, ebenso wenig wie die E-Mail nicht den Tod des traditionellen Liebesbriefs bedeutet, sondern ihm lediglich eine neue Funktion des Besonderen zuweist: die Langsamkeit der postalisch oder persönlich überbrachten Handschrift. Der virtuelle Raum wird die Möglichkeiten zur Steigerung und Variation von Gefühlen lediglich weiter anwachsen lassen. Viel stärker als das Internet könnten die Techniken der künstlichen Befruchtung die Zukunft der Liebe beeinflussen.

Gentechnik, Designersex & Co.

Der Sex der Zukunft dient immer mehr dem Vergnügen und immer weniger der Vermehrung. Denn die Fortpflanzung wird immer weniger vom Sex abhängen als von dem, was medizinisch machbar ist. Hier wird die Wissenschaft den Sex – und damit auch die Liebe – nachhaltig beeinflussen. Schon heute ist ein Trend zur Selbstbestimmung des Körperschicksals beobachtbar. Die Modellierung des eigenen Körpers ist bereits gang und gäbe, fast alle Körperteile sind mittlerweile ersetzbar, und die Stammzellenforschung arbeitet an der Nachzüchtung von Eigenorganen. Die künstlichen Körperwelten vergrößern auch die Möglichkeiten der Nachwuchsproduktion – und diese neue Form der Familienbildung wird auch die Liebe beeinflussen.

Die wachsenden medizinischen Möglichkeiten werden auch die Ansprüche an den eigenen Nachwuchs steigen lassen. So könnten die Fortschritte in Sachen Reproduktionsmedizin dazu führen, dass die Konstruktion von Designerbabys zum Normalfall wird. Nicht nur unfruchtbare Paare, sondern auch gesunde Männer und Frauen werden sich dann ein Baby nach Maß wünschen, das nicht nur gesund und schön, sondern auch vielseitig begabt ist und den eigenen Fortpflanzungsansprüchen rundum entspricht. In Großbritannien werden Embryonen schon seit mehr als einem Jahrzehnt vor dem Einpflanzen genetisch auf schwere Erbkrankheiten geprüft. Die Möglichkeit, auch Geschlecht, Haar- und Augenfarbe, Begabung und Charakter zu programmieren, ist theoretisch gegeben, und ihre praktische Umsetzung verspricht einen boomenden Fortpflanzungsmarkt.

Nachdem 2003 erstmals ein künstlicher Eisprung eines künstlichen Eis in einem künstlichem Eierstock gelungen ist, steht schon heute der Eizellenzucht aus männlichen Embryozellen nichts mehr im Wege. Damit ist auch die Erzeugung genmanipulierter menschlicher Eizellen in Aussicht. Bald schon könnte die künstliche Befruchtung von Labor-Eizellen mit Spermien Wirklichkeit werden. In Südkorea glückte Anfang 2004 erstmals die Etablierung einer Kultur geklonter menschlicher embryonaler Stammzellen.[159] Im April 2004 vermeldete ein japanisch-koreanisches Forscherteam die komplett künstliche Zeugung einer lebensmunteren Maus ohne ein einziges Spermium.[160] Und im August 2004 erhielt die englische Universität von Newcastle die Erlaubnis, menschliche Embryonen für therapeutische Zwecke zu klonen. Das ermöglicht zwar noch immer nicht das Klonen von Menschenbabys, aber die laboratorischen Leistungen lassen einen revolutionären Wandel des Familienbildes immer wahrscheinlicher werden. So könnten Liebende in Zukunft ihre frischen, jugendlichen Spermien und Eier auf einer Nachwuchsbank deponieren und sich anschließend sterilisieren lassen, um sich von den lästigen Nebenwirkungen der Verhütung zu befreien. Und die Nachwuchszeugung der Zukunft könnte eine

Kontobewegung auf der Samen- und Eizellenbank sein, gefolgt von der künstlichen Befruchtung.

Eine solche Ausklammerung der Reproduktion könnte durchaus positive Effekte auf das Liebesleben haben. Auch unfruchtbare Paare könnten zum Beispiel ihre Hautzellen klonen lassen, um daraus Eizellen und Spermien zu züchten. Und statt der Sorge um die Nachwuchszeugung ließe sich der Fokus verstärkt auf die Freuden der körperlichen Liebe legen. Immerhin ist der Mensch neben den Bonobos das einzige Tier, das 365 Tage im Jahr Sex haben kann. Auch diese Dauerpotenz ist ein fruchtbares Feld für Wissenschaft und Wirtschaft, und das Metier der Triebförderung und -optimierung bildet einen riesigen Wachstumsmarkt. So wird der Sex künftig immer stärker von medizinischen Errungenschaften unterstützt werden. Viagra war nur der Startschuss für einen wissenschaftlichen Wettlauf in Richtung sexuelle Hochleistungsfähigkeit. Einen Trend zum »designten Sex« sagt auch der Sexualforscher Gunter Schmidt voraus.[161] »Libido-Boosters« würden die Körper fit und empfänglich machen für High-Quality-Sex, sodass Lustlosigkeit und Orgasmusprobleme zu Fremdwörtern würden. Der Designersex der Zukunft könnte eine perfekte Mixtur aus Emotionalität und Intimität bieten, eine Garantie für guten Sex.

Wie wirken sich diese biotechnischen Umwälzungen auf die romantische Liebe aus? Werden medizinische Erkenntnisse vielleicht nicht nur den Sex, sondern auch die Liebe supporten und eine Love Science ins Liebesleben rufen? Dann könnte die Zentralinstanz in Sachen Liebesbetreuung wechseln, und statt der Psychologie wäre die Biotechnik am Ruder. Die Erfolgsaussichten für die ultimative Liebesmedizin der Zukunft, die jegliche Verständigungsfallen umschiffen würde, sind heute besser denn je. Bereits 1996 konnten Forscher in den USA das Wirken der Liebe im Gehirn erkunden. Die Liebestest-Probanden sollten je ein Foto ihres geliebten Partners und einer unbekannten Person betrachten, wobei die Hirnaktivitäten mit einem Magnetscanner gemessen wurden. Beim Betrachten des Geliebten zeigte sich eine besonders hohe Aktivität in jenen Regionen, die für Wachsamkeit und Aufmerksamkeitserregung zuständig sind. Vier Jahre später lokalisierten die Forscher Andreas Bartels und Semir Zeki am Londoner University College die Gehirnzonen der romantischen Liebe erneut und fanden heraus, dass Liebe weniger ein Gefühl als ein Euphoriezustand ist, der einem Drogenrausch ähnelt: Die romantische Liebe bedient sich der gleichen körperinternen Mechanismen, die Sucht erzeugen, und macht damit körperlich abhängig.[162]

So wird das Wirken der Liebe immer weiter entschlüsselt und damit auch immer reproduzierbarer. Die Erkenntnisse über Beziehungsverlaufsmuster und die genetischen Ursachen von Treue wachsen stetig. Bereits Ende des 20. Jahrhunderts gelang es Wissenschaftlern, polygame Mäuse durch genetische Veränderungen zu monogamisieren.[163] Könnte die Wissenschaft den Menschen also in Zukunft liebesfähiger machen, so wie sie ihn schon heute sexfähiger macht? Denkt man diese Tendenzen weiter, tun sich Sciene-Fiction-Szenarien auf: Vielleicht wird der Gehirnscanner irgendwann so normal wie das Handy, sodass wir jeden auf seine Liebesgefühle und auf seine potenzielle Untreuelust überprüfen können. Das könnte auch bedeuten, dass eine neue Ära der Aufrichtigkeit bevorstünde. Und ein Zeitalter der Bio-Fakten. Ein Heiratsantrag könnte dann eine Art Bewerbungsgespräch werden, bei dem medizinische und psychologische Zeugnisse mitzubringen sind.

Würden diese biologischen Eindeutigkeiten nicht die vieldeutige romantische Liebe und ihre Paradoxien gefährden? Wahrscheinlich wird die Liebe auch in den Zeiten der Genlabors überleben, so wie sie auch in der Ära des Internets zu einer neuen romantischen Blüte gelangt ist. Der Grund dafür lautet schlicht und ergreifend, dass Liebe eine Form von Kommunikation ist, und als solche ist sie nur möglich als wechselseitige Bestätigung zweier Individuen. Dieser Bedarf an individueller Anerkennung kann nicht durch technische Apparaturen oder medizinische Mittel erbracht werden. Wissenschaftliche Errungenschaften mögen dabei förderlich oder hinderlich sein, und der Liebescode »persönlich/unpersönlich« ist, wie beschrieben, flexibel und formbar.

Doch letztlich wird die Liebe immer eine Angelegenheit bleiben, die sich zwischen zwei Menschen abspielt.

Der Liebescode kann also die Regeln vorgeben, und die Wissenschaft kann die Körper kontrollieren. Aber ob es Liebe ist oder nicht, entscheidet sich nur in der Interaktion von Individuen: Um Liebe handelt es sich nur dann, wenn sich Zwei zusammentun und jeweils ihre eigene individuelle Weltsicht an der individuellen Weltsicht des anderen festmachen. Entscheidend für die Zukunft der Liebe sind daher weniger die medizinischen Möglichkeiten zur Liebesoptimierung als die Frage, wie sich das Konzept der Individualität weiterentwickeln wird.

Wie viel Individualität ist möglich?

Die Rundumbestätigung der Liebe macht sie besonders attraktiv für moderne Individuen. Mit zunehmender Individualisierung wird deshalb auch die Bedeutung der Liebe weiter wachsen. Allerdings kommen sich schon heute Ego- und Wir-Interessen in die Quere. Könnte also irgendwann eine Schwelle der Ich-Fixierung überschritten werden, die eine komplette Orientierung an einem anderen Ego unmöglich macht? Wie viel Individualisierung verträgt der Liebescode?

Sexualwissenschaftler sagen eine Ära des »Self Sex« voraus: Das Spiel mit der Lust werde immer wichtiger. Die Lusterfüllung und Orgasmusfixierung weiche einem Trend zur Lustverlängerung. Denn den ultimativen Höhepunkt bilde die Inszenierung des eigenen Selbst, bei der sich das Lustempfinden endlos steigern lasse. Sucht man nach heutigen Ansätzen zu einer solchen Entwicklung, könnte man sie bei Veranstaltungen wie der Love-Parade vermuten. Hier treffen sich offensiv sexualisierte, aber dennoch einzelgängerische Hobbynarzissten und -exhibitionisten, um ihre Körper einer möglichst großen Zuschauerzahl ostentativ zu präsentieren. Auch wenn das Event als Parade der Liebe etikettiert ist, handelt es sich also eher um eine Parade der Ichs.

Generell gesehen, wird die Individualisierung auch vorangetrieben durch die fortwährende Verabschiedung traditioneller Geschlechterrollen. Diese Auflösung kann auch als eine Beibehaltung alter Muster unter neuen Vorzeichen erfolgen. In ihrem Buch »How to Be a Domestic Goddess« renoviert Nigella Lawson zum Beispiel die herkömmliche Hausfrauenrolle und kürt die Vertreterinnen der Heim-und-Herd-Spezies zu »Göttinnen des Heims«, die lustvoll den häuslichen Genüssen frönen können. Dieser Abschied von den alten Geschlechterrollen geht einher mit der Verabschiedung herkömmlicher Beziehungsmodelle. Hier könnte sich auch ein Vorteil der alternden Gesellschaft verbergen. Denn die längere Lebensdauer bedeutet auch ein Mehr an Möglichkeiten in Sachen Selbstentfaltung und Lieben. Ein längeres Leben erhöht auch die Chancen zur Vereinbarung von Beruf, Kindern und Liebe. Der Zwang, alles auf einmal machen zu müssen, wird geringer, weil wir mit zunehmender Lebenserwartung auch mehr Möglichkeiten haben, erst das eine, dann das andere durchzuziehen. So wie heute meist die Karriere Vorrang hat, könnte sie künftig auch verstärkt auf die Familiengründung folgen. Die alternde Gesellschaft begünstigt also ebenso besonders frühe wie besonders späte Familienbildungen.

All das könnte dazu führen, dass die Suche nach der großen Liebe zwar andauert, aber zugleich immer mehr relativiert wird. Schon heute wird der Traum vom Lebenspartner zusehends abgelöst durch den Traum vom Lebensabschnittspartner. Und je länger das individuelle Leben dauert, umso unwahrscheinlicher wird eine lebenslange Liebe. Hier bietet die pragmatische Liebe viel Zukunftspotenzial, denn unter diesen Vorzeichen könnte sich der Trend zu romantischen, aber »realistischen« Beziehungen noch verstärken. Die neue Gelassenheit und Erwartungsreduzierung, die bereits die pragmatische Liebe prägt, könnte damit immer wichtiger werden. Denn die besten Chancen, auch in Zukunft romantisch zu lieben, haben jene, deren Leidenschaft einen langen Atem hat.

Der Blick in die Zukunft der romantischen Liebe ist also auch ein Blick in die Zukunft der Individualisierung und der Ich-Liebe.

Die Grundfrage lautet: Kann die stetig steigende Individualisierung mit ihren steigenden Ansprüchen auf »Selbstverwirklichung« die Liebe bedrohen? Oder ist die Balance zwischen Bindung und Individualisierung, die die pragmatische Liebe heute gefunden hat, auch in Zukunft haltbar? So viel steht fest: Auch die Liebesprobleme der Zukunft können nur über eine »doppelte Ich-Liebe« gelöst werden. Gefragt ist sowohl ein starkes Ego-Bewusstsein als auch ein großer Respekt gegenüber der Andersartigkeit anderer Egos. Denn nur wer sein eigenes Erleben wahrnehmen und einschätzen kann, kann auch anderen nahe sein, und nur wer anderen nahe sein kann, kann geliebt werden. So einfach ist das. Und so schwierig.

Anstatt eines Nachworts

Sorge dich nicht – liebe!
Die 5 Strategien der pragmatischen Liebe

Haben Sie manchmal die Vision eines dunklen Ritters oder eines galanten Prinzen, der Sie aus Ihrem grauen Allerweltsdasein befreit und in eine wilde Welt der Romantik entführt? Träumen Sie manchmal von einer reinen, vollkommenen Liebe, einer Leidenschaft, die so stark ist, dass sie schmerzt und Qualen bereitet? Dann machen Sie sich keine Sorgen: Sie sind ganz normal. Denn diese Phantasien sind der Stoff, aus dem die romantische Liebe gemacht ist. Doch auch wenn sich die Idee der Idealisierung und das Konzept der passionierten Liebe fest in unseren Herzen eingenistet haben: Heute herrschen andere, komplexere Liebesbedingungen. Der Liebescode folgt zwar weiterhin dem ersten Gebot der romantischen Liebe: der Allround-Bestätigung des Partners. Doch wir leben nicht mehr im Mittelalter, als Walther von der Vogelweide seine Liebesdienstleistungen feilbot, oder im 18. Jahrhundert, als Werther an der Liebe zugrunde ging. So verführerisch die romantischen Rezepte von einst noch immer erscheinen mögen: Im 21. Jahrhundert erfordert die Umsetzung der alten Liebesmuster neue, pragmatischere Strategien.

1. Bodenhaftung bewahren

Wer heute liebt, weiß, dass Idealisierungen eher ein Garant für Enttäuschungen sind als ein Beleg für wahre Liebe und dass sich Leidenschaft nicht mehr beglaubigen muss, indem sie Leiden schafft. Vielleicht würde sich Goethes Werther heute nicht mehr das Leben nehmen, sondern eher das nächste »Speed-Dating«-Event aufsuchen, um neue romantische Ressourcen zu erschließen. Denn das aufgeklärte Liebeswissen der pragmatischen Liebe erteilt verhängnisvollen Verklärungen eine Absage. Im heutigen Liebesleben offenbart sich Aufrichtigkeit weniger in dramatischen Aufopferungen als in einer alltäglichen Liebesloyalität, etwa im schlichten Füreinander-Zeit-Haben an einem stressigen Arbeitstag oder im Zueinander-Halten, auch wenn es in der Beziehung gerade heftig kriselt. Romantische Realisten wissen deshalb, dass kleine Ego-Einschränkungen große Ego-Einkünfte erbringen können: Die Reduzierung der eigenen Ansprüche erhöht die romantische Bodenhaftung – und vergrößert damit die Chancen zur Realisierung romantischer Gefühle.

2. Vorsicht vor Verschmelzungen

Romantische Verschmelzungsphantasien sind eng verwandt mit der rosa Brille der Idealisierung. Sichere Indizien für solche Gelüste sind glorifizierende Liebesgedanken wie »Ich liebe sie über alles! Für immer! Sie ist so perfekt!«. Hier ist Vorsicht geboten, denn die Idee einer totalen Fusion der Herzen ist ebenso betörend wie beziehungsgefährdend. So wichtig die Pflege von Gemeinsamkeiten und das Sich-Hineinversetzen in den anderen ist: Ebenso bedeutsam ist die Fähigkeit, Abstand halten zu können und die eigene Weltsicht zu bewahren. Denn in der Liebe geht es nicht darum, sich einem anderen Menschen anzugleichen, sondern sich in der Unvergleichlichkeit des anderen selbst bestätigt zu sehen. Gerade weil der Liebescode auf Persönliches programmiert ist, sind also eigenständige Egos gefragt.

3. Konflikte managen

Eine Liebesbeziehung ist keine konfliktfreie Zone. Liebende befinden sich in einem quasiparanoiden Zustand der wechselseitigen Dauerbeobachtung, in dem sie alles persönlich nehmen. Missverständnisse und Konfrontationen können da nicht ausbleiben. Im Gegenteil, sie sind geradezu notwendige Beziehungsbestandteile.

Und als solche können sie durchaus liebenswert sein, denn jeder Streit zeigt ja auch, dass überhaupt Interesse besteht. Für romantische Gefechte gilt dann allerdings die Faustregel: Suche einen gleich starken Partner. Denn wie im Sport wird auch in der Liebe das andauernde Gewinnen oder Verlieren schnell langweilig. Hochwertige Ich-Bestätigung und Selbstentfaltung ist dagegen nur möglich durch hinreichend große Herausforderungen. Ebenso wichtig sind aber Talente im Deeskalieren und Lösen von Konflikten. Hier hilft ein Einblick in die Logik von Liebeskonflikten: Weil die ganze Umwelt jeweils nur aus einer einzigen Person besteht, können beide stets behaupten, immer nur auf den andern zu reagieren. Für Ausbrüche aus diesem Teufelskreis empfiehlt sich dann zum Beispiel die Taktik des Überraschungsmanövers: Wer Erwartungen nicht erfüllt und unplausibel handelt – etwa indem er eine Beschuldigung nicht mit einer Gegenbeschuldigung, sondern mit einer wüsten Selbstbezichtigung beantwortet –, kann die Streitstrukturen ins Wanken bringen.

4. Mit Kalkül zum Gefühl

Der größte Feind der Romantik ist die Routine, denn leider ist Liebe nicht resistent gegen Langeweile. Doch es besteht Hoffnung, denn zugleich ist Liebe offen für romantische Wiederverzauberungen. Wer pragmatisch liebt, macht das nicht nur mit heißem Herzen, sondern auch mit kühlem Kopf. Denn eine Grundvoraussetzung für das Projekt »Romantik reloaded« besteht darin, die Liebeswahrnehmung zu schärfen, um den Partner immer wieder neu wahrnehmen zu können. Neben dieser inneren Einstellung ist die pragmatische Liebe aber auch offen für Animationen von außen. Die Möglichkeiten, das Gehirn zu romantischen Gefühlen zu überlisten, reichen von alltäglichen Aufmerksamkeiten bis zu gemeinsamen Großprojekten. Schon das Mitbringen von Lieblingskeksen kann das Liebesleben bereichern, wenn klar ist, dass es von Herzen kommt – weshalb solche Präsente nicht selbst zur romantischen Routine werden dürfen. Und jede gemeinsame Unternehmung, vom Tag am Meer bis zum Traum vom gemeinsamen

Auswandern, ist eine potenzielle Liebeswiederbelebungsmaßnahme: Sie bietet die Chance, sich in einem anderen Kontext neu zu erfahren und neu zu verlieben. Solche romantischen Reanimationen sind heute mehr denn je strategisch planbar. Wie gerade das kühle Kalkül den Weg zu romantischen Gefühlen ebnen kann, lässt sich zum Beispiel im Internet lernen: Gerade das strategische Ermitteln potenzieller Partner über Suchprofile, gerade die Anonymität und Unverbindlichkeit des virtuellen Raums macht Online-Kontakte spielerisch und abenteuerlich – und damit auch empfänglich für romantische Kommunikation.

5. Romantik mit Rückspiegel: Ich sehe was, was ich nicht sehe

Heute macht Liebe weniger blind denn je. Nach Jahrzehnten des Problematisierens und Verständigens haben wir gelernt, unsere eigenen Beobachtungen mitzubeobachten und die Effekte unserer eigenen Handlungen miteinzukalkulieren. Gerade dieses Wissen um die Relativität der eigenen Perspektive kann den Weg zu mehr Nähe und Romantik ebnen. Die mitlaufende Selbstbeobachtung verstärkt leidenschaftliche Gefühle und schützt vor den Tücken romantischer Überdosierungen: Sie immunisiert gegen Idealisierungen und Verschmelzungsphantasien und weist einen Ausweg aus Konflikten. Denn das Bewusstsein für die eigene Blindheit schärft auch das Bewusstsein für das, was der andere sieht und nicht sieht, und das wiederum ist die optimale Motivation zum Verlassen festgefahrener Schemata. Zugleich kann diese Klarsichtigkeit die Augen öffnen für die großen Liebesirrtümer, die das Lieben oft zum Leiden machen. Zum Beispiel die Vorstellung, die Liebe sei im Grunde lenkbar und kontrollierbar. Diesen Wunsch kann keine noch so reflektierte Liebesstrategie erfüllen. Zum Glück, denn ohne romantische Risiken wäre die Liebe keine Liebe mehr. Aber indem wir die Unwägbarkeiten der Liebe gewissermaßen im Rückspiegel beobachten, können wir auch die Gefahr unromantischer Kollisionen verringern – und romantische Geschwindigkeitsräusche wahrscheinlicher machen.

Literaturliste

Albee, Edward (1987), *Wer hat Angst vor Virginia Woolf?* (Erstveröff. 1962), Fischer, Frankfurt am Main

Althaus, Nicole (2004), »Wozu noch Babys?«, In: *Facts* 19, S. 40

Amendt, Günter (2003), »Die Liebe und der Tausch«, In: *taz*, 30.12., S. 13 f.

Arn, Christof & Stump, Doris (2004), *Von der Hausfrau zum Facility Manager? Strategien zur Entdiskriminierung der Haus- und Familienarbeit*, eFeF-Verlag, Wettingen

Austen, Jane (2001), *Emma* (Erstveröff. 1816), Reclam, Stuttgart

Baker, Robin & Bellis, Mark A. (1995), *Human Sperm Competition. Copulation, Masturbation and Infidelity*, Chapman & Hall, London

Baker, Robin (2002), *Krieg der Spermien. Weshalb wir lieben und leiden, uns verbinden, trennen und betrügen*, Limes, München

Balzac, Honoré de (1981), *Gesammelte Werke in 6 Bänden*, Winkler, München

Barash, David P. & Lipton, Judith E. (2001), *The Myth of Monogamy: Fidelity and Infidelity in Animals and People*, Owl Books, New York

Baron-Cohen, Simon (2004), *Vom ersten Tag an anders. Das weibliche und das männliche Hirn*, Walter-Verlag, Düsseldorf und Zürich

Bartels, Andreas & Zeki, Semir (2000), »The Neural Basis of Romantic Love«, In: *Neuroreport* 11, S. 3829–3834

dies. (2002), »Verliebte sind mutig und sanft«, In: *Gehirn & Geist* 3, S. 40–41

Beck, Ulrich & Beck-Gernsheim, Elisabeth (1990), *Das ganz normale Chaos der Liebe*, Suhrkamp, Frankfurt am Main

Becker, Gary S. (1976), *The Economic Approach to Human Behaviour*, Chicago University Press, Chicago

ders. (1991), *A Treatise on the Family*, Harvard University Press, Cambridge

Bertram, Hans (2002), »Die multilokale Mehrgenerationenfamilie. Von der neolokalen Gattenfamilie zur multilokalen Mehrgenerationenfamilie«, In: *Berliner Journal für Soziologie* 4, S. 517–529

Bessing, Joachim, Kracht, Christian, Nickel, Eckhart, Schönburg, Alexander von & Stuckrad- Barre, Benjamin von (2001), *Tristesse Royale*, List, München

Betzig, Laura (1989), »Causes of Conjugal Dissolution: A Cross-Cultural Study«, In: *Current Anthropology* 30, S. 654–676

Bhattacharya, Shaoni (2003), »Aborted Fetuses Could Become ›Unborn Mothers‹«, www.newscientist.com, 1.7.

Biddulph, Steve & Sharon (2000), *Wie die Liebe bleibt. Über die Kunst, ein Paar und Mann und Frau zu sein*, Heyne, München

Bittner, Jochen (2004), »Jung, gebildet, allein«, In: *Die Zeit* 6, S. 8

Bliersbach, Gerhard (2004), »Rituale: Was das Leben zusammenhält«, In: *Psychologie heute* 4, S. 20–27

Blossfeld, Hans-Peter & Timm, Andreas (2003), *Who Marries Whom? Educational Systems as Marriage Markets in Modern Societies*, Kluwer Academic Publishers, Dordrecht/Boston/London

Bode, Katja Nele (2004), »Sex – Die neue Gelassenheit«, *Focus* 35, S. 106–116

Bölsche, Jochen, Bornhöft, Petra, Bruhns, Annette, Buttler, Horst von, Dürr, Anke, Hipp, Dietmar, Kloth, Hans Michael, Neubacher, Alexander, Pötzl, Norbert F., Schumann, Harald & Voigt, Claudia (2004), »Land ohne Lachen«, In: *Der Spiegel* 2, S. 38–48

Borst, Otto (1983), *Alltagsleben im Mittelalter*, Insel, Frankfurt am Main

Bourdeille, Pierre de, Signeur de Brantôme (1996), *Das Leben der galanten Damen* (Erstveröff. 1666), 2 Bde., Insel, Frankfurt am Main

Bourdieu, Pierre (2003), *Die feinen Unterschiede. Kritik der gesellschaftlichen Urteilskraft* (Erstveröff. 1979), Suhrkamp, Frankfurt am Main

Botton, Alain de (1997), *Versuch über die Liebe*, Fischer, Frankfurt am Main

Brentano, Clemens von (1978), *Werke*, 4 Bde., Carl Hanser, München

Brontë, Anne (1994), *Agnes Grey* (Erstveröff. 1847), Penguin, London

Brontë, Charlotte (2003), *Jane Eyre* (Erstveröff. 1847), Penguin, London

Brontë, Emily (2003), *Wuthering Heights* (Erstveröff. 1847), Penguin, London

Bühler-Ilieva, Evelina (1997), »›Can anyone tell me how to /join#real.life?‹ Zur Identitätskonstruktion im Cyberspace«, Soziologisches Institut der Universität Zürich, http://socio.ch/intcom/t_ebuehl01.htm

dies. (2003), »Einen Mausklick von mir entfernt. Die Entstehung von Partnerbeziehungen online«, In: *Medienheft*, 14.2., http://www.medienheft.ch/kritik/bibliothek/k19_BuehlerEvelina.html

Buss, David (1989), »Sex Differences in Human Mate Preferences: Evolutionary Hypotheses Tested in 37 Cultures«, In: *Behavioral and Brain Sciences* 12, S. 1–49

ders. (1990), »International Preferences in Selecting Mates. A Study in 37 Cultures«, In: *Journal of Cross-Cultural Psychology* 21, S. 5–47

ders. (2000), *Die Evolution des Begehrens. Geheimnisse der Partnerwahl* (Erstveröff. 1994), Goldmann, München

Butler, Judith (2003), *Das Unbehagen der Geschlechter* (Erstveröff. 1990), Suhrkamp, Frankfurt am Main

Cagen, Sasha (2004), *Quirkyalone: A Manifesto for Uncompromising Romantics*, HarperSanFrancisco, San Francisco

Carter, Sue (2003), »Developmental Consequences of Oxytocin«, In: *Physiology & Behaviour* 79, S. 383–397

Carter-Scott, Chérie (2001), *Wenn die Liebe ein Spiel ist, sind dies die Regeln*, Heyne, München

Castiglione, Baldassare (2004), *Der Hofmann* (Erstveröff. 1528), Wagenbach, Berlin

Choderlos de Laclos, Pierre Ambroise François (2003), *Gefährliche Liebschaften* (Erstveröff. 1782), Insel, Frankfurt am Main

Clark, Geoffrey A. (1998), »Human Monogamy«, In: *Science* 282, S. 1047–1048

Darwin, Charles (1998), *The Origin of Species* (Erstveröff. 1859), Oxford University Press, Oxford

Diener, Ed, Gohm, C.L., Suh, E. & Oishi, S. (2000), »Similarity of the Relation Between Marital Systems and Subjective Well-Being Across Cultures«, In: *Journal of Cross-Cultural Psychology*, Vol. 31, Issue 4, S. 419–436

Döge, Peter & Volz, Rainer (2004), »Männer besser als ihr Ruf«, In: *taz*, 17.6., S. 11

dies. (noch unveröffentlicht), *Was machen Männer mit ihrer Zeit?*, Metzler-Poeschel, Stuttgart

Döring, Nicole (2003), *Sozialpsychologie des Internet. Die Bedeutung des Internet für Kommunikationsprozesse, Identitäten, soziale Beziehungen und Gruppen*, Hogrefe, Göttingen

dies. (2004), »Paarbeziehungen im Internetzeitalter«, In: *Psychologie heute* 1, S. 46–51

Dunbar, Robin (1997), *Grooming, Gossip and the Evolution of Language*, Faber & Faber, London

Elias, Norbert (1993), *Über den Prozess der Zivilisation* (Erstveröff. 1939), 2 Bde., Suhrkamp, Frankfurt am Main

Engels, Josef (2003), »Der Baby-Bauch boomt«, In: *Die Welt*, 6.6., S. 27

Erhardt, Ute (1994), *Brave Mädchen kommen in den Himmel, böse überall hin*, Krüger, Frankfurt am Main

dies. (1996), *Und jeden Tag ein bisschen böser*, Krüger, Frankfurt am Main

Feddersen, Sina (2004), *Wilde Mütter. Das neue weibliche Selbst-bewusstsein*, Pendo, Zürich

Fein, Ellen & Schneider, Sherrie (1998), *Die Kunst, den Mann fürs Leben zu finden*, Piper, München

Felmlee, Diane (1995), »Fatal Attractions. Affection and Disaffection in Intimate Relationships«, In: *Journal of Social and Personal Relationships* 12, S. 295–311

Fiedler, Tanja (2000), »Die Sehnsucht blieb«, In: *Berliner Illustrierte Zeitung*, Beilage der *Berliner Morgenpost*, 12.11.

Fielding, Henry (1999), *Joseph Andrews and Shamela* (Erstveröff. 1742 bzw. 1741), Oxford University Press, Oxford

Fiese, Barbara H., Tomcho, Thomas J., Douglas, Michael, Josephs, Kimberly, Poltrock, Scott & Baker, Tim (2002), »A Review of 50 Years of Research on Naturally Occurring Family Routines and Rituals: Cause for Celebration?«, In: *Journal of Family Psychology*, Vol. 16, Issue 4, S. 441–444

Fisher, Helen (1995), *Anatomie der Liebe. Warum sich Paare finden, sich binden und auseinandergehen*, Droemer Knaur, München

dies. (2004), *Why We Love: The Nature and Chemistry of Romantic Love*, Holt, New York

Foucault, Michel (1983), *Der Wille zum Wissen* (Erstveröff. 1976), Suhrkamp, Frankfurt am Main

ders. (1989), *Der Gebrauch der Lüste* (Erstveröff. 1984), Suhrkamp, Frankfurt am Main

Franck, Georg (2004), *Ökonomie der Aufmerksamkeit*, Carl Hanser, München

Fromm, Erich (1998), *Die Kunst des Liebens* (Erstveröff. 1956), dtv, München

Fthenakis, Wassilios E. (2002), *Paare werden Eltern*, Leske + Budrich, Opladen

ders. & Minsel, Beate (2002), *Die Rolle des Vaters in der Familie*, Kohlhammer, Stuttgart

Fuchs, Peter (1999), *Liebe, Sex und solche Sachen. Zur Konstruktion moderner Intimsysteme*, UVK, Konstanz

Furedi, Frank (2002), *Die Elternparanoia. Warum Kinder mutige Eltern brauchen*, Eichborn, Frankfurt am Main

Galinsky, Ellen (1999), *Ask the Children: What America's Children Think about Working Parents*, Morrow, New York 1999

Gangestad, Steven & Thornhill, Randy (1999), »The Scent of Symmetry: A Human Sex Pheromone that Signals Fitness?«, In: *Evolution and Human Behaviour* 20, S. 175–201

Gosline, Anna (2004), »Babys Prefer to Gaze upon Beautiful Faces«, www.newscientist.com, 6.4.

Goethe (2001), Johann Wolfgang von, *Die Leiden des jungen Werthers* (Erstveröff. 1774), Insel, Frankfurt am Main

Gottman, John (1985), *Glücklich verheiratet? Warum Ehen gelingen oder scheitern*, Heyne, München

ders. & Silver, Nan (2000), *Die 7 Geheimnisse der glücklichen Ehe*, Ullstein, München

ders. & DeClaire, Joan (2001), *The Relationship-Cure: A 5 Step Guide to Strengthening Your Marriage*, Crown, New York

Gray, John (1998), *Men are from Mars, Women are from Venus*, Harper Collins, New York

Greenwald, Rachel (2003), *Find A Husband After 35 Using what I Learned at Harvard Business School*, Ballantine Books, New York

Grottian, Peter, Rüling, Anneli & Kassner, Karsten (2003), »Geschlechterdemokratie leben. Junge Eltern zwischen Familienpolitik und Alltagserfahrungen«, In: *Aus Politik und Zeitgeschichte* 19, Bonn; vgl. www.bpb.de

Gupta, Prem Lata (2004), »Cyber-Stalking – Digitaler Psychoterror«, In: *Focus* 4, S. 88 f.

Haemmerli, Thomas (2003), »Die weiße Illusion«, In: *SonntagsZeitung*, 7.5., S. 103

Hager, Angelika & Pitzl, Marie-Louise (2001), »Baustelle Ich«, In: *Profil* 29, S. 84

Hancock, Jeff, Thom-Santelli, Jennifer & Ritchie, Thompson (2004), »Deception and Design: The Impact of Communication Technologies on Lying Behavior«, In: *Proceedings, Con-*

ference on *Computer Human Interaction* 6, ACM, New York, S. 130–136

Hannemann, Ulf (2003), »Ideale Form des Flirts«, In: *Focus* 20, S. 110–114

Hars, Wolfgang (2001), *Männer wollen nur das Eine und Frauen reden sowieso zu viel*, Fischer, Frankfurt am Main

Hassebrauck, Manfred (1990), »Wer sucht wen? Eine inhaltsanalytische Untersuchung von Heirats- und Bekanntschaftsanzeigen«, In: *Zeitschrift für Sozialpsychologie* 21, S. 101–112

Heeg, Thiemo & Petersdorff, Winand von (2003), »Harte Bandagen im Baby-Business«, In: *Frankfurter Allgemeine Sonntagszeitung*, 18.5., S. 40

Heinzlmaier, Bernhard (1999), *Jugendmarketing*, Überreuter, Wien

ders. (2002), *Jugendkultur-Guide*, öbv&hpt, Wien

Hertel, Janine (2003), »Ab 40 ist das Singleleben nicht mehr chic«, In: *Psychologie heute* 2, S. 14

Hill, C.T., Rubin, Z. & Peplau, L.A. (1976), »Breakups Before Marriage: The End of 103 Affairs«, In: *Journal of Social Issues* 32, S. 147–168

Hoffman, Lois (1989), »Effects of Maternal Employment in the Two-Parent Familiy«, In: *American Psychologist* 44, S. 283–292

Holcomb, Betty (1998), *Not Guilty: The Good News about Working Mothers*, Scribner, New York

Hollein, Max (2004), »Der Reiz der heilen Welt«, In: *Welt am Sonntag*, 16.5, S. 53

Horx, Matthias (2002), »Auf der Suche nach Familie«, In: *Die Welt*, 20.4., S. 9

ders. (2003), »Frauen auf der Siegerstraße«, In: *Die Welt*, 5.9., S. 9

Houellebecq, Michel (1999), *Ausweitung der Kampfzone*, Wagenbach, Berlin

ders. (2001), *Elementarteilchen*, List, München

ders. (2003), *Plattform*, Rowohlt, Reinbek

Hradil, Stefan (1995), *Die »Single-Gesellschaft«*, C.H. Beck, München

ders. (2003), »Vom Leitbild zum ›Leidbild‹. Singles, ihre veränderte Wahrnehmung und der ›Wandel des Wertewandels‹«, In: *Zeitschrift für Familienforschung* 1, S. 38–54

Illouz, Eva (2003), *Der Konsum der Romantik. Liebe und die kulturellen Widersprüche des Kapitalismus*, Campus, Frankfurt am Main

Kafka, Franz (1983), *Tagebücher 1910–1923*, Fischer, Frankfurt am Main

Kahneman, Daniel (1999), »Objective Happiness«, In: Kahneman, D., Diener, E. & Schwarz, N. (Eds.), *Well-Being: Foundations of Hedonic Psychology*, Russell Sage Foundation Press, New York

Kaufmann, Jean-Claude (2002), *Singlefrau und Märchenprinz. Über die Einsamkeit moderner Frauen*, UVK, Konstanz

ders. (2004), *Der Morgen danach. Wie eine Liebesgeschichte beginnt*, UVK, Konstanz

Keller, M.C., Thiessen, D. & Young, R.K. (1996), »Mate Assortment in Dating and Married Couples«, In: *Personality and Individual Differences* 21, S. 217–221

Kirchler, Erich, Rodler, Christa & Hölzl, Erich (2000), *Liebe, Geld und Alltag. Entscheidungen in engen Beziehungen*, Hogrefe, Göttingen

Kittl, Beate (2004), »Der große Unterschied«, In: *Facts* 3, S. 62

Knobbe, Martin & Tast, Isadora (2004), »Die Abgeklärten«, In: *Stern* 7, S. 48–60

Kobold, Oliver (2002), »Die langsame Entzweiung der Körper«, In: *Der blaue Reiter* 2, S. 42–44

Kono, Tomohiro, Obata, Yayoi, Wu, Quiong, Katsutoshi, Niwa, Ono, Yukiko, Yamamoto, Yuji, Park, Eun Sung, Seo, Jeong-Sun & Ogawa, Hidehiko, »Birth of Parthenogenetic Mice that can Develop to Adulthood«, In: *Nature* 428, S. 860–864

Koppel, Moshe, Argamon, Shlomo, Fine, Jonathan & Shimone, Anat Rachel (2003), »Gender, Genre and Writing Style in Formal Written Texts«, In: *Text* 23, S. 321–346, vgl. http://www.cs.biu.ac.il/~koppel/

Koropeckyj-Cox, Tanya (1998), »Loneliness and Depression in Middle and Old Age: Are the Childless More Vulnerable?«, In: *Journal of Gerontology: Social Sciences* 11, S. 303–312

Kröner, Magdalena (2004), «Die blaue Blume haut ins Auge", In: *taz*, 27. 4, S. 15

Krumpholz-Reichel, Anja (2002), »Wie wichtig ist Treue?«, In: *Psychologie heute compact* 7 (»Der Alltag der Liebe«), S. 30–33

Kümmel, Peter (2004), »Wie man in Deutschland als Paar lebt«, In: *Die Zeit* 8, S. 54 f.

Küpper, Beate (2002), *Sind Singles anders?*, Hogrefe, Göttingen

dies. (2003), »Was unterscheidet Singles und Paare?«, In: Bierhoff, Hans-Werner & Grau, Ina (Hrsg.), *Sozialpsychologie der Partnerschaft*, Springer, Heidelberg

Lache, Anette (2003), »Nur ein Ausrutscher?«, In: *Stern* 51, S. 214–226

Lang, Josef (2003), *Wertschätzen und abwerten – Vitamin und Virus einer Paarbeziehung*, Uni-Edition, Berlin

La Rochefoucauld, François de (1961), *Réflexions ou Sentences et Maximes morales* (Erstveröff. 1665), Éd. Garnier Frères, Paris

Lawson, Nigella (2001), *How to Be a Domestic Goddess. Baking and the Art of Comfort Cooking*, Hyperion Books, New York

Lewandowski, Sven (2004), *Sexualität in den Zeiten funktionaler Differenzierung. Eine systemtheoretische Analyse*, Transcript, Bielefeld

Lucas, Richard, Diener, Ed, Clark, A.E. & Georgellis, Y. (2003), »Re-examining Adaptation and the Setpoint Model of Happiness: Reactions to Changes in Marital Status«, In: *Journal of Personality and Social Psychology* 84, S. 527–539

Luhmann, Niklas (1980), *Gesellschaftsstruktur und Semantik, Bd. 1*, Suhrkamp, Frankfurt am Main

ders. (1981), *Gesellschaftsstruktur und Semantik, Bd. 2*, Suhrkamp, Frankfurt am Main ders. (1982), *Liebe als Passion. Zur Codierung von Intimität*, Suhrkamp, Frankfurt am Main

ders. (1984), *Soziale Systeme. Grundriß einer allgemeinen Theorie*, Suhrkamp, Frankfurt am Main

ders. (1988), *Die Wirtschaft der Gesellschaft*, Suhrkamp, Frankfurt am Main

ders. (1989), *Gesellschaftsstruktur und Semantik, Bd. 3*, Suhrkamp, Frankfurt am Main

ders. (1990), *Die Wissenschaft der Gesellschaft*, Suhrkamp, Frankfurt am Main

ders. (1992), *Beobachtungen der Moderne*, Westdeutscher Verlag, Opladen

ders. (1995 a), *Gesellschaftsstruktur und Semantik, Bd. 4*, Suhrkamp, Frankfurt am Main

ders. (1995 b), *Die Kunst der Gesellschaft*, Suhrkamp, Frankfurt am Main

ders. (1996), *Die Realität der Massenmedien*, Westdeutscher Verlag, Opladen

ders. (1997), *Die Gesellschaft der Gesellschaft*, Suhrkamp, Frankfurt am Main

ders. (2000), *Die Politik der Gesellschaft*, Suhrkamp, Frankfurt am Main

ders. (2002), *Die Religion der Gesellschaft*, Suhrkamp, Frankfurt am Main

Marazziti, Donatella, Akiskal, H.S., Rossi, A. & Cassano, G.B. (1999), »Alteration of the Platelet Serotonin Transporter in Romantic Love«, In: *Psychological Medicine* 29, S. 741–745

Marazziti, Donatella (2003), *La Natura dell'Amore*, Rizzoli, Mailand

Mattern, Friedemann (Hrsg.) (2003), *Total vernetzt. Szenarien einer informatisierten Welt*, Springer, Heidelberg

Mary, Michael (2001), *5 Lügen, die Liebe betreffend*, Hoffmann & Campe, Hamburg

Miersch, Michael (1999), *Das bizarre Sexualleben der Tiere. Ein populäres Lexikon von Aal bis Zebra*, Eichborn, Frankfurt am Main

Mill, John Stuart (2003), *On Liberty* (Erstveröff. 1859), Yale University Press, London

Miller, Geoffrey F. (2001), *Die sexuelle Evolution. Partnerwahl und die Entstehung des Geistes*, Spektrum, Heidelberg

Millman, Marcia (2002), *Wenn die Liebe Regie führt*, Wunderlich, Reinbek

Montaigne, Michel de (1998), *Essais* (Erstveröff. 1580), Eichborn, Frankfurt am Main

Murray, James, Gottman, John, Swanson, Catherine, Tyson, Rebecca & Swanson, Kristin (2002), *The Mathematics of Marriage: Dynamic Nonlinear Models*, MIT Press, Cambridge

Musil, Robert (1994), *Der Mann ohne Eigenschaften* (Erstveröff. 1930–1933), 2 Bde., Rowohlt, Reinbek

Newton, Sir Isaac (1999), *The Principia Mathematical Principles of Natural Philosophy* (Erstveröff. 1678), University of California Press, Berkeley

Neyer, Franz J. (1999), »Die Persönlichkeit junger Erwachsener in verschiedenen Lebensformen«, In: *Kölner Zeitschrift für Soziologie und Sozialpsychologie* 51, S. 491–508

ders. & Asendorpf, J. B. (2001), »Personality-Relationship Transaction in Young Adulthood«, In: *Journal of Personality and Social Psychology* 81, S. 1190–1204

Nietzsche, Friedrich (1999), *Jenseits von Gut und Böse* (Erstveröff. 1886), Insel, Frankfurt am Main

ders. (2000), *Ecce Homo* (Erstveröff. 1888), Insel, Frankfurt am Main

Oheim, Gertrud (1964), *Die gute Ehe* (Erstveröff. 1959), Bertelsmann, Gütersloh

Opaschowski, Horst W. (2004), *Der Generationenpakt. Das soziale Netz der Zukunft*, Primus, Darmstadt

Oswald, Andrew (2002), »The Extraordinary Effects of Marriage«, Warwick University, http://www2.warwick.ac.uk/fac/soc/economics/staff/faculty/oswald/marriageaccountancyjan2002.pdf ders. & Wilson, Chris (2002), »How Does Marriage Affect Physical and Psychological Health? A Survey of the Longitudinal Evidence«, Warwick University, http://www2.warwick.ac.uk/fac/soc/economics/staff/faculty/oswald/wilsonoswaldmarriagejan2002.pdf

Otis-Cour, Leah (2000), *Lust und Liebe. Geschichte der Paarbeziehungen im Mittelalter*, Fischer, Frankfurt am Main

Pease, Allan & Barbara (2000), *Warum Männer nicht zuhören und Frauen schlecht einparken*, Ullstein, Berlin

dies. (2003), *Warum Männer lügen und Frauen immer Schuhe kaufen*, Ullstein, Berlin

Peters, Maren (2004), »Wie sie sich finden«, In: *Der Tagesspiegel*, 11./12.4., S. 23

Petersen, Anne (2003), »Comeback des Kindersegens«, In: *Welt am Sonntag*, 25.5., S. 14

Petzold, Matthias (2002), »Internet – Suchtgefahr für Jugendliche?«, In: *Psychologie in Erziehung und Unterricht* 49, S. 302–309

Ramirez, Artemio & Sunnafrank, Michael (2004), »At First Sight: Persistent Relational Effects of Get-Acquainted Conversations«, In: *Journal of Social and Personal Relationships*, Vol. 21, Issue 3, S. 361–379

Remke, Susann (2000), »Für die Deutschen zählt nur das private Glück«, In: *Die Welt*, 11.8., S. 36

Rest, Tanja (2004), »Sex und hopp«, In: *Süddeutsche Zeitung*, 7.2., S. 18

Richardson, Samuel (2001), *Pamela or Virtue Rewarded* (Erstveröff. 1740), Oxford University Press, Oxford

Ringbäck-Weitoft, Gunilla (2000), »Mortality Among Lone Mothers in Sweden: A Population Study«, In: *The Lancet*, Vol. 355, Issue 9211, S. 1215–1219

dies. (2003), »Mortality, Severe Morbidity and Injury in Children Living with Single Parents in Sweden: A Population-based Study«, In: *The Lancet*, Vol. 361, Issue 9354, S. 289–295

Rosset, Clément (1994), *Das Prinzip der Grausamkeit* (Erstveröff. 1985), Merve, Berlin

Schaeffer-Hegel, Barbara & Weber, Ulla (2000), »Geschlechterarrangements in der Bundesrepublik. Kontinuität und Wandel«, In: *Aus Politik und Zeitgeschichte* 31–32, S. 5 ff.

Schmidt, Gunter (1998), *Sexuelle Verhältnisse. Über das Verschwinden der Sexualmoral*, Rowohlt, Reinbek

ders. (2003), »Sexualität und Kultur: Soziokultureller Wandel der Sexualität«, Vortrag im Rahmen der Ringvorlesung »Sexualität im Wandel« der Universität Zürich, 3.4., www.beziehungsbiographien.de/pub3.pdf

ders. & Stritzky, Johannes von (2004), »Beziehungsbiographien im sozialen Wandel. Ein Vergleich dreier Generationen«, In: *Familiendynamik* 29 (Heft 2), S. 78–100

Schmitt, David & 118 Members of the International Sexuality Description Project (2003), »Universal Sex Differences in the Desire for Sexual Variety: Tests from 52 Nations, 6 Continents, and 13 Islands«, In: *Journal of Personality and Social Psychology* 85, S. 85–104

Schneider, Manfred (2001), »Traumpaar, Biopolitik oder Junggesellenmaschine«, In: *Kursbuch* 144 (»Liebesordnungen«), Rowohlt, Reinbek, S. 7–20

Schneider, Norbert F., Hartmann, Kersten & Limmer, Ruth (2001), *Berufsmobilität und Lebensform. Sind berufliche Mobilitätserfordernisse in Zeiten von Globalisierung noch mit Familie vereinbar?*, Schriftenreihe des Bundesfamilienministeriums, Bd. 208, Kohlhammer, Stuttgart

ders., Limmer, Ruth & Ruckdeschel, Kerstin (2002), *Mobil, flexibel, gebunden. Beruf und Familie in der mobilen Gesellschaft*, Campus, Frankfurt am Main

Schöler, Hans & Hübner, Karin (2003), »Derivation of Oocytes from Mouse Embryonic Stem Cells«, In: *Science* 300, S. 1251–1256

Schopenhauer, Arthur (2001), *Sämtliche Werke*, 5 Bde., Suhrkamp, Frankfurt am Main

Schülein, Johann A. (1999), *Die Geburt der Eltern*, Psychosozial-Verlag, Gießen

Schuldt, Christian (2003), *Systemtheorie*, Europäische Verlagsanstalt, Hamburg

Schultheiss, Oliver, et al. (in press), »Effects of Affiliation and Power Motivation Arousal on Salivary Progesterone and Testosterone«, In: *Hormones and Behavior*

Schulze, Gerhard (2000), *Die Erlebnisgesellschaft. Kultursoziologie der Gegenwart* (1992), Campus, Frankfurt am Main

Schwanitz, Dietrich (1996), *Englische Kulturgeschichte von 1500 bis 1914*, Eichborn, Frankfurt am Main

Schwartz, Barry (2004), *The Paradox of Choice. Why More is Less*, Ecco, New York

Schwelien, Michael (2003), »Wie man in Deutschland Kinder erzieht«, In: *Die Zeit* 51, S. 36 f.

Segalen, Martine (2003), *Éloge du Mariage*, Gallimard, Paris

Shakespeare, William (1992), *The Complete Works*, Gramercy Books, New York

Sigusch, Volkmar (2002), »Von der Wollust zur Wohllust. Über das gegenwärtige Sexualleben der Jugend«, In: *Forum Sexualaufklärung und Familienplanung. Schriftenreihe der Bundeszentrale für gesundheitliche Aufklärung* 1, S. 32–36

Simmel, Georg (1958), *Gesammelte Werke*, 2 Bde., Duncker & Humblot, Berlin

Spieß, C. Katharina, Schupp, Jürgen, Grabka, Markus M., Haisken-DeNew, John P. & Wagner, Gert G. (2002), *Abschätzung der (Brutto-)Einnahmeneffekte öffentlicher Haushalte und der Sozialversicherungsträger bei einem Ausbau von Kindertageseinrichtungen*, Gutachten des Deutschen Instituts für Wirtschaftsforschung (DIW), Berlin, www.diw.de

Spiewak, Martin (2004), »Die Uhr tickt unerbittlich«, In: *Die Zeit* 8, S. 9

Statistisches Bundesamt (2004), *Mikrozensus 2003*, www.destatis.de

Stein, Susanne (1991), *Damit die Liebe hält*, Moderne Verlagsgesellschaft, Munchen

Sternberg, Robert J. (1998), *Love is a Story. A New Theory of Relationships*, Oxford University Press, New York

ders., Hojjat, Mahzat & Barnes, Michael L. (2001), »Empirical Aspects of a Theory of Love as a Story«, In: *European Journal of Personality* 15, S. 1–20

Stillich, Sven (2003), »Im Netz der Gefühle«, In: *Stern* 40, S. 208–222

Tannen, Deborah (2004), *Du kannst mich einfach nicht verstehen*, Goldmann, München

Thadden, Elisabeth von (2001), »Was auf Erden möglich ist«, In: *Kursbuch* 144 (»Liebesordnungen«), Rowohlt, Reinbek, S. 41–52

Thirlwell, Adam (2004), *Strategie*, S. Fischer, Frankfurt am Main

Tomlinson, John & Wright, David (2004), »Impact of Erectile Dysfunction and its Subsequent Treatment with Sildenafil: Qualitative Study«, In: *British Medical Journal*, Vol. 328, S. 1037–1039

Vogelweide, Walther von der (1998), *Werke*, Reclam, Stuttgart

Wagner, Michael & Weiß, Bernd (2003), »Bilanz der deutschen Scheidungsforschung. Versuch einer Meta-Analyse«, In: *Zeitschrift für Soziologie* 1, S. 29–49

Walster, Elaine, Aronson, Vera, Abrahams, Darcy & Rottman, Leon (1966), »Importance of Physical Attractiveness in Dating Behavior«, In: *Journal of Personality and Social Psychology* 5, S. 508–516

Wedekind, Claus & Füri, Sandra (1997), »Body Odour Preferences in Men and Women: Do they Aim for Specific MHC Combinations or Simply Heterozygosity?«, In: *Proceedings of the Royal Society of London* 264, S. 1471–1479

Werber, Niels (2003), »Homosexualität und Latenzschutz. Niklas Luhmann mit Marcel Proust«, In: Balke, Friedrich & Roloff, Volker (Hrsg.), *Erotische Recherchen. Zur Decodierung von Intimität bei Marcel Proust*, Fink, München, S. 267-281

Wilde, Oscar (1983), *Gesammelte Werke in drei Bänden*, Winkler, München

Wilke, Eva (2003), »Schummeln bringt nichts«, In: *Frankfurter Allgemeine Sonntagszeitung*, 14.9., S. 54

Wollstonecraft, Mary (1993), *A Vindication of the Rights of Woman* (Erstveröff. 1792), Penguin, London

Woo-Suk, Hwang, Ryu, Y.J., Park, E.S., Lee, E.G., Koo, J.M., Jeon, H.Y., Lee, B.C., Kang, S.K., Kim, S.J., Ahn, C., Hwang, J.H., Park, K.Y., Cibelli, J.B. & Moon, S.Y. (2004), »Evidence of a Pluripotent Human Embryonic Stem Cell Line Derived from a Cloned Blastocyst«, In: *Science* 12, 303, S. 1669–1674

Young, Larry, Wang, Zuoxin & Insel, Thomas R. (1998), »Neuroendocrine Bases of Monogamy«, In: *Trends in Neuroscience* 1998, S. 71–75

ders., Lim, Miranda M., Gingrich, Brenden & Insel, Thomas R. (2001), »Cellular Mechanisms of Social Attachment«, In: *Hormones and Behaviour* 40, S. 133–138

Register

A

68er 63, 148, 155, 192

Affäre 68, 75, 86, 98, 111, 123, 196, 199

Aids 76

Alleinerziehende, allein erziehend 132, 158, 174 f.

Allen, Woody 84

Ally McBeal 145, 183 f.

Anbahnung 32, 41, 56, 59, 64f., 89, 113, 116, 126, 129, 131 f., 142, 144, 217 ff., 229

Anpassung 58, 78, 105, 193, 215

Arbeit, arbeiten 56, 65, 83, 95, 103, 126, 129, 167, 177 ff., 190, 192, 195, 202 f., 213, 221, 223, 238

Aufmerksamkeit 89 f., 109, 121 f., 126, 161, 188, 232 f., 239

Aufrichtigkeit, aufrichtig 45, 50 ff., 98, 157, 208, 221 f., 225, 233, 238

Austen, Jane 59, 61

Ausweitung der Kampfzone 150, 187

Authentizität, authentisch 48, 50, 53, 106 f., 116, 125, 141, 212, 219, 221 f., 224 f.

B

Balzac, Honoré de 103

Baron-Cohen, Simon 88

Baudelaire, Charles 122

The Beatles 139

Beck, Ulrich 216

Beckham, David 83, 164

Beobachtung, beobachten 27 f., 39, 45, 68 f., 128, 214, 225, 238, 240

Beruf, beruflich 56, 66, 168 ff., 177 f., 185, 197, 200, 208, 216, 235

Big Brother 114, 122

Blind Date 143 f.

Blinder Fleck 74

Bordell 37, 59, 150

Botton, Alain de 72, 102, 190

Bourdeille, Pierre de 39

Bourdieu, Pierre 219

Bravo 120

Brentano, Clemens von 219

Briatore, Flavio 93

Wissenschaft, wissenschaftlich
17, 22 f., 32, 43, 56, 68, 91,
109, 138 f., 153, 176, 230,
232 ff.

Wirtschaft, wirtschaftlich 12,
17, 20, 22 ff., 56, 58, 68, 71,
137, 139 ff., 156, 162, 182,
193, 232

Z

Zivilisation, Zivilisierung 38,
57, 93, 189, 225

Zufall, zufällig 13, 31 f., 56, 60,
65, 218 f.

Anmerkungen

1 Luhmann (1982). Auf Luhmanns Liebes-Analysen wird im Folgenden v.a. in Kapitel 1 und 2 Bezug genommen
Zur Einführung in Niklas Luhmanns Systemthologie vgl. Schuldt
(2003)

2 Neyer & Asendorpf (2001), vgl. Neyer (1999)

3 Z.B. Carter (2003)

4 Otis-Cour (2000)

5 Elias (1993)

6 Vgl. zur Vorreiterrolle Englands im europäischen Prozess der Zivilisation Schwanitz (1996)

7 Murray et al. (2002)

8 So etwa der Psychotherapeut und Psychoanalytiker Wolfgang
Schmidbauer, zitiert nach Lache (2003)

9 Fuchs (1999)

10 Fisher (2004)

11 Interview mit Wolfgang Hantel-Quitmann, In: *Stern* 49/2003, S. 110

12 Buss (1989), Betzig (1989)

13 Fisher (2004)

14 Vgl. z.B. Gottman & DeClaire (2001)

15 Gottman (1985), Gottman & Silver (2000), Gottman & DeClaire
(2001)

16 Z.B. Clark (1998), vgl. Barash & Lipton (2001)

17 Krumpholz-Reichel (2002)

18 Studie der Gesellschaft für Erfahrungswissenschaftliche Sozialforschung (Gewis) im Auftrag des Magazins *Stern* (2004), www.gewis.de

19 Zitiert nach Miersch (1999)

20 Baker & Bellis (1995)

21 »Zweifel törnen an«, in: *Psychologie heute compact* 7/2002 (»Der Alltag der Liebe«), S. 28

22 Schmitt et al. (2003)

23 So etwa der Sexualwissenschaftler Kurt Starke, zitiert nach Lache (2003)

24 Baron-Cohen (2004)

25 Ebd.

26 Tannen (2004)

27 Koppel et al. (2003)

28 Umfrage des Meinungsforschungsinstituts Forsa im Auftrag der Zeitschrift *Bild der Frau* (2003), www.forsa.de

29 Buss (1989, 1990, 2000)

30 Gangestad & Thornhill (1999)

31 Gosline (2004)

32 Hassebrauck (1990)

33 Buss (1989)

34 Ebd.

35 Dunbar (1997)

36 Umfrage des Ipsos-Instituts im Auftrag der Zeitschrift *Brigitte* (2004), www.ipsos.de

37 Baker & Bellis (1995)

38 Felmlee (1995)

39 So der Schweizer Paartherapeut Jürg Willi, zitiert nach Kittl (2004)

40 Keller et al. (1996), Hill et al. (1976), Blossfeld & Timm (2003)

41 Vgl. die Versuche des britischen Psychologen David Perret (University of St. Andrews), http://psy.st-andrews.ac.uk/people/resources/dp/publications.pdf

42 Marazziti et al. (1999), Marazziti (2003)

43 Walster et al. (1966)

44 Wedekind & Füri (1997)

45 Ramirez & Sunnafrank (2004)

46 Fiedler (2000)

47 So Bernd Heinzlmaier, Geschäftsführer des Jugendforschungsinstituts tfactory, das die »Future Youth«-Studie erstellte, www.tfactory.com. Vgl. Hager & Pitzl (2001)

48 Schmidt & Stritzky (2004), vgl. www.beziehungsbiographien.de

49 Sternberg (1998), Sternberg et al. (2001)

50 Schultheiss et al. (in press). Preprint unter http://www-personal.
umich.edu/~oschult/

51 Millman (2002)

52 Umfrage des Instituts für Rationelle Psychologie (GRP) im Auftrag
der Zeitschrift *Freundin* (2002), www.grp-net.com

53 »Global Survey 2001« des Kondomherstellers Durex, www.durex
.com

54 Rest (2004)

55 Knobbe & Tast (2004)

56 Studie der Universität Koblenz, zitiert nach Krumpholz-Reichel
(2002)

57 Studie des Instituts für Demoskopie Allenbach im Auftrag von
GEO Wissen 9/2004 (»Partnerschaft & Familie«), www.ifd-allens-
bach.de

58 Umfrage des Instituts für Rationelle Psychologie (2002), a.a.O.

59 Franck (2004)

60 Schulze (2000)

61 Beck & Beck-Gernsheim (1990)

62 Umfrage des Instituts für Rationelle Psychologie (2002), a.a.O.

63 Studie des ProKids-Büros für das »LBS-Kinderbarometer«,
www.prokids-buero.de; zitiert nach dpa-Meldung vom 23.7.2004

64 Vgl. zu den Online-Flirt-Statistiken allg.: Studie des Marktfor-
schungsinstituts Emnid im Auftrag von AOL (2002), www.tns-
emnid.com; Studie der Gesellschaft für Konsumforschung (GfK) im
Auftrag des *Focus* (2003), www.gfk.com

65 Hancock et al. (2004)

66 Petzold (2002)

67 So der Soziologe Thomas Klein, zitiert nach Wilke (2003)

68 Bühler-Ilieva (1997, 2003), vgl. http://www.suz.unizh.ch/partner-
winner

69 Stillich (2003)

70 Gupta (2004)

71 Zitiert nach Hannemann (2003), vgl. auch Hradil (1995)

72 Lewandowski (2004)

73 Studie des schwedischen Forschers Nils Beckman (Universität Göteborg, Institute of Clinical Neurosciences), zitiert nach AFP-Meldung vom 17.4.2004

74 Tomlinson & Wright (2004)

75 Kirchler et al. (2000)

76 Peters (2004)

77 Pressemitteilung des US-Marktforschungsunternehmens Comscore vom 6.2.2003, www.comscore.com/press/release.asp?id=300

78 Vgl. Kobold (2002)

79 Amendt (2003)

80 Heeg & Petersdorff (2003)

81 Furedi (2002)

82 Bhattacharya (2003)

83 Schöler & Hübner (2003)

84 Vgl. Fuchs (1999)

85 Studie des Instituts für Demoskopie Allenbach im Auftrag von *GEO Wissen* 9/2004 (»Partnerschaft & Familie«), www.ifd-allensbach.de

86 M. Schneider (2001)

87 Arn & Stump (2004)

88 Fthenakis (2002)

89 Laut Statistischem Bundesamt betragen die durchschnittlichen Ausgaben für das erste Kind 670 Euro pro Monat. Vgl. www.destatis.de

90 Schaeffer-Hegel & Weber (2000)

91 Vgl. z.B. Petersen (2003), Engels (2003)

92 Fthenakis & Minsel (2002)

93 Althaus (2004)

94 Becker (1976, 1991)

95 Schwelien (2003)

96 Horx (2003)

97 Studie des Deutschen Instituts für Wirtschaftsforschung (DIW), »Kinderlose Männer in Deutschland – Eine sozialstrukturelle Bestimmung auf Basis des Sozio-ökonomischen Panels (SOEP)« (2004), www.diw.de

98 Studie des Forschungsverbundes für Fertilitätsstörungen, zitiert nach Spiewak (2004)

99 Thadden (2001)

100 Bölsche et al. (2004)

101 Bundesinnenministerium für Familie, www.bmfsfj.de

102 Spieß et al. (2002)

103 Grottian et al. (2003)

104 Statistisches Bundesamt (2004)

105 Vgl. Schülein (1999)

106 Althaus (2004)

107 Döge & Volz (noch unveröffentlicht), vgl. Döge & Volz (2004)

108 Galinsky (1999), Hoffman (1989), Holcomb (1998)

109 Schwelien (2003)

110 Vgl. Werber (2002)

111 Ringbäck-Weitoft (2000, 2003)

112 Opaschowski (2004)

113 Bertram (2002)

114 Koropeckyj-Cox (1998). Vgl. Studie der Universitäten Jena und Freiburg (2000), http://www.uni-protokolle.de/nachrichten/id/66649/

115 Statistisches Bundesamt (2004)

116 Studie der University of Chicago, zitiert nach »Erfolgreiche Menschen haben kaum Sex«, In: *Welt am Sonntag*, 29.8.2004, S. 72

117 Statistisches Bundesamt (2004). Die Zahl bezieht sich auf das frühere Bundesgebiet.

118 Hradil (2003)

119 Küpper (2003), vgl. auch Küpper (2002)

120 Bittner (2004)

121 Schmidt & Stritzky (2004)

122 Kaufmann (2002)

123 Hertel (2003)

124 Vgl. www.zukunftsinstitut.de

125 Horx (2002)

126 Studie der Universität Koblenz, zitiert nach Krumpholz-Reichel (2002)

127 Fisher (1995)

128 Studie »Jugend Online 2001« des Wiener Instituts Fessel-GfK Sozialforschung (2001), www.gfk.at

129 Jugendstudie »Future Youth«, a.a.O.

130 Studie der Gesellschaft für Erfahrungswissenschaftliche Sozialforschung (Gewis), zitiert nach »Breitensport Fremdgehen«, In: *Welt am Sonntag*, 15.8.2004, S. 74

131 Kümmel (2004)

132 Schmidt & Stritzky (2004)

133 Haemmerli (2003), vgl. www.destatis.de

134 Remke (2000)

135 »Global Survey 2001« des Kondomherstellers Durex, www.durex.com

136 Vgl. die Homepage von Hustons »PAIR Project«: http://www.utexas.edu/research/pair/ourresearch/index.html

137 Oswald (2002), Oswald & Wilson (2002)

138 Diener et al. (2000), Lucas et al. (2003)

139 Blossfeld & Timm (2003)

140 Wagner & Weiß (2003)

141 Segalen (2003)

142 So Wolfgang Schulz, zitiert nach Remke (2000)

143 N. Schneider et al. (2001), ders. et al. (2002)

144 Kahneman (1999)

145 Interview mit Eva Illouz, In: *taz*, 26.4.2004, S. 13

146 Ebd.

147 Vgl. Schmidt (1998, 2003)

148 Sigusch (2002)

149 zitiert nach Bode (2004)

150 Interview mit Beat Fux, In: *SonntagsZeitung*, 7.5.2003, S. 105

151 Fiese et al. (2002), Bliersbach (2004)

152 Vgl. www.shell-jugendstudie.de

153 Interview mit Bernhard Heinzlmaier, In: *Der Standard*, 31.10.– 2.11.2003, S. 2, vgl. ders. (1999, 2002)

154 Interview mit Ulrich Beck, In: *Die Zeit* 33/2003, S. 43

155 Blossfeld & Timm (2003)

156 Hollein (2004), Kröner (2004)
157 Döring (2004)
158 Vgl. Mattern (2003)
159 Woo-Suk et al. (2004)
160 Kono et al. (2004)
161 Schmidt (2003)
162 Bartels & Zeki (2000, 2002)
163 Young et al. (1998), Young et al. (2001)